Deliberate Practice in
Schema Therapy

スキーマ療法の
「確実な実践」
エクササイズ

ロールプレイによるスキルトレーニング

著◉ウェンディ・ビヘイリー／ジョアン・M・ファレル
アレクサンドル・ヴァズ／トニー・ルーマニエール
訳◉伊藤絵美／吉村由未

岩崎学術出版社

DELIBERATE PRACTICE IN SCHEMA THERAPY
by Wendy T. Behary, Joan M. Farrell, Alexandre Vaz and Tony Rousmaniere
This Work was originally published in English under the title of: Deliberate Practice in Schema Therapy as
publication of the American Psychological Association in the United States of America. Copyright © 2023 by
the American Psychological Association (APA). The Work has been translated and republished in the Japanese
language by permission of the APA. This translation cannot be republished or reproduced by any third party in any
form without express written permission of the APA. No part of this publication may be reproduced or distributed in
any form or by any means or stored in any database or retrieval system without prior permission of the APA.
Japanese translation rights arranged with American Psychological Association, Washington D.C.
through Tuttle-Mori Agency, Inc., Tokyo

目 次

本シリーズについて　トニー・ルーマニエール & アレクサンドル・ヴァズ　v

謝　辞　ix

パート1　概要とインストラクション ———————————————— 1

第1章　「確実な実践」とスキーマ療法についての導入と概要　3

第2章　スキーマ療法の「確実な実践」のためのエクササイズに関するインストラクション　19

パート2　スキーマ療法のスキルのための「確実な実践」エクササイズ ——————— 23

●スキーマ療法の初級スキルのエクササイズ

エクササイズ1　理解と調律　25

エクササイズ2　ヘルシーアダルトモードを支持し，強める　35

エクササイズ3　スキーマの心理教育：現在の問題をスキーマ療法の視点から理解することを始める　45

エクササイズ4　満たされなかった欲求，スキーマ，現在の問題を関連づける　55

●スキーマ療法の中級スキルのエクササイズ

エクササイズ5　不適応的スキーマモードの心理教育　67

エクササイズ6　不適応的コーピングモードへのモードチェンジに気づく　77

エクササイズ7　要求的／懲罰的内的批判モードの存在を同定する　87

エクササイズ8　怒れる／脆弱なチャイルドモードの存在を同定する　97

●スキーマ療法の上級スキルのエクササイズ

エクササイズ9　怒れる／脆弱なチャイルドモードに対する治療的再養育法　107

エクササイズ10　要求的／懲罰的内的批判モードに対する治療的再養育法　117

エクササイズ11　不適応的コーピングモードに対する治療的再養育法，すなわち共感的直面化　127

エクササイズ12　ホームワーク課題を通じて，行動的パターン変容を実行する　137

エクササイズ13　注釈付きのスキーマ療法実践セッション記録　147

エクササイズ14　スキーマ療法の模擬セッション　153

パート3 「確実な実践」のエクササイズを強化するための戦略 —————— 161

第3章 「確実な実践」を最大限に活用する方法：トレーナーと訓練生への追加のガイダンス
163

付録A 難易度の評価と調整 177

付録B 確実な実践の記録フォーム 181

付録C スキーマ療法についての解説 183

付録D 「確実な実践」のエクササイズが組み込まれたスキーマ療法のシラバスのサンプル
187

文 献 193

翻訳者あとがき 198

索 引 200

著者について 202

本シリーズについて

トニー・ルーマニエール & アレクサンドル・ヴァズ

　トレーニングのための書籍である「確実な実践のエッセンシャル」シリーズを紹介できることを嬉しく思います。私たちは，多くの心理学のトレーニングプログラムで見られる特定のニーズに対応するために，この書籍シリーズを開発しています。架空の研修生である大学院2年のメアリーの訓練体験によって，この問題を説明してみましょう。メアリーは，メンタルヘルスの理論と研究，そして心理療法の技法について多くを学びました。彼女は熱意ある学生で，何十冊もの教科書を読み，心理療法に関する優れた論文を書き，コースの試験でもほぼ満点を取っています。しかし，実習先でクライアントと接するとき，彼女は普段書いたり話したりできるセラピーのスキルがうまく発揮できないことがよくあります。メアリーはまた，クライアントが強い反応（例：感情的になる，絶望的になる，セラピーに懐疑的になる）を示すと，自分が不安に陥ってしまうことに気づいていました。ときにその不安があまりにも強いと，肝心なときにメアリー自身が固まってしまい，クライアントを手助けできなくなってしまうこともあります。

　毎週実施される個人およびグループのスーパービジョンでは，スーパーバイザーが，経験的に支持されているセラピーや共通因子メソッドに基づいたアドバイスをメアリーに提供しています。スーパーバイザーは，それらのアドバイスに加えて，ロールプレイを通じてメアリーを指導したり，さらに読むべき書籍を推奨したり，スーパーバイザー自身のクライアントとの実践例を紹介したりすることもよくあります。熱意あるスーパーバイジーであるメアリーは，自分のセッションを録音したものをスーパーバイザーと共有し，自らの課題について率直に話し，スーパーバイザーのアドバイスを注意深く書き止め，紹介された書籍を読んでいます。しかし，メアリーがひとたびクライアントとのセッションに戻ると，新たな知識が頭から抜け落ちてしまい，スーパーバイザーによるアドバイスを実行できなくなってしまうことがよくあるのです。メアリーは，特に感情が喚起されやすいクライアントにおいてこの問題が生じやすいことに気がついています。

　メアリーのスーパーバイザーは，スーパービジョンに関する正式なトレーニングを受けており，スーパービジョンの仕事をレビューするためにビデオを活用するなど，スーパーバイザーとしての最善の実践をしています。スーパーバイザーは，メアリーの総合的な能力レベルが，彼女のセラピストとしての発達レベルとして期待されるものと一致していると評価しています。このように全体的に見ればメアリーは順調に進歩しているのですが，仕事を行う上ではいくつかの問題が繰り返されていました。スーパーバイザーとメアリーは，メアリーが仕事をしていくうえで求められる変化を十分認識できていると確信していましたが，それでもこのような問題が生じてしまいます。

　メアリーとスーパーバイザーが格闘している問題，すなわち，心理療法に関する知識と心理療法を確実に実践する能力との間のギャップが，本シリーズが焦点を当てるテーマです。私たちが本シリーズに着手したのは，初心の訓練生だろうが経験豊富な臨床家だろうが，ほとんどのセラ

ピストが多かれ少なかれこのギャップを経験しているからです。私たち皆がメアリーなのです。

　この問題に対処するために，私たちはこのシリーズで，困難な仕事環境における複雑なスキルパフォーマンスを確実に改善するために特別にデザインされた方法である「確実な実践（Deliberate Practice）」を活用することに焦点を当てています（Rousmaniere, 2016, 2019; Rousmaniere et al., 2017）。「確実な実践」とは，特定のスキルが自動化されるまで，体験的な訓練を繰り返し行うことを指します。心理療法の文脈では，スーパーバイザーの指導のもと，2人の訓練生がクライアントとセラピストとしてロールプレイを行うことになります（ロールプレイは役割を替えて2度行います）。セラピスト役を行う訓練生は，初心者向け，中級者向け，上級者向けといった難易度の異なるクライアントの発言に対して，基本的な治療スキルを反映した即興の反応を示します。

　本シリーズを開始するにあたって，私たちは，主要な治療モデルをリードするトレーナーや研究者に対して，以下についてシンプルな教示を求めました。すなわち，訓練生が認知的な知識と実践的な能力との間にギャップを体験することが多い，その治療モデルに不可欠な10個から12個のスキルを同定して欲しい，という依頼です。それらのスキルは，言い換えれば，訓練生はそれについてよい論文を書くことができますが，特に対応の難しいクライアントに対して実践が難しいスキルということになります。次に，本シリーズの著者たちと協力して，これらのスキルをしっかりと行えるよう，そして全体的に反応性の高い治療を行えるように特別にデザインされたエクササイズ（これを「確実な実践エクササイズ」と呼びます）を考案しました（Hatcher, 2015; Stiles et al., 1998; Stiles & Horvath, 2017）。最後に，世界中の複数の拠点における訓練生やトレーナーにこれらのエクササイズを厳密に検証してもらい，幅広いフィードバックを得て，エクササイズを改良しました。

　本シリーズの各書は，特定の治療モデルに焦点を当てていますが，読者の皆さんは，これらの書籍で示されるほとんどのエクササイズが，共感，言葉のなめらかさ，感情表出，説得力，問題焦点など，セラピーの結果に最も影響を与えると研究者が同定した共通要因変数や促進的対人スキルに関連していることに気づくことでしょう（例：Anderson et al., 2009; Norcross et al., 2019）。したがって，どの書籍に収録されているどのエクササイズも，幅広いクライアントの役に立つことでしょう。それぞれのセラピストが取り組むそれぞれの特定の理論モデルにかかわらず，ほとんどのセラピストは，治療関係については理論を超えた要素であることを強く重視しています。治療関係は実際，クライアントの改善に相関があること，そして改善のメカニズムとして強固な経験的支持を得ています（例：Norcross et al., 2019）。私たちはまた，それぞれの治療モデルには豊かな歴史を持つ訓練プログラムがすでに確立されていることを認識しています。そのため，本シリーズの「確実な実践」のエクササイズは，代替物としてではなく，既存のプログラムに統合することでスキルの獲得を向上させ，基本的な能力を習得するのに役立つ，適応的で理論横断的なトレーニング法として紹介しています。

本書について

　本書は，ジェフリー・ヤングらの研究から発展したアプローチであるスキーマ療法をテーマと

しています。スキーマ療法は，パーソナリティ症を有するクライアントや，従来の認知行動療法に反応しなかったり，再発を繰り返したりする慢性的な症状像を有するクライアントを，より効果的に治療することに焦点を当てています（Arntz, 1994; Behary, 2008, 2021; Farrell et al., 2014; Farrell & Shaw, 1994, 2012; Young, 1990; Young et al., 2003）。ヤングの理論と概念の枠組みは，当初は大人の個人セラピーに焦点化していましたが（Young, 1990; Young et al., 2003），その後，カップル，グループ，子どもや青年にも対応するようになりました。スキーマ療法は，認知行動療法，ゲシュタルト療法，感情焦点化療法，EMDR，マインドフルネス，対人関係生物学，体性感覚への介入など，他の心理療法の考え方を戦略的に選択・統合した，包括的で明確かつ強固な理論モデルです。

　本書の目的は，スキーマ療法のトレーニングの効果をさらに高めるために，「確実な実践」を追加することです。理想は，この「確実な実践」によって，訓練生とセラピストがスキーマ療法に必須のスキルを自らのレパートリーに統合し，クライアントの状況に応じて自動的にそれらのスキルにアクセスできるようになることです。本書で紹介するのは基本的なスキルであり，包括的であることを目指したものではありません。また，この「確実な実践」は，スキーマ療法の能力を獲得するための唯一の訓練形式であることを意図したものでもありません。これは，他のトレーニングやスーパービジョンの方法を補完する，重要で新たな手法として捉えてもらうのが最も適切でしょう。

　皆さんが心理療法のエキスパートになるための旅路に本書を加えてくださったことを感謝します。では，実践に入りましょう！

謝　辞

　この書籍シリーズを開始し，編成するにあたって多大な貢献をしてくれた Rodney Goodyear に感謝します。アメリカ心理学会の書籍部門の Susan Reynolds，David Becker，Emily Ekle，Joe Albrecht，および Elizabeth Budd には，本書の質とアクセシビリティを大幅に向上させる専門的な指導と洞察に満ちた編集でご協力いただきました。また，「国際"確実な実践"協会（International Deliberate Practice Society）」と，その会員の皆様による，私たちの活動に対する多くの貢献と支援に感謝します。最後に，Inês Amaro，Amy DeSmidt，Jamie Manser の貴重な編集ノートとフィードバックに感謝します。

　Jeff Young と Ida Shaw の揺るぎないサポートと貢献に感謝します。私たちにインスピレーションと熱意を与えてくれた「国際スキーマ療法協会（International Society of Schema Therapy）」の仲間や訓練生にも感謝します。最後に，患者さんたちに感謝をお伝えします。私たちは患者さんと知り合うことによって，彼らの勇気を目の当たりにする特権を与えてもらうことができました。

　本書で紹介するエクササイズは，世界中のトレーニングプログラムで広範に検証されています。この検証作業の「試運転」を志願し，手法の改良と執筆のプロセスを通じて極めて重要なフィードバックを与えてくれたすべてのパイロットサイトのリーダーと訓練生には，いくら感謝してもしきれません。特にエクササイズを検証し，貴重なフィードバックを与えてくれた以下のスーパーバイザーと訓練生には深く感謝いたします。

- Diana Bandeira（MR Terapias，ポルトガル，リスボン）
- Myriam Bechtoldt（個人開業，ドイツ，フランクフルト）
- Marsha Blank（個人開業，米国，ニューヨーク州ブルックリン）
- Shana Dastur（個人開業，米国，ニュージャージー州コールドウェル）
- Joana David（ISPA クリニック，ポルトガル，リスボン）
- Aleksandra Defranc（ワルシャワ大学，ポーランド，ワルシャワ）
- Tara Cutland Green（個人開業，イギリス，イースト・ライディング・オブ・ヨークシャー）
- Max Groth（個人開業，米国，ニューヨーク州ニューヨーク）
- Johanna Knorr（個人開業，ドイツ，カッセル）
- Anna-Maija Kokko（ルオテ認知心理療法センター，フィンランド，ミッケリ）
- Nicolette Kulp（SAGA コミュニティセンター，米国，ペンシルベニア州アンブラー）
- Zhi Li（個人開業，オランダ，ロッテルダム）
- Christopher Lin and Danni Hang（フェルカウフ心理学大学院，米国，ニューヨーク州ブロンクス）
- Offer Maurer（個人開業，ポルトガル，カスカイス）
- Pam Pilkington（個人開業，オーストラリア，メルボルン）

- Nicholas Scheidt（個人開業，米国，フロリダ州マイアミビーチ）
- Robin Spiro（個人開業，米国，ニュージャージー州リビングストン）
- Marieke ten Napel-Schutz（ラドバウド大学，オランダ，ローゼンダール）
- Mingxin Wei（個人開業，米国，メリーランド州ボルチモア）
- Yuanchen Zhu（個人開業，中国，上海）

パート1
概要とインストラクション

　パート1では、「確実な実践」をスキーマ療法の臨床トレーニングプログラムにどのように組み込むのか、ということも含め、「確実な実践」について概説します。パート2では、「確実な実践」エクササイズを行うためのインストラクションを提示します。**トレーナーと訓練生の両者ともに、「確実な実践」に初めて取り組むのであれば、まずはパート1の第1章と第2章を予め読むことをお勧めします。**

　第1章では、「確実な実践」に関連する重要な概念を紹介します。そして、より広範には心理療法のトレーニングにおける「確実な実践」の役割、より具体的にはスキーマ療法における「確実な実践」の役割を解説することで、本書の残りの部分の基礎を提供します。そして、「確実な実践」エクササイズに含まれる12のスキルについて、その要点を示します。

　第2章では、パート2におけるスキーマ療法の「確実な実践」エクササイズを行うための、基本的かつ最も重要なインストラクションを提示します。これらは素早く簡単にできるように設計されており、多くの情報に圧倒されることなく開始するのに十分な情報を提供してくれます。パート3の第3章では、より詳細なガイダンスが提示されます。第2章の基本的なインストラクションに慣れてから、第3章を読むことをお勧めします。

第1章
「確実な実践」とスキーマ療法
についての導入と概要

　私（Wendy）が個人的にスキーマ療法に触れるようになったのは，ジェフリー・ヤングやその同僚が，スキーマ療法のモデルを構築し始めた頃で，その頃からずっと彼らと共に学んだり働いたりできたのは幸運なことでした。当初から，スキーマ療法の理論，概念化，治療の定式化，適用について，さまざまな議論や実験が行われ，治療の手続きに焦点が当てられました。本書の「確実な実践」は，対象を絞って小分けにしたスキル学習であり，スキーマ療法の有能な実践者を育てるにあたって，付加価値をもたらすことでしょう。本書では，セラピストに対して治療手順をトレーニングするにあたって一般的にみられるギャップを埋めたいと考えています。「確実な実践」が，複雑な介入を小さな部分に分解することに集中的に注意を払うことで，臨床家は，特定の問題の文脈のなかでそれらのスキルを注意深く実践する機会を得ることができます。反復練習は，心理療法のトレーニングでは見落とされがちですが，他の多くの分野では，専門知識と柔軟性を習得するための必要条件となっています。たとえばテニスを学ぶにあたっては，姿勢，グリップ，足場，タイミング，アイコンタクト，フォロースルーなど，テニスを実践するにあたっての各部分を体験することに集中的な注意を払わなければなりません。そして，あとは練習，練習，練習です。最終的には，手元のラケットとコート上の自分の位置との関係が構築されます。それと同様に，マインドフルネスと「確実な実践」は，有能なスキーマ療法のセラピストを育てるために必要な要素であると私たちは考えています。

「確実な実践」エクササイズの概要

　本書で主に焦点を当てるのは，スキーマ療法の国際的なコミュニティにおいてトレーナーや訓練生によって徹底的に検証された，一連の14のエクササイズです。最初の12のエクササイズは，それぞれがスキーマ療法における必須スキルです。最後の2つのエクササイズはより包括的なもので，注釈付きのスキーマ療法の記録と即席の模擬治療セッションから構成され，すべてのスキルをより広範な臨床シナリオに統合する方法を皆さんに紹介します。表1.1は，それらのエクササイズで扱われる12のスキルを紹介しています。

　すべてのエクササイズを通じて，訓練生はスーパーバイザーの指導のもとで2人1組のペアになり，クライアントとセラピストとしてロールプレイを行い，2つの役割を行き来します。スキルに焦点をあてた12のエクササイズは，初級，中級，上級と難易度別に分類された複数のクライアントの発言で構成され，それぞれが特定のスキルを必要とします。各スキルについて，訓練生

表 1.1 「確実な実践」エクササイズにおけるスキーマ療法の 12 のスキル

初級スキル	中級スキル	上級スキル
1．理解と調律	5．不適応的スキーマモードの心理教育	9．怒れる／脆弱なチャイルドモードに対する治療的再養育法
2．ヘルシーアダルトモードを支持し，強める	6．不適応的コーピングモードへのモードチェンジに気づく	10．要求的／懲罰的内的批判モードに対する治療的再養育法
3．スキーマの心理教育：現在の問題をスキーマ療法の視点から理解することを始める	7．要求的／懲罰的内的批判モードの存在を同定する	11．不適応的コーピングモードに対する治療的再養育法，すなわち共感的直面化
4．満たされなかった欲求，スキーマ，現在の問題を関連づける	8．怒れる／脆弱なチャイルドモードの存在を同定する	12．ホームワーク課題を通じて，行動的パターン変容を実行する

は当該のスキルの説明，基準，いくつかの例を読んで理解するよう求められます。次に，クライアントを演じる訓練生が文章を読みます。セラピスト役の訓練生は，適切なスキルをデモンストレーションするように応答します。その際セラピスト役の訓練生は，エクササイズで提供されている応答を活用して実践するか，即興で自らの応答を提示するかを選ぶことができます。

クライアント役の発言とセラピスト役の対応のセットを何回か練習した後，やりとりをストップして，スーパーバイザーからのフィードバックを受けます。次にスーパーバイザーにガイドされながら，訓練生は発言と応答のセットをリストの下に向かって何度も試すよう指示されます。つまりスーパーバイザーの指導のもとで，訓練生は最も難易度の低いものからから，より高度なレベルへとエクササイズを進めていきます。エクササイズに参加する三者（スーパーバイザー，クライアント役，セラピスト役）は，エクササイズの難易度が高すぎるか低すぎるかについて話し合い，その評価に応じて課題を調整することができます。

訓練生はスーパーバイザーと相談して，どのスキルにどれぐらいの期間をかけて取り組むかを決めることができます。私たちが検証したところ，エクササイズによる効果を最大限に得るためには，練習のセッションは 1 時間から 1 時間 15 分かけて行う必要があることがわかりました。それ以上続けても，訓練生は飽和状態になってしまい，休憩が必要になります。

理想としては，スキーマ療法を学びたい人が，これらのエクササイズを実践することで自信と能力を獲得することです。ここでいう能力とは，クライアントに柔軟に対応しながら，スキーマ療法のスキルを実行する能力のことをいいます。ここでは，スキーマ療法にとって不可欠なのですが，実践者がその実行に難しさを感じやすいスキルが選択されています。

本書で挙げているスキルは，スキーマ療法の有能な臨床家になるために学ぶべきすべてを網羅しているわけではありません。なかには，訓練生にとって特にチャレンジとなるようなものもあるかもしれません。

本書の目的

本書の主な目的は，訓練生がスキーマ療法の中核的なスキルを習得できるよう手助けすることです。ただし，それらのスキルやコンピテンシーの表出の有り様は，クライアントによって，あるいは同じクライアントのセッション内であっても，多少異なって見えるかもしれません。

「確実な実践」は，以下のことを達成するよう設計されています。

1. スキーマ療法のセラピスト（以下，セラピスト）が，さまざまな臨床場面でスキルを適用する能力を開発する。
2. セラピストが疲れたり，ストレスを感じたり，圧倒されたり，落胆したりしているときでもアクセスできるよう，スキルを手続き記憶（Squire, 2004）に移動させる。
3. 訓練中のセラピストに，自分に合ったスタイルと言葉を使ってスキルを行使する機会を提供する。
4. クライアントのさまざまな発言や感情に応じてスキーマ療法のスキルを使用する機会を提供する。これは，クライアントをめぐる多様な状況においてスキルを選択する自信をつけるように設計されている。
5. トレーニング中のセラピストに失敗する機会を多く与え，フィードバックに基づいてそれらの失敗した反応を修正する。これは自信と粘り強さを育むのに役立つ。

最後に，本書の目的として，訓練生が自分に合った学習スタイルを発見し，正式なトレーニングが終わった後も，専門的な能力開発を継続できるようになる，ということも挙げられます。

誰が本書から利益を得られるか？

本書は，大学院レベルのコース，スーパービジョン，大学院でのトレーニング，国際スキーマ療法協会の認定トレーニング，継続教育プログラムなど，幅広い状況で活用できるように設計されています。その際，以下のことが前提とされています。

1. トレーナーはスキーマ療法に関する知識と能力を有している。
2. トレーナーは，ロールプレイを通じて，さまざまな治療状況におけるスキーマ療法のスキルの使い方を適切に示すことができる。あるいは，心理療法のビデオ録画を通じてスキーマ療法の実践例にアクセスすることができる。
3. トレーナーは，スキーマ療法のスキルの適用の仕方を案出したり改善したりする方法について，訓練生にフィードバックを提供することができる。
4. 訓練生は，スキーマ療法の理論，研究，理論的根拠，特定のスキルに関する書籍や論文を読むことになる。

本書で取り上げているエクササイズは，4大陸（北米，ヨーロッパ，アジア，オセアニア）の19の施設で試験的に実施されました。したがって本書は，世界中のさまざまな文化的背景を有するトレーナーと訓練生を対象にしています。

本書はまた，実際にクライアントと仕事をしたことのない人を含む初心の訓練生から，熟練したセラピストまで，あらゆるキャリア段階にある人のために作成されています。すべてのエクササイズには，個々の学習者のニーズに適切に対応できるよう，難易度を評価したり調整したりするためのガイダンスが含まれています。本書における「訓練生」という用語は広い意味で用いられており，メンタルヘルスの領域でスキーマ療法を習得しようとしているすべての人を指します。

心理療法のトレーニングにおける「確実な実践」

専門的な領域においてエキスパートになるにはどうすればよいでしょうか？ 何がトレーニングが可能で，何が生得的または制御不能な要因によりトレーニングが不可能なのでしょうか？ このような質問は，熟練した実践者とその養成に関する私たちの興味関心を大いにそそるものです。モーツァルト，レオナルド・ダ・ヴィンチ，バスケットボール界の伝説となったマイケル・ジョーダン，チェスの名手ガルリ・カスパロフといった現代のトップパフォーマーのような存在には，畏敬の念，称賛，そして時には戸惑いさえもが周囲に渦巻いています。彼らがプロフェッショナルとして常に優れた結果を残している理由はどこにあるのでしょうか？ 事実，すべての領域において，特定の種類のトレーニングに費やす時間の長さが，専門性を高めるうえでの重要な要因であることを示す証拠があります（Ericsson & Pool, 2016）。「確実な実践」は，効果的で確実な方法でパフォーマンスを向上させることができる，エビデンスに基づいた方法です。

「確実な実践」という概念は，K. Anders Ericsson らによる古典的な研究（1993）に端を発しています。Ericsson らは，スキルの練習時間とその練習に費やした時間の質とが，スキルの獲得と習熟を予測する重要な要因であることを見出しました。彼らは，スキルの学習と習熟における5つの主要な活動を同定しました。(a) 自分の作業を観察する，(b) 専門家のフィードバックを受ける，(c) 実践者の能力を少しだけ超えたレベルの学習目標を設定する，(d) 特定のスキルの反復行動リハーサルを行う，(e) パフォーマンスを継続的に評価する。Ericsson らは，このプロセスを「確実な実践」と呼び，図1.1のような循環的プロセスを示しました。

研究からは，医学，スポーツ，音楽，チェス，コンピュータ・プログラミング，数学などのさまざまな専門分野において「確実な実践」に長期間取り組むことが，その領域の専門家のパフォーマンスと関連することが示されています（Ericsson et al., 2018）。「確実な実践」というと，Malcolm Gladwell が2008年に出版した『Outliers（日本語訳のタイトルは「天才！ 成功する人々の法則」）』で広く知られるようになった「1万時間の法則」を連想する人が多いかもしれませんが，専門知識を獲得するために必要な実際の時間数は領域や個人によって異なります（Ericsson & Pool, 2016）。しかし，この法則が2つの誤解を生んでしまいました。1つ目は，どのような領域であれ，誰もが専門性を身につけるにあたって必要な「確実な実践」のための時間はこれぐらい（1万時間）であるということです。実際は，必要な時間にはかなりばらつきがある可能性があります。2つ目の誤解は，1万時間，その仕事に従事すれば，誰もがその領域の専門家にな

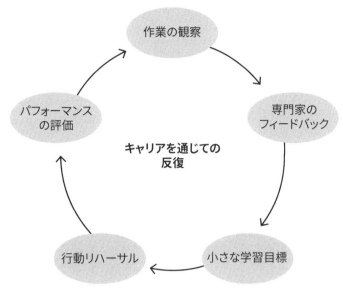

図 1.1 「確実な実践」のサイクル

Note. From Deliberate Practice in Emotion-Focused Therapy (p. 7), by R. N. Goldman, A. Vaz, and T. Rousmaniere, 2021, American Psychological Association (https://doi.org/10.1037/0000227-000). Copyright 2021 by the American Psychological Association.

れるということです。この誤解は，伝統的にクライアントとの実務経験時間が習熟度の尺度として用いられてきた心理療法の分野にとって，非常に重要な意味を持ちます（Rousmaniere, 2016）。研究によると，経験の量だけではセラピストの有効性を予測できないことが示唆されています（Goldberg, Babins-Wagner, et al.）。「確実な実践」の質が重要な要因である可能性があります。

心理療法の研究者たちは，近年，他の領域における「確実な実践」の価値を認識し，メンタルヘルスの専門家のトレーニングにも「確実な実践」を組み込むことを求めています（例：Bailey & Ogles, 2019; Hill et al., 2020; Rousmaniere et al.）。しかし，心理療法と，スポーツや音楽など他の専門領域とを類似して考えることには疑問の余地があります。というのも，心理療法は非常に複雑で自由度の高い形式を有するからです。スポーツには明確に定義された目標があり，クラシック音楽は書かれた楽譜に従います。対照的に，心理療法の目標は，各セッションでの各クライアントの独自の有り様に応じて変化します。セラピストには楽譜を追う余裕がありません。

優れた心理療法はむしろ，即興ジャズのようなものかもしれません（Noa Kageyama, Rousmaniere, 2016より引用）。ジャズの即興演奏では，グループのコラボレーション，創造性，相互作用が複雑に混ざり合い，それらがバンドメンバー間で協同構築されます。心理療法と同様に，ジャズの即興演奏も二つとして同じものはありません。しかし，即興演奏はランダムな音符の集まりではありません。即興演奏は，包括的な理論的理解と，継続的な意図的練習によってのみ培われる技術的熟練に基づいています。たとえば，著名なジャズ指導者であるジェリー・コーカー（Jerry Coker, 1990）は，生徒が習得すべき18のスキル分野を挙げています。それはたとえば，音質，音程，コードのアルペジオ，スケール，パターン，リックといった個別のスキルです。この意味で，より創造的で芸術的な即興演奏は，実際には，反復的なスキルの練習と習得に対して取り組んできたことの反映だといえます。伝説的なジャズ演奏家のマイルス・デイヴィスが言

ったように，「自分らしく演奏できるようになるためには，長い時間演奏することが必要」（Cook, 2005）なのです。

ここで強調したいのは，「確実な実践」によって訓練生がスキーマ療法の真のセラピストになれるよう，私たちが手助けしたいと考えているということです。中核となる考えは，必要なときにすぐに使えるようにスキルを学ぶ，というものです。スキルを実践して自分のものにしてください。自分に合っていると思われる部分をぜひ取り入れてください。一方で，継続的で熱意に満ちた「確実な実践」が，柔軟性や創造性の妨げになってはいけません。理想としては，むしろ柔軟性や創造性を高めるべきでしょう。私たちは，心理療法が常に変化する出会いであることを認識し，それを祝福しています。心理療法が，定型的であったり，定型的であると感じられたりすることは決して望んでいません。力のあるスキーマ療法のセラピストは，これまでに習得したスキルを説得力のある形で統合し，適切に調整された柔軟性を兼ね備えています。スキーマ療法において中核となる応答は，「回答」そのものではなく，枠組や可能性を示すものです。読者の皆さんには，ご自身にとって納得のいく方法で，本書の内容を適切に解釈し，適用していただきたいと思います。私たちは柔軟で即興性のあるプレイを推奨します！

シミュレーションに基づく習熟学習

「確実な実践」では，シミュレーションに基づく習熟学習が用いられます（Ericsson, 2004; McGaghie et al, 2014）。すなわち，トレーニングの刺激となる素材は，「仕事上の出会いで生じる問題，出来事，状況を模倣した人為的な社会的状況」（McGaghie et al, 2014, p.375）から構成されています。このアプローチの重要な構成要素は，トレーニングで使用される刺激が実世界の経験に十分に似ており，実世界と同様の反応を引き起こすということです。これにより，専門家が最終的にそのスキルを発揮するのと同じ心理的環境でスキルを習得する，いわゆる状態依存学習が促進されます（Fisher & Craik, 1977; Smith, 1979）。たとえば，パイロットは機械の故障や悪天候条件を示すフライトシミュレーターで訓練し，外科医は合併症を示す手術シミュレーターで練習を積みます。困難な刺激によるシミュレーション訓練は，専門家がストレス下でも効果的にパフォーマンスを発揮するための能力を高めてくれます。本書の心理療法トレーニングのエクササイズの「シミュレーター」は，セラピーにおけるセッションの過程で実際に提示されうる典型的なクライアントの発言であり，特定のスキルの使用を求めるものです。

宣言的知識と手続き的知識

宣言的知識とは，人が理解したり書いたり話したりできる知識のことです。多くの場合，記憶を通じて意識的に想起することができ，比較的短時間で獲得できる事実に基づく情報のことを指します。これとは対照的に，手続き的知識は暗黙裡に記憶され，「通常，活動の反復を必要とし，関連する学習は課題遂行の向上を通じて示されます」（Koziol & Budding, 2012, pp.2694）。手続き的知識は，特にストレスがある状況でも実行することができます（Squire, 2004）。宣言的知識と手続き的知識には大きな違いがある可能性があります。たとえば，「口先だけのスポーツ観戦者（armchair quarterback）」は，スポーツ競技についてよく理解し，話すことができますが，

プロのレベルでその競技を実践することができない人のことです。同様に，ダンス，音楽，演劇の批評家の多くは，そのテーマについて書く能力は非常に高いかもしれませんが，自分がそれを実演するようにと言われたら困惑するしかないでしょう。

　宣言的知識と手続き的知識のギャップが，「確実な実践」のスイートスポットとなります。言い換えれば，「確実な実践」では，訓練生がそれについて良い論文を書くことができても，実際のクライアントに実践するのが困難であろうスキルを対象とするべきだ，ということになります。私たちはまず宣言的知識から始め，スキルを理論的に学び，他の人がそれを行うのを観察します。一度学んだら，「確実な実践」の助けを借りて，セラピストが必要なときにそれぞれのスキルを「自動的」に使えるようになることを目指して，手続き的知識の開発に取り組みます。

　それでは，本書のスキルが，より大きなトレーニングモデルのなかでどのように位置づけられるかを理解するために，スキーマ療法の理論的背景に目を向けることにしましょう。

スキーマ療法とは

　スキーマ療法は，発達心理学の理論やアタッチメントに関する研究（Cassidy & Shaver, 1999），および対人神経生物学（Siegel, 1999）に基づいており，一般的な折衷的アプローチとは対照的に，体験的技法，認知的技法，行動的パターンの変容といった介入が戦略的に統合されている点がユニークなところです。スキーマ療法の統合的アプローチは，個人およびグループの治療効果研究（例：Farrell et al., 2009; Giesen-Bloo et al., 2006）で得られた有意に大きな効果量について説明できるかもしれません。これらの研究では，症状の軽減，全般的機能の改善，持続的で意味のあるパーソナリティの変化が実証的に示されました。

スキーマ療法の中核的な概念

　スキーマ療法が提唱しているのは，大人になってからの困難は，幼少期に中核的感情欲求が満たされなかったことと関連しているかもしれない，ということです。これらの基本的な欲求は以下のように同定されています。

- 他者との安定したアタッチメント／つながり（愛情，共感，安全，安定，養育，受容を含む）
- 自律性，有能性，自己同一性感覚のサポート
- 自由と自己主張，正当な欲求や思考や意見や感情を表現すること，自発性と遊び
- 現実的な制約とセルフコントロール

　早期不適応的スキーマ（Early maladaptive schema: EMS）とは，疑われることなく硬直的に埋め込まれた不適応的な「真実」（自己，世界，他者との関係についての信念）を含むパーソナリティ特性であり，満たされなかった欲求に対応して形成されます。早期不適応的スキーマは，強烈な感情，強固な信念，身体感覚を伴います。スキーマは人生早期の体験に似た状況が引き金

10 パート1 概説とインストラクション

となって活性化されますが，それによる耐え難い苦痛を遮断するために，衝動的な反応を示すこともあります。

心理学的な障害は，スキーマとモードの作動という観点から理解し説明することができます。モードの概念は，自滅的な行動パターンを特定するために，クライアントと臨床家にとって馴染みのある言葉を提供してくれます。攻撃性，敵意，操作，支配，承認欲求，刺激欲求，物質乱用，従順，依存，自信過剰，強迫性，抑制，社会的孤立，感情回避，および内面化された要求的・批判的・懲罰的モードはすべて，スキーマの活性化に対する自滅的な反応として，あるいは自己批判的，自己要求的，自己懲罰的なメッセージとして，モードの用語を使って理解することができます。重度のパーソナリティ症に苦しむクライアントは，環境的，対人的，および個人内の誘因に対する感受性が高いため，モードが頻繁に切り替わり，突然行動が変化したり，過度に激しい反応が生じたりします。また，多くの回避型のクライアントがそうであるように，モードがデフォルトの在り方として凝り固まってしまうこともあります。

早期不適応的スキーマは，満たされなかった幼少期の中核的欲求，生来の気質，幼少期の環境における体験の相互作用，すなわち「持って生まれたもの」と「養育」とのかけ合わせの結果であると考えられています。スキーマは，具体的で身近な条件下での世界との関わり方，すなわち人生の設計図や世界がどのように機能しているかという感覚を，暗黙のうちに駆動しています。付録CにYoungによって同定された18の早期不適応的スキーマを示しましたが（Young et al., 2003），それらは幼少期の基本的欲求に関する仮説に基づいています。スキーマ療法では，早期不適応的スキーマの定義に，記憶，身体感覚，感情，認知が含まれており，認知行動療法におけるスキーマの定義より幅広くなっています。これらのスキーマは，幼少期や青年期に形成され，成人期において強化されます。早期不適応的スキーマが維持されるのは，スキーマが内外の新たな体験にフィルターをかけ，スキーマを確証するような形で体験の意味を歪曲するからです。スキーマの反応は，人生の早い段階では適応的であったかもしれませんが（例：コーピングモードは，闘争，逃走，凍結といった生存のための反応の一種である），大人になる頃には不適応的なものになり，自らの欲求を満たすのをかえって妨害するようになります。早期不適応的スキーマは，不健全な中核信念やルールとなりますが，人はそれを心底信じています。スキーマは普段休止状態であっても，内的な手がかり（暗黙の記憶や感覚システム）や外的な手がかり（他者との相互作用，特定の光景や音やにおいなど）によって活性化されると，容易にアクセスできるようになります。

スキーマモードは，Youngら（2003）によって，「人が体験している現在の感情的，認知的，行動的，神経生物学的状態」（p.43）と定義されました。これらのモードは，早期不適応的スキーマが活性化したときに発動される自己の一部とみなすことができます。Youngらは，「ヘルシーアダルトモード」「要求的／懲罰的内的批判モード」「不適応的コーピングモード」「内的チャイルドモード」の4つのタイプのモードを特定しました。付録Cにこれらのモードが紹介されています。

モードの観点におけるスキーマ療法の目標

本書ではスキーマ療法の12の中核的なスキルを紹介します。スキーマ療法の治療目標を達成す

るためには，これらのスキルの関連性を考慮することが重要です。スキーマ療法の第一の目標は，その人が感情的に健全で幸せな人生を送れるように，「ヘルシーアダルトモード」を構築し，強化することです。「ヘルシーアダルトモード」を強化するということは，具体的には，マインドフルで共感的な気づきに容易にアクセスできるようになること，思いやりのある思慮深い意思決定が可能になること，非機能的なモードが誘発されたときに適応的なスキルで対応できるようになることを意味します。スキーマ療法の初期段階では，これらはセラピストの目標であり，「治療的再養育法」の一部としてみなされます。一方，クライアントの自律性を目指す段階では，これはクライアント自身の「ヘルシーアダルトモード」の目標となります。

1. 「脆弱なチャイルドモード」をケアする。これは「ヘルシーアダルトモード」における「良い親」の機能である。
2. 「不適応的コーピングモード」に対する気づきを高め，否定的な結果を招くことなく，現在の欲求を満たすための，より効果的な対応を選択できるようになる。
3. 「怒れるチャイルドモード」「衝動的／非自律的チャイルドモード」の反応を理解し，欲求を満たすための，アサーティブで効果的な方法に導く。
4. 「要求的／懲罰的内的批判モード」の力とコントロールを弱め，学習プロセスの一部として自らの間違いを受け入れ，その責任を負うことで，自分自身を前向きに動機づける方法を開発する。これには，合理的な期待や基準を設定することも含まれる。
5. 「幸せなチャイルドモード」を呼び起こし，喜びや遊びの機会を受け入れることができるようにする。
6. 「ヘルシーアダルトモード」の能力にアクセスできるようになる。

スキーマ療法の各段階

　スキーマ療法の過程には一般的に3つの段階があります。それは，「絆と感情調節」「モードの変化」「自律性」の3つです（Young et al, 2003）。これらの段階の順序は，個々のクライアントとセラピストによって柔軟に決まります。表1.2は，スキーマ療法の段階，スキーマ療法の4つの主要な構成要素（次節で説明），表1.1で示したスキーマ療法の「確実な実践」スキルの関連性を示しています。

スキーマ療法の介入の 4 つの主要な構成要素

● 治療的再養育法
　「治療的再養育法」は，セラピストの役割であると同時に治療的介入でもあります。治療的再養育法は，スキーマ療法における変化の過程に不可欠な要素であると考えられています。それは，早期不適応的スキーマを癒すのに欠かせない修正感情体験を提供し，欲求が満たされる体験の基盤を与えます。この基盤によって，より前向きで適応的な中核信念の形成が可能になります。治療的再養育法において，セラピストは，不適応的コーピングモードによる行動を減らすために，健康的で適応的な行動を積極的に選択するモデルを示します。治療的再養育法では，セラ

表 1.2 スキーマ療法の段階に関連する 12 のスキル

スキーマ療法の構成要素	「確実な実践」スキル	
絆と感情調節		
治療的再養育法	スキル1	理解と調律
	スキル3	スキーマの心理教育：現在の問題をスキーマ療法の視点から理解することを始める
	スキル4	満たされなかった欲求，スキーマ，現在の問題を関連づける
モードの変化		
モード・アウェアネス	スキル5	不適応的スキーマモードの心理教育
	スキル6	不適応的コーピングモードへのモードチェンジに気づく
	スキル7	要求的／懲罰的内的批判モードの存在を同定する
	スキル8	怒れる／脆弱なチャイルドモードの存在を同定する
治療的再養育法， モード・ヒーリング	スキル9	怒れる／脆弱なチャイルドモードに対する治療的再養育法
	スキル10	要求的／懲罰的内的批判モードに対する治療的再養育法
	スキル11	不適応的コーピングモードに対する治療的再養育法，すなわち共感的直面化
自律性		
モード・マネジメント	スキル2	ヘルシーアダルトモードを支持し，強める
	スキル12	ホームワーク課題を通じて，行動的パターン変容を実行する

注：灰色の行は，スキーマ療法の3つの段階を表している。各段階には，スキーマ療法の4つの要素（治療的再養育法，モード・アウェアネス，モード・ヒーリング，モード・マネジメント）のうち1つ以上が含まれている。

ピストは「良い親」による応答とメッセージを提供し，「要求的／懲罰的内的批判モード」の力を軽減します。要約すると，スキーマ療法のセラピストは，治療の倫理的制約のなかで，「良い親」がするのと同じようにクライアントの欲求に対応します。治療的再養育法の役割として，セラピストは，「脆弱なチャイルドモード」に対して安全，理解，安らぎを提供し，「怒れるチャイルドモード」の欲求に耳を傾け，それを認めます。「衝動的／非自律チャイルドモード」に対しては，それに直面したうえで，健全な限界を設定します。「脆弱なチャイルドモード」にあるクライアントは，寂しさ，怯え，悲しみなどを感じている幼い子どもに語りかける親のような言葉や口調を使う「良い親」としてのセラピストを必要としています。セラピストは，「脆弱なチャイルドモード」の確固とした擁護者となり，「不適応的コーピングモード」や「内的批判モード」を特定してそれらに立ち向かい，それらのモードの根底にある感情や欲求に共感しながら，とった行動が効果的だったかどうかを問うていきます。パーソナリティ症や複雑なトラウマを有するクライアントは，チャイルドモードであることが多く，「ヘルシーアダルトモード」が未発達であるため，治療の初期段階ではこのような積極的な再養育を必要とします。

　クライアント自身の「ヘルシーアダルトモード」が発達するにつれて，セラピストの役割は変

化し，思春期の子どもにとっての「健全な再養育を提供する保護者」，発達途上の大人にとっての「健全なモデル」といった役割を担うようになります。クライアントは，治療の後期段階でもセラピストとのつながりを必要としますが，すでに内在化された，より発達し強化された自らの「ヘルシーアダルトモード」による「再養育」を自分自身で行うことができます（Younan et al., 2018）。スキーマ療法のセラピストは，言語の使用，複雑さのレベル，タイミングやペースを含めた技法の適用について，クライアントの発達段階や能力，併存する課題，リスクのある問題を考慮し，それらに合致させなければならないことを強く認識しています。

　適切な「治療的再養育法」は，治療目標と治療戦略のために情報を与えてくれる強固なアセスメントとスキーマの概念化のもとで開始されます。セラピストは，クライアントとの積極的で支持的で信頼感のある関係のなかに身を置き，安全なつながりを提供します。治療的な専門用語や上下関係とは無関係の，現実味のある人間的な関りを作っていきます。クライアントが脆弱性（感情や欲求）を表現することは歓迎されます。治療関係は，限定的ではあるものの，モデリングやミラーリング，そしてアタッチメントのある形で自分自身を再体験することを通じて，これまで満たされなかった重要な欲求が満たされる体験をクライアントに提供します。理想をいえば，そのことによってクライアントは，自分が大切にされている，自分には価値があると初めて感じることができます。セラピストはまず，クライアントの価値，安心，安定，安全，受容，共感，サポート，擁護，アイデンティティに関して，頻繁に強調して安心感を提供します。治療関係は，クライアントが自らの欲求を効果的に満たすことを学び，対人関係スキルを向上させ，健全なつながりを維持しながら自律性を獲得することをサポートします。専門的なバウンダリーの中でクライアントの欲求を満たすというスキーマ療法のアプローチは，他のほとんどの治療モデルのアプローチとは全く異なります。他のアプローチは，クライアントが有しているレベル以上の「ヘルシーアダルトモード」やスキルを前提とし，欲求が満たされる体験が不足しているにも関わらず，クライアント自身が自らの欲求を満たすことを早急に要求してしまいます。本書で示すエクササイズ１，２，３，４，９，11において，「治療的再養育法」の要素が含まれています。

● モード・アウェアネス

　モード・アウェアネスは，治療においてモードを変容する段階における最初のステップです。これらの介入は主に認知的なものになります。モードに気づきを向けるワークでは，クライアントに対し，モードが発動したときに気づくこと，活性化した背景にあるスキーマを同定すること，そして現在の欲求を特定することを教えます（スキーマモードの体験と，背景にある満たされない欲求との関連性については付録Cを参照してください）。クライアントは，特定のモードにあるときの思考，感情，身体感覚，記憶を識別できるようになります。クライアントはまた，現在の自らの反応を，早期不適応的スキーマやモードが形成された幼少期の体験に結びつけることを学びます。クライアントが，現在の状況を子ども時代の記憶に結びつけると，自分のスキーマやモードの根源をよりよく理解できるようになります。モード・アウェアネスは，今あるモードを続けることにするか，「ヘルシーアダルトモード」とそのスキルに接続することにするかを，意図的に選択するためにも必要です。エクササイズ６，７，８はでは，スキーマ療法のモード・アウェアネスの要素に焦点を当てています。

● モード・マネジメント

モード・マネジメントのスキルは，モード・アウェアネスを活用して，より効果的な対応を選択することです。モードの変容には，モード・アウェアネスが不可欠ですが，それだけでは十分ではありません。クライアントとセラピストは，不適応的なモードの反応が現在の欲求を満たすことができるかどうか，それとも別の行動のほうがより効果的なのかどうかを評価します。モード・マネジメントのワークでは，欲求を満たすためのより効果的な代替プランを考案し，実行します。モード・マネジメントの構成要素には，認知的技法，行動的技法，体験的技法が含まれます。セラピストは，不適応的なモードの行動を維持している行為，認知の偏り，信念など，クライアントの変化を阻む障壁を同定し，それに挑戦します。「モード・マネジメント・プラン」は，スキーマ療法における「行動パターンの変容」を，セラピールームからクライアントの日常生活に持ち出すための強力な手法となります（Farrell et al., 2018）。エクササイズ 2，12には，モード・マネジメントの要素が含まれています。一般に，これらのワークの多くはスキーマ療法の第3段階で行われます。

● モード・ヒーリング

モード・ヒーリングには，体験的なモードワークが含まれます。具体的には，治療関係における修正感情体験（治療的再養育法）から始まり，視覚的イメージ，イメージの書き換え，モード間の対話，モードのロールプレイ，ポジティブな体験を象徴する創造的なワークなどが行われます。スキーマ療法におけるこれらの介入は，感情的および身体的な気づきの深いレベルまで届くように設計されており，人生の初期の体験をターゲットにし，持続可能な変化につながるようにそれらの体験を書き換えます。エクササイズ 9，10，11はモード・ヒーリングの構成要素の一部となっています。モード・ヒーリングの方法は，創造的かつ象徴的です。たとえば，スキーマと矛盾する出来事を想起したり，そのような出来事を感情レベルで再体験したりすることを促進するために，セラピストはアートや読み物を活用することができます（Farrell et al., 2014）。

スキーマ療法におけるケース概念化

スキーマ療法は，包括的なケース概念化によって導かれます。この概念化によって，クライアントのスキーマ，モード，満たされていない欲求が同定され，その後のワークが導かれます。スキーマ療法のケース概念化（https://schematherapysociety.org からダウンロード可能）は，現在の生活上の課題と満足感の欠如が，スキーマやモードとどのように関連しているかについて，セラピストとクライアントが相互に合意したアセスメントを提供し，思慮深い治療計画の策定と，治療のナビゲーションとなるロードマップを与えてくれます。スキーマ療法の概念化には，セラピストとクライアントの瞬間ごとの並行プロセス，セッション中に観察されたことや行動的反応，クライアントに対するセラピストの個人的な感情など，セラピストによる治療関係の評価も含まれます。本書で紹介するそれぞれのスキルは，スキーマまたはモード（多くの場合はその両方）を対象としており，特定のクライアントが治療目標を一つ一つ達成するためのステップとして設計されています。主要なスキーマ療法の概念についての概要は，付録Cに掲載されています。

エビデンスに基づくスキーマ療法

　スキーマ療法の有効性を示すエビデンスとしては，境界性パーソナリティ症，回避性パーソナリティ症，依存性パーソナリティ症，心的外傷後ストレス障害，複雑性トラウマ，解離性同一性症，摂食障害，慢性うつ病に対する個人セラピーおよびグループセラピーの大規模なランダム化比較試験が挙げられます（Farrell & Shaw, 2022に要約）。これらの研究で報告されたスキーマ療法の有効性には，精神症状の減少のみならず，機能やQOLの改善が含まれます。質的研究によって，クライアントとセラピストは，他のモデルよりもスキーマ療法のやり方を好むことが明らかにされています（de Klerk et al., 2017）。

スキーマ療法のトレーニングにおける「確実な実践」の役割

　スキーマ療法のトレーニングには，すでにかなりの量の「対話（ロールプレイ）によるエクササイズ」が含まれています。スキーマ療法の国際認定に必要な40時間の基礎トレーニングのうち，15時間はロールプレイでなければいけません。臨床スキルの実践の重要性は，効果的なスキーマ療法のセラピストを生み出すにあたって，実践の役割を調査した研究によって実証的に裏づけられました。Bamelisら（2014）は，実践に焦点を当てて訓練されたセラピスト（例：特定の技法についてロールプレイを行い，即座にフィードバックが与えられる）は，講義ベースのトレーニングだけを受けたセラピストよりも，実際のクライアントに技法を適用する能力が高いことを明らかにしました。私たちは，中核的なマイクロスキルを同定し，クライアントの結果をモニターすることを実践者に奨励し，セラピストを最近接発達領域に留まらせるように設計された実践システムを含む，本書の「確実な実践」のアプローチは，スキーマ療法のトレーニングアプローチと一致しており，現在のトレーニングシステムをさらに改善するものであると信じています。セラピストがスキルを自分のものにできるようサポートする「確実な実践」の目標は，効果的なスキーマ療法が必要とする誠実さと柔軟性とも一致しています。

声のトーンと身体的姿勢についての注意点

　スキーマ療法のトレーニングでは，クライアントとセラピストの双方が表現する非言語的・パラ言語的な手がかりに注意を払う必要性を強調しています。効果的なスキーマ療法には，セラピストが，クライアントの言語的・非言語的なコミュニケーションを，一瞬一瞬注意深く読み取ることが含まれます。セラピストはまた，自らの声のトーン，顔の表情，身体の姿勢に気を配り，一瞬一瞬の対応を通じて，あたたかさ，共感，純粋な好奇心，開放的な態度を伝えるように訓練されます。本書で取り上げられているスキーマ療法のスキルそれぞれについても，セラピストは，声のトーンや姿勢など，非言語的な対人関係の特性に注意を払って実践することを心がけるようにしましょう。さらに，スキーマ療法を学ぶ人は，スキーマ療法の熟達者がセラピーを行う場面

を見ることで，これらの重要な原則が実際に実践されていることを観察することができます。

本書の構造の概要

　本書は3部構成になっています。パート1には本章と第2章があり，本書のエクササイズの基本的な手順を説明しています。私たちは本書を執筆する際の検証作業を通じて，あまりに多くのインストラクションを前もって示すと，トレーナーや訓練生が圧倒され，その結果，インストラクションを読み飛ばしてしまうことに気がつきました。そこで，本書のインストラクションは，トレーナーや訓練生がエクササイズを始めるのに必要な最重要情報だけに焦点を当て，できるだけ簡潔かつシンプルなものにしました。「確実な実践」を最大限に活用するためのさらなるガイドラインは第3章に，エクササイズの難易度をモニターし調整するための追加のインストラクションは付録Aに記載されています。**第2章のインストラクションは決して読み飛ばさないでください。基本的なインストラクションを理解したら，第3章と付録Aの追加のガイドラインとインストラクションを必ずお読みください。**

　パート2には，12のスキルに焦点を当てたエクササイズが含まれており，難易度別に，初級，中級，上級の順に並んでいます（表1.1参照）。各エクササイズには，エクササイズの簡単な概要，訓練生のガイドとなるクライアントとセラピストのやりとりの例，エクササイズを実施するための段階的な教示，および関連スキルを習得するための基準のリストが含まれています。続いて，クライアントの発言とセラピストの対応例を難易度別（初級，中級，上級）に整理して紹介します。セラピスト役の訓練生が対応のサンプルに影響されることなく，より自由に即興で対応できるよう，発言と対応は別々に提示されます。サンプルは，訓練生が即興で対応するのが難しい場合のみ活用するとよいでしょう。第2部の最後の2つのエクササイズは，心理療法の模擬セッションのなかで12のスキルのすべてを実践する機会が提供されます。エクササイズ13では，スキーマ療法のスキルが使用され，それらが明確にラベルづけされたセッションのサンプル記録であり，それによって，実際のセラピーセッションがどのように展開するのかが示されています。訓練生には，一人がセラピスト役，もう一人がクライアント役になり，セッションの展開の感覚をつかむために，サンプル記録をそのまま演じてもらいます。エクササイズ14では，模擬セッションを行うための提案と，訓練生が即興でロールプレイを行う際に使用できる，難易度別（初級，中級，上級）のクライアントのプロフィールが示されています。

　パート3には第3章が含まれており，トレーナーや訓練生向けのガイダンスが追加されています。第2章が手続き的な内容であるのに対し，第3章は大局的な問題を扱っています。「確実な実践」を最大限に活用するための6つのポイントを強調し，適切な対応，訓練生のウェルビーイングへの配慮とプライバシーの尊重，トレーナーの自己評価などの重要性について述べています。

　本書の締めくくりとして4つの付録が提示されています。付録Aは，各エクササイズの難易度をモニターし，必要に応じて調整するためのインストラクションです。ここでは，セラピスト役の訓練生が，エクササイズが簡単すぎるか難しすぎるかを記入するための「確実な実践への反応フォーム」が掲載されています。付録Bには，訓練生が「確実な実践」に取り組みながら，その体験を探求し記録するためのフォームである「確実な実践の記録フォーム」が掲載されています。

付録Cには，本書のエクササイズを実践する際の指針となるよう，訓練生が学習できるスキーマ療法の主要概念のレビューが掲載されています。付録Dには，14の「確実な実践」エクササイズとその他のサポート資料を，より幅広いスキーマ療法のトレーニングコースにどのように組み込むことができるか，ということを示すシラバスの例が掲載されています。インストラクターは，このシラバスを修正したり，シラバスの要素を取り入れて自分のコースに組み込んだりすることができます。

　カラー版の「確実な実践への反応フォーム」を含む，本書の付録のダウンロード版は，オンラインの「臨床家と実践家のリソース」バナー（http://www.iwasaki-ap.co.jp/book/b654579.html）で見つけることができます。

第2章
スキーマ療法の「確実な実践」のための
エクササイズに関するインストラクション

　この章では，本書のすべてのエクササイズに共通する基本的なインストラクションについて提示します。より具体的には各エクササイズで指示します。また，第3章では，訓練生とトレーナーにとって，「確実な実践」を最大限に活用するために重要なガイダンスを提供します。付録Aには，ある難易度のクライアントの発言に対するエクササイズをすべて終了した後に，その難易度をモニターし，必要に応じて調整するための追加のインストラクションが掲載されています。ここには，セラピスト役の訓練生が，そのエクササイズが簡単すぎるか難しすぎるかを記入するための「確実な実践への反応フォーム」が含まれています。**難易度の判定は「確実な実践」の過程で重要な役割を果たすものであり，省略することはできません。**

概　　要

　本書の「確実な実践」のエクササイズでは，治療場面を想定したロールプレイを行います。ロールプレイには3人が参加します。一人の訓練生がセラピスト役，もう一人の訓練生がクライアント役を演じ，トレーナー（教授／スーパーバイザー）がそれを観察してフィードバックします。あるいは，同僚が観察してフィードバックすることも可能です。

　本書では，各ロールプレイの台本を用意し，それぞれクライアントの発言とセラピストの対応例を掲載しています。クライアントの発言は，初級から上級までの難易度で構成されています。ただし，この難易度はあくまで目安です。実際のクライアントの発言の難易度は主観的なものであり，訓練生によって大きく異なります。たとえば，「クライアントが怒っている」という刺激に対して，ある訓練生は対応しやすいと感じるかもしれませんが，他の訓練生は非常に難しいと感じるかもしれません。そのため，訓練生は難易度の評価と調整を行い，簡単すぎず難しすぎない，適切な難易度で練習することが重要です。

時間枠

　各エクササイズには90分の時間枠を設けることが推奨されており，おおよそ以下のような構成になっています。

- 最初の20分：オリエンテーション―トレーナーがスキーマ療法のスキルを説明し，ボランティアの訓練生とエクササイズの手順を実演する。
- 中盤50分：訓練生が2人1組でエクササイズを行う。トレーナーまたは同僚は，このプロセスを通じてフィードバックを行い，各発言のエクササイズの後，難易度をモニターし，必要に応じて調整する（難易度の評価については付録A参照）。
- 最後の20分：振り返り，フィードバック，ディスカッションを行う。

準備するもの

1. 訓練生は，本書を各自で用意すること。
2. 訓練生は，各エクササイズである難易度のすべての発言について練習を終えた後，「確実な実践の反応フォーム」に記入する必要がある。このフォームは，出版社のホームページ（http://www.iwasaki-ap.co.jp/book/b654579.html）の「臨床家と実践家のリソース」バナー，および付録Aに掲載されている。
3. 訓練生は2人1組になって，一人がセラピスト役，もう一人がクライアント役を演じる（15分間練習した後で役を交代する）。前述したように，トレーナーまたは同僚の訓練生のオブザーバーが，各ペアと一緒に作業を行う。

トレーナーの役割

トレーナーの主な役割は以下の通りです。

1. 修正のためのフィードバックを行う。これには，訓練生の反応が期待される基準にどの程度合致しているかと，反応を改善するために必要なガイダンスの両方が含まれる。
2. 各レベル（初級，中級，上級）のクライアントの発言が終了したら，難易度の評価と調整を行うよう訓練生に促す。

練習の仕方

各エクササイズでは，段階的に指示があります。どの手順も重要なので，注意深くその指示に従ってください。

スキル基準

最初の12のエクササイズはそれぞれ，スキーマ療法に不可欠な1つのスキルに焦点を当て，そ

のスキルの重要な構成要素や原則を説明する2つから4つのスキル基準について示しています。

ロールプレイの目標は，訓練生がクライアントの発言に対して，（a）クライアントに同調した形で，（b）スキルの基準を可能な限り満たし，（c）訓練生にとって信頼できると感じる方法で，**即興で応答する練習をすることです**。訓練生にはセラピストの回答例が記載された台本が提供され，スキル基準をどのように対応に取り入れるかを感覚的に学ぶことができます。**しかしながら，訓練生はロールプレイの中で回答例をそのまま読まないことが重要です！** セラピーは非常に個人的で即興的なものです。「確実な実践」の目的は，訓練生が一貫した枠組みの中で，即興で対応できる能力を身につけることです。台本通りの回答を暗記することは，個々のクライアントに対して応答的で，信頼性のある，寄り添ったセラピーを行うことを学ぶ上で逆効果になります。

Wendy Behary と Joan Farrell が台本の回答例を書きました。しかしながら，訓練生の個人的なセラピーのスタイルは，台本の例とは若干または大幅に異なる場合があります。訓練生が時間をかけて自分のスタイルと声を確立していくことが重要で，と同時に，モデルの原則と戦略に従った介入ができるようになることが大切です。これを促進するために，本書のエクササイズは，スキル基準や継続的なフィードバックに基づいて即興で反応する機会を最大化するようデザインされています。訓練生は，台本に書かれた回答の中には，すべてのスキル基準を満たさないものがあることに気づくでしょう。これらの回答は，クライアントへの調律を優先した方法で，スキーマ療法のスキルを柔軟に適用する例として提供されています。

振り返り，フィードバック，ディスカッション

ロールプレイ後の振り返りとフィードバックの流れには，次の2つの要素があります。

- 最初に，クライアント役の訓練生が，セラピストの反応の受け手としてどう感じたかを**簡単に**共有する。これは，訓練生がクライアントとどの程度同調できているかを評価するのに役立つ。
- 次に，トレーナーは，各エクササイズのスキル基準に基づき，**簡単な**フィードバックを行う（1分以内）。フィードバックを具体的，行動的，かつ短時間にすることで，スキルのリハーサルの時間を確保することができる。一人のトレーナーが複数のペアの訓練生を指導する場合，トレーナーが部屋を歩き回り，ペアを観察し，簡単なフィードバックを行う。トレーナーが不在の場合は，クライアント役の訓練生が，スキルの基準に基づき，介入を受ける側としてどう感じたかピアフィードバックを行う。あるいは，三人目の訓練生が観察してフィードバックすることもできる。

トレーナー（または同僚）は，すべてのフィードバックを具体的かつ簡潔にし，理論的な議論に陥らないようにすることを忘れてはいけません。スキーマ療法の理論や研究について幅広く議論する場は，他にもたくさんあります。「確実な実践」では，ロールプレイによる継続的な行動リハーサルの時間を最大化することが最も重要です。

最終評価

　両方の訓練生がクライアントとセラピストを演じた後，トレーナーが評価を行います。参加者は，この評価に基づいて短いグループディスカッションを行います。このディスカッションは，ホームワークや今後の「確実な実践」のセッションでどこに焦点を当てるかのアイデアを与えてくれます。このために，付録Bでは「確実な実践の記録フォーム」を紹介しています。このフォームは，オンラインの「臨床家と実践家のリソース」バナー（http://www.iwasaki-ap.co.jp/book/b654579.html）からもダウンロードできます。このフォームは，最終評価の一部として，訓練生がスーパーバイザーとのセッションでの経験を整理するために役立ちます。しかし，この用紙は，主に訓練生が自分の考えや経験を探求し記録するためのテンプレートとして使用することを想定しています。特に，セッションの合間に，一人で回答の練習をしたり，二人の訓練生が一緒に練習をしたい場合（この場合おそらく三人目の訓練生がスーパーバイザーの役割を担う）など，スーパーバイザーなしで「確実な実践」の作業を追加で行う際に用いることができます。その後，希望すれば，訓練生は次のトレーニングセッションの冒頭で，これらの経験についてスーパーバイザーと話し合うことができます。

パート2
スキーマ療法のスキルのための
「確実な実践」エクササイズ

本書のこのセクションでは，スキーマ療法において必須のスキルを身につけるための，12の「確実な実践」エクササイズを紹介します。これらのエクササイズは，スキーマ療法のトレーニングを始めたばかりの人に適したものから，より上級レベルに進んだ人のためのものまで，発達的な順序で構成されています。ほとんどのトレーナーは，私たちが提案する順番でこれらのエクササイズを活用すると予想しますが，トレーニングの状況によっては，別の順番で活用するほうが適切であると考えるトレーナーもいるかもしれません。私たちはまた，注釈付きのセッション記録と模擬セッションを使用して，スキーマ療法のスキルをまとめる2つの包括的なエクササイズも提供しています。

スキーマ療法の初級スキルのエクササイズ

エクササイズ1　理解と調律　25

エクササイズ2　ヘルシーアダルトモードを支持し，強める　35

エクササイズ3　スキーマの心理教育：
現在の問題をスキーマ療法の視点から理解することを始める　45

エクササイズ4　満たされなかった欲求，スキーマ，現在の問題を関連づける　55

スキーマ療法の中級スキルのエクササイズ

エクササイズ5　不適応的スキーマモードの心理教育　67

エクササイズ6　不適応的コーピングモードへのモードチェンジに気づく　77

エクササイズ7　要求的／懲罰的内的批判モードの存在を同定する　87

エクササイズ8　怒れる／脆弱なチャイルドモードの存在を同定する　97

スキーマ療法の上級スキルのエクササイズ

エクササイズ9　怒れる／脆弱なチャイルドモードに対する治療的再養育法　107

エクササイズ10　要求的／懲罰的内的批判モードに対する治療的再養育法　117

エクササイズ11　不適応的コーピングモードに対する治療的再養育法，すなわち共感的直面化　127

エクササイズ12　ホームワーク課題を通じて，行動的パターン変容を実行する　137

エクササイズ13　注釈付きのスキーマ療法実践セッション記録　147

エクササイズ14　スキーマ療法の模擬セッション　153

エクササイズ1
理解と調律

エクササイズ1のための準備

1. 第2章のインストラクションを読みましょう。
2. オンラインの「臨床家と実践家のリソース」バナー（http://www.iwasaki-ap.co.jp/book/b654579.html）から「確実な実践への反応フォーム」と「確実な実践の記録フォーム」をダウンロードします。それらは付録A，Bにもそれぞれ掲載しています。

スキルの説明

スキルの難易レベル：初級

　セラピストがクライアントに調律することと，セラピストがクライアントの体験を理解することに関心を示すことは，つながりや信頼に必要な絆を築くための中心的なものです。クライアントとの信頼関係を構築することは，治療同盟にとっても，スキーマ療法で不可欠な治療的再養育法に基づく修正感情体験にとっても，極めて重要です。スキーマ療法のセラピストがクライアントとの安全な絆を構築するために用いる方法は多くあります。ここでは，セラピーのなかで広く使われている方法である「理解」と「調律」に焦点を当てることにします（Bailey & Ogles, 2019）。

　このエクササイズでは，セラピストは次のスキル基準に従って，クライアントの各発言に対して即興で応答する必要があります。

1. セラピストの「調律」と「共感」の能力は，クライアントの「内的な現実」に対する理解への表出として伝えられる。それはクライアントが明示的に語ったことと，非言語的な方法で伝えたことの両方に反映される。セラピストは，クライアントが伝えた中核的な意味や感情を反映させることから介入を始める。セラピストはまた，クライアントの発言内容を承認することを表明することもある（例：「あなたが話してくれたことは本当に重要だと思います」）。
2. セラピストはクライアントへの理解を伝えた後，クライアントの役に立ちたい，クライアントが安全だと感じられるようにしたい，クライアントをセラピーの協同作業に誘いたい，といったことを伝えてクライアントを安心させる。このような安心感は，多くのクライアントにとって新たな対人関係の体験となるため，非常に重要である。
3. このエクササイズを通じて，セラピストの非言語的な声のトーンや身体の姿勢が，クライ

26　パート2　スキーマ療法のスキルのための「確実な実践」エクササイズ

アントに対する開放性や温かさを伝える。セラピストの非言語的能力は，クライアントへの調律を伝え，クライアントの安全を促進するために不可欠であるため，この基準は極めて重要である。

エクササイズ1のためのスキル基準

1.　クライアントの「内的現実」に対する共感的理解を伝える。
2.　クライアントを理解したり手助けしたりしたいというセラピストの思いを伝えて安心してもらう。
3.　非言語：やさしく，温かな声。クライアントの方に少しだけ身体を傾ける。

「理解と調律」の例

例その1

クライアント：［ナーバスになって］何と言えばよいのかわかりません。私は自分の個人的な感情や人生の物語について誰にも話したことがありません。どうやって始めればよいのでしょうか？　セラピーを受けることにしたことが良い決断だったのか，自信がありません。母が知ったら激怒するでしょう。

セラピスト：セラピーを始めること，すなわちあなたの人生経験，苦労や強みを見知らぬ人と共有するということは，とても大きな決断です。（基準1）セラピーにおける私との関係に安心や自信を感じられるようになるには少し時間がかかるでしょう。あなたに対する私のケアについて，あなた自身が安心や信頼を感じられるようにしたいと思っています。そして，ここはあなたのプライベートな空間です。セラピーに来るというあなたの決断について，あなたのお母さんが知る必要はありません。（基準2）

例その2

クライアント：［平板な調子で］私が情けない負け犬だとあなたに思われたくありません。でも，私のことを一度知ったら，あなたはそう思うしかなくなるでしょう。でもまあ，私の話を聞いたら，あなたはそれをセラピスト仲間との笑い話や面白話のネタにすることができるかもしれません。あるいは，前のセラピストのように，私の話に飽きてしまい，私とセラピーに取り組むことにしたことを後悔するようになるかもしれません。

セラピスト：前回のセラピーの体験があなたを失望させてしまったことをお聞きして，とても残念に思います。セラピーを始めることは大きな決断であり，簡単なことではありません。私はあなたにお会いできてうれしいですし，あなたについてこれから知っていくことを楽しみにしています。（基準1）この関係をあなたにとってより安全なものにするために，私に言えることが何かあるでしょうか？　あるいは何かできることがあるでしょうか？　おそらく，私たちのセッションのプライバシーに関することや，あなたの体験や欲求を共有するにあたっての私自身の考えや感情について，もう少し話し合う必要があるのではないでしょうか？　私にとって重要なの

は，あなたがこの場において尊重されていると感じることです。（基準2）

例その3

クライアント：［心配そうに］これがたった50分のセッションで，私には1000回ものセッションが必要だということはわかっていますが，今すぐに胸の内を吐き出さなければなりません。それで，私が職場のランチルームから戻ろうとしたときに，上司に呼び止められたんです。私に何か問題があるということが上司の表情からわかりました。それで上司がそのことを言い出す前に，私は泣き出してしまい，完全におかしくなってしまったんです。私は仕事なんか大嫌いだし，何ひとつまともにできないんです！　ああ，まただらだらと話し続けちゃっている。あなたは本当に私のセラピストになってくれるんですか？

セラピスト：あなたは話したいことがたくさんあるのですね。大丈夫ですよ。セラピーの初期段階では，目標を決めたり，体験をシェアしたりするための最善の方法を見つけることが難しい場合もあります。（基準1）だからこそ私がそのお手伝いをするのです。あなたが自分の体験をお話しすることについて謝る必要はありませんよ。私は，あなたが私に話してくれる情報や感情が，あなたの欲求を満たすことにつながるかどうかを確認する手助けをしたいと思います。（基準2）

28　パート2　スキーマ療法のスキルのための「確実な実践」エクササイズ

エクササイズ1のインストラクション

ステップ1：ロールプレイとフィードバック

・クライアント役は初級レベルの最初の発言をする。セラピスト役はスキル基準に基づいて即興で応答する。

・トレーナー（不在の場合はクライアント役）は，スキル基準に基づいて簡単にフィードバックする。

・次に，クライアント役は同じ発言を繰り返し行い，セラピスト役は再び即興で応答する。トレーナー（またはクライアント役）は，再び簡単にフィードバックする。

ステップ2：繰り返し

・現在の難易度レベル（初級，中級，上級）のすべての発言について，ステップ1を繰り返す。

ステップ3：難易度の評価と調整

・セラピストは，「確実な実践への反応フォーム」（付録Aを参照）に記入し，エクササイズをより簡単にするか，またはより難しくするか，あるいは同じ難易度を繰り返すかを決定する。

ステップ4：約15分の繰り返し

・ステップ1〜3を少なくとも15分間繰り返す。

・その後，訓練生はセラピスト役とクライアント役を交替し，最初からやり直す。

次はあなたの番です！　インストラクションのステップ１と２に従ってください。

　覚えておこう：ロールプレイの目的は，（a）スキル基準を使用し，（b）訓練生が本物である
と感じられる方法で，クライアント役の発言に対する応答を即興で練習することです。**クライア
ントの各発言に対するセラピストの応答例は，このエクササイズの最後に提示します。訓練生は，
回答例を読む前に，自分自身の応答を即興で試みてください。**

初級レベルのクライアントの発言　エクササイズ１
初級のクライアントの発言１
[**戸惑って**] 何から始めたらいいのですか？　私はこれまでセラピーを受けたことがありませんし，この最初の発言で間違えて，馬鹿だと思われたくないんです。
初級のクライアントの発言２
[**震え声で**] ああ，馬鹿馬鹿しい。なんでもう泣きたくなっちゃうんだろう。まだ何も話していないのに。とっても恥ずかしいです。
初級のクライアントの発言３
[**悲しそうに**] 私は変われないと思います。私の怒りが問題であるとはわかっているんです。パートナーを傷つけるつもりもありません。でも，私は動揺したときの自分の反応を変えることに希望を持てません。それはパートナーとの関係を失うことを意味します。
初級のクライアントの発言４
[**ナーバスになって**] 50分のセッションで，どうやって自分のストーリーのすべてを話せばよいのかわかりません！　話したいことはたくさんあるんです。あなたには明確なイメージを持ってもらう必要があります。……あなたは私の話をクレイジーだと思うでしょうね。でも私はあなたにすべてを伝えないといけないんです！
初級のクライアントの発言５
[**悲しそうに**] 今日はただ悲しい気分です。何の元気もありません。こういう悪い日に，どうやったら頑張れるのですか？　でも，あなたがこの問いに答えることはできないでしょうね。ごめんなさい，今尋ねたことは忘れてください。

🛑 次のレベルに進む前に，難易度を評価し，調整してください（エクササイズのインスト
ラクションのステップ３を参照）。

30 パート2　スキーマ療法のスキルのための「確実な実践」エクササイズ

中級レベルのクライアントの発言　エクササイズ1

中級のクライアントの発言1

[混乱して] 何をどう考えればよいのかわかりません。父は常々「目標を高くしてはいけない」と言っていました。なのにあなたは，私が本当にやりたいことに目を向けるべきだと言うのですね。私が行きたいのは医学部です。大学のカウンセラーによれば，私はそのための成績を収めているそうです。

中級のクライアントの発言2

[心配そうに] 彼に結婚して欲しいと申し込むにはどうしたらいいでしょうか？　彼はほとんどの場合，輝く鎧を身にまとった騎士のような人ですが，時々冷淡になって引きこもり，何日も連絡が取れないことがあります。行動に波があるのです。でも，もし彼が「運命の人」なら失いたくありません。もうパニック発作を起こしてしまいそうです。

中級のクライアントの発言3

[イライラして] 前回のセッションのような重い話はしたくありません。この後すぐに重要な交渉会議があって，私は鋭く最高の状態で臨まなければなりません。だから子どもの頃の体験のことをあれこれ考えるわけにはいかないのです。

中級のクライアントの発言4

[下を向いて] 今日はセッションに来るつもりはなかったんです。あなただって，私が愚痴をこぼし，やるべきことをやらないことにうんざりしていることでしょう。なぜここに来たのかもわかりません。私がしたいのは，今すぐ家に帰ってピザでも注文することです。

中級のクライアントの発言5

[怯えたように] あなたが本当の私を知ったら，つまり私のすべてを知ったら，嫌悪感を抱くと思います。私はこれまでの人生で恥ずべき失敗ばかりしてきました。そんな私を誰が本当に受け入れてくれるというのでしょうか？

👆 次のレベルに進む前に，難易度を評価し，調整してください（エクササイズのインストラクションのステップ3を参照）。

エクササイズ1 理解と調律 *31*

上級レベルのクライアントの発言　エクササイズ1

上級のクライアントの発言1

[悲しそうに] 何も変わらないと思います。私は子どもの頃，感情的な欲求を満たしてもらえませんでした。なのにあなたは今，私が自分で自分の欲求を満たすことを学ばなければならないと言っています。

上級のクライアントの発言2

[心配そうに] 何をどう考えたらよいのかわかりません。あなたは，私には自分の感情を表現する権利があると言いましたが，実際にそうすると妻は本当に怒ります。私は自分の乗っているボートをぐらぐら揺らしていて，自分でもそれが怖いんです。

上級のクライアントの発言3

[混乱して] 親友が私の個人的な情報を彼女の配偶者に教えたことに，私はとても腹を立てています。彼女は，配偶者が医師だから，私の助けになる意見を聞こうとしたんだと言っているけれども，裏切られた気分です。自分がおかしくなりそうで，引き裂かれるような気持ちです。

上級のクライアントの発言4

[不満そうに] 今日はここにいたくありません。自分自身やささいな不満にとらわれるのに疲れてしまいました。世界には，私のような泣き言や神経症的な不満ではなく，本当の問題を抱えている人たちがいるというのに。

上級のクライアントの発言5

[イライラして] 今日は私が決めたアジェンダについて話し合う時間を確保したいと思います。私たちが何に焦点を当てかということについて，あなたが決めすぎていると思うんです。あなたが専門家であることは知っています。だから本当はこんなことは言うべきじゃないのかもしれません。あなたが最善だと思うことにただ従えばいいのでしょうね。

✋ **ここでも難易度を評価し，調整してください（エクササイズのインストラクションのステップ3を参照）。必要に応じて，インストラクションに沿ってさらに難易度を上げてください（付録Aを参照）。**

32　パート2　スキーマ療法のスキルのための「確実な実践」エクササイズ

セラピストの応答の例：「理解と調律」

　覚えておこう：訓練生は，応答の例を読む前に，まずは即興で自分の応答を試みる必要があります。**自分自身の応答が思いつかない場合を除き，以下の応答例をそのまま読まないようにしてください！**

初級レベルのクライアントの発言に対する応答例 エクササイズ1
初級のクライアントの発言1に対する応答例
セラピーを始めることが心配なようですね。何を期待されているかわからないし，第一印象を悪くしたくないという思いがあるのですね。（基準1）でも何から始めても大丈夫です。あなたは一人ではありません。ここに私がいて，手助けをしますから。今日私たちが何から始めたらよいか，喜んでご提案いたしましょう。（基準2）
初級のクライアントの発言2に対する応答例
ああ，馬鹿馬鹿しくなんかまったくありませんよ。ご自分の痛みを共有することを思うと，動揺もするでしょうし，少し怖いと感じることだってあるでしょう。（基準1）ここでは，どんな感情であれウェルカムなんです。（基準2）
初級のクライアントの発言3に対する応答例
あなたがご自身の行動を変えることができないと絶望的に感じているのであれば，パートナーとの関係を失うことを心配するのはよく理解できます。（基準1）何がこのような反応を引き起こしているのかがわかれば，それを回避して，より健全な反応ができるようになるためのお手伝いができると思います。（基準2）
初級のクライアントの発言4に対する応答例
まずは一緒に呼吸をしましょう。話したいことがたくさんあるのですね。それは全くクレイジーなことではありません。ゆっくり時間をかけましょう。（基準1）私はあなたのことをとても知りたいですし，今後数週間かけて，そのための時間をたっぷりとることもできます。（基準2）
初級のクライアントの発言5に対する応答例
謝る必要はありませんし，何でも私に質問してくださいね。今日は元気がないのによく来てくれました。（基準1）あなたの悲しみと，その根底にある欲求を理解したいと思っています。そうですね，私にも悪い日はありますが，今日はあなたの調子を整えるための手助けができると思います。（基準2）

エクササイズ 1　理解と調律　*33*

中級レベルのクライアントの発言に対する応答例
エクササイズ 1

中級のクライアントの発言 1 に対する応答例

あなたが混乱しているのはよくわかります。お父さんが，あなたが高い目標を掲げることを阻んだので，私はあなたがご自分の夢を考えられるよう手助けを試みたのです。一方，大学のカウンセラーは確固たる証拠を持っているようですね。（基準 1）これら 3 つの立場を一緒に眺めてみるというのはどうでしょうか？（基準 2）

中級のクライアントの発言 2 に対する応答例

おお！　それはどれほどのプレッシャーと戸惑いを感じていることでしょう。一人の人間の行動といえども，ときにとても異なるものなんですね。結婚を申し込むというのは，本当に重要な決断です。（基準 1）深呼吸をして，この決断のメリットとデメリットを一緒に考えてみませんか。それをすることが，あなたにとって役に立ちそうですか？（基準 2）

中級のクライアントの発言 3 に対する応答例

セッションの後に，そのような重要な会議があると調整が難しいと感じるのは，私にも理解できます。そのプレッシャーから，幼少期の体験の重要性について拒否的になっているのですね。（基準 1）今日のあなたにとって最も役に立つことをしたいと思います。それはたとえばあなたに備わったビジネス能力を思い起こすことかもしれません。どう思いますか？（基準 2）

中級のクライアントの発言 4 に対する応答例

苦労をしていたり成果を出せなかったりしているときに，誰かが自分のことを気にかけてくれているかもしれないということを想像するのは難しいでしょう。（基準 1）でも，現に私は今，あなたのことを気にかけています。私たちでこれを乗り越えることにしましょう。今日あなたがここに来てくれたことが本当に嬉しいです。（基準 2）

中級のクライアントの発言 5 に対する応答例

自分のあらゆる部分を誰かと共有するのは，いつでも怖いものです。あなたが幼少期に受けたすべての剥奪と拒絶を考えれば，あなたがそれを危険だと考えるのは当然のことです。（基準 1）私はあなたのことを本当に知りたいと思っていますし，あなたを知って嫌悪感を抱くことは全く想像できません。私は本当にあなたとあなたの健康を気にかけています。（基準 2）

34　パート2　スキーマ療法のスキルのための「確実な実践」エクササイズ

上級レベルのクライアントの発言に対する応答例
エクササイズ1

上級のクライアントの発言1に対する応答例

あなたは，子どもの頃も，今も，欲求を満たしてもらった体験がほとんどないのだから，絶望的な気持ちにならないほうが難しいでしょう。今もなお誰も自分の欲求を満たしてくれないというメッセージが聞こえてくれば，それもとてもつらいことでしょう。（基準1）でも，幸いなことに，それは私からあなたへのメッセージではありません。私はセッションを通じて，あなたの欲求を満たすお手伝いをしたいと考えています。あなたはここでは一人ではないのです。（基準2）

上級のクライアントの発言2に対する応答例

健全だと思っていることをしたのに，それに対してネガティブな反応が返ってきたら，さぞかし混乱することでしょう。その結果，私に対して多少の怒りさえ感じているかもしれません。（基準1）あなたにはこの件について，私のサポートを受けられることをぜひ知ってほしいです。もちろんそれが簡単ではないことは私にもわかっています。何が起きたのか，その詳細を一緒に見て，次に何が起こるのかを考えましょう。（基準2）

上級のクライアントの発言3に対する応答例

このような強い葛藤を抱くことは，とても混乱することだと聞いています。あなたは友人をとても大切に思っていて，彼女の善意を信じていますが，同時に裏切られたとも感じているのですね。（基準1）友人やこの状況についてあなたが感じていることをさらに話してみて，全体像をつかんでみましょう。（基準2）

上級のクライアントの発言4に対する応答例

自分の問題や痛みを，世界の最悪なシナリオと比べてしまうと，それらを真剣に受け止めることが難しくなってしまいます。そうすると，それらの問題や痛みが重要であると感じること自体も難しくなってしまうでしょう。また，私があなたの問題や痛みを重要だと考えているかどうかについても心配になるかもしれません。（基準1）でも私はそれらが重要だということを知っています。私はあなたの抱えるジレンマを理解し，あなたの訴えに目を向けたいと思っていることをあなたに伝え，安心してもらいたいと思っています。（基準2）

上級のクライアントの発言5に対する応答例

つまりあなたは，誰が私たちのアジェンダを設定するかという点においてバランスが取れていないと感じていて，さらにそのことを私に言っても大丈夫かどうか心配しているのですね。（基準1）あなたがこの場をリードすることができないと感じさせてしまったのであれば，申し訳ありませんでした。これはあなたの時間です。あなたが望む話題をアジェンダにする余地はいくらでもあります。セッションを始める前に，ぜひ一緒にアジェンダを決めましょう（気分2）。

エクササイズ 2
ヘルシーアダルトモードを支持し，強める

エクササイズ2のための準備

1. 第2章のインストラクションを読みましょう。
2. オンラインの「臨床家と実践家のリソース」バナー（http://www.iwasaki-ap.co.jp/book/
   b654579.html）から「確実な実践への反応フォーム」と「確実な実践の記録フォーム」を
   ダウンロードします。それらは付録A，Bにもそれぞれ掲載しています。

スキルの説明

スキルの難易レベル：初級

　スキーマ療法における「ヘルシーアダルトモード」のサポートと強化は，クライアントの自
律性，有能性を承認し，愛情深く育む「内なる養育者」を内在化することから成り立っていま
す。ヘルシーアダルトモードは，私たちの中にある「脆弱なチャイルド」の部分を養育し，保護
し，承認し，理性的で，温かく，有能な大人の部分として概念化されています。また，「怒れる
チャイルド」や「衝動的なチャイルド」には制限を設け，「幸せなチャイルド」を促進しサポー
トします。不健康な「コーピングモード」に直面化し，最終的には適応的なものに置き換えます。
そして，批判モードを中和，または修正します。「ヘルシーアダルトモード」にあると，人は欲
求と責任のバランスをとり，有意義な喜びと生産性のある活動（たとえば仕事，休養，育児，セ
ックス，セルフケア，知的・文化的趣味など）に従事することができます（Farrell et al., 2014）。
　このエクササイズの目的は，セラピストがクライアントのヘルシーアダルトモードの行動に気
づき，認め，承認するのを助けることです。これにより，このモードが強化され，中核的欲求を
満たすヘルシーアダルトモードの重要性が際立ちます。このエクササイズでは，セラピストはま
ず，クライアントの自律性，すなわち，決断し，制限を設け，健康的な方法で欲求を満たすため
にとる行動について指摘し，それらをサポートすることで，クライアントのヘルシーアダルトモ
ードを強化することができます。そして次に，クライアントのヘルシーアダルトモードのエビデ
ンスとして示される，能力，勇気，達成，限界設定，セルフアドボカシーやアサーティブネスな
どについて，はっきりと承認し，称賛します。これらの介入はセラピストの人間性が現れる良い
機会となります（たとえば，セラピストがクライアントのヘルシーアダルトモードに対する誇り
と喜びといった個人的な感情を本心から表現することによって）。

36　パート2　スキーマ療法のスキルのための「確実な実践」エクササイズ

エクササイズ2のためのスキル基準

1．ヘルシーアダルトモードの行動を指摘し，クライアントの自律性をサポートする。
　　（例：決断する，制限を設ける，健全な方法で欲求を満たすために行動する）。
2．ヘルシーアダルトモードのエビデンス（例：能力，勇気，達成感，限界設定，セルフアドボカシー，
　　アサーティブネス）を承認し，称賛する。

ヘルシーアダルトモードを支持し，強める例

例その1

クライアント：［ナーバスになって］夫の私に対する仕打ちにうんざりしていました。私は，夫に何を求めているか，はっきりと伝えることにしました。夫には，私が自分の気持ちを話している時に，それが正しいか間違っているかを判断するのではなくちゃんと聴いてほしいのです。私はもうそんな扱いを受けたくはありません。

セラピスト：ということは，あなたは正当な欲求を彼に適切に伝えられたのですね。あなたは自分の限界について明確にしました。（基準1）素晴らしいと思います！　あなたのヘルシーアダルトモードはだんだんと力強くなっています，本当によく頑張りましたね！（基準2）

例その2

クライアント：［恥ずかしそうに］妹が，人前で私を小さい頃の恥ずかしいあだ名で呼んだとき，「小さな私」が引き起こされたことに気がつきました。傷ついたことを彼女に伝えるのが怖くて，逃げ出したくなりました。でも，私は一息ついて，彼女に自分の気持ちを伝え，二度とあんなことはしてほしくないと言いました。

セラピスト：素晴らしい！　あなたは恐怖を飛び越え，必要な制限を設けるためにヘルシーアダルトとして話をしたのです。（基準1）それは素晴らしいことです。あなたをとても誇りに思います。あなたには今や，「小さなあなた」を支える強くて有能なヘルシーアダルトがいます。（基準2）

例その3

クライアント：［ためらいながら］昨日あったことは，僕にとっては初めてのことなのでお話したいのですが……。小さなことに聞こえるかもしれませんが，僕にとっては大きなことだったのです。彼女と一緒に食事をしていたときのことです。彼女が，「チキンじゃなくてステーキにして，私にも少しちょうだい。」と言ったんです。僕は，彼女が自分の欲しいものを僕に頼んで，僕の食事を少し食べられると思い込んでいるのが嫌なのです。いつもは譲るのですが，昨日は「いや，僕はチキンが食べたいし，全部自分で食べるつもりだ。」とだけ伝えました。こんなことを言うのは馬鹿みたいですが，その瞬間は本当に強くなった気がしました。

セラピスト：それは，私には小さいことには聞こえません。あなたは自分が望んでいること，権利があることに対して適切に発言しました。また，見事に「制限を設ける」こともできました。（基準1）あなたが自分の強さを感じてくれたことをとても嬉しく思います。あなたのヘルシーアダルトの部分にはたくさんの強さがあります。そして，自分が必要としていることを主張できるのは素晴らしいことです。よくできましたね！（基準2）

エクササイズ 2 のインストラクション
ステップ 1：ロールプレイとフィードバック
・クライアント役は初級レベルの最初の発言をする。セラピスト役はスキル基準に基づいて即興で応答する。
・トレーナー（不在の場合はクライアント役）は，スキル基準に基づいて簡単にフィードバックする。
・次に，クライアント役は同じ発言を繰り返し行い，セラピスト役は再び即興で応答する。トレーナー（またはクライアント役）は，再び簡単にフィードバックする。
ステップ 2：繰り返し
・現在の難易度レベル（初級，中級，上級）のすべての発言について，ステップ 1 を繰り返す。
ステップ 3：難易度の評価と調整
・セラピストは，「確実な実践への反応フォーム」（付録Aを参照）に記入し，エクササイズをより簡単にするか，またはより難しくするか，あるいは同じ難易度を繰り返すかを決定する。
ステップ 4：約15分の繰り返し
・ステップ 1 〜 3 を少なくとも15分間繰り返す。
・その後，訓練生はセラピストとクライアントの役割を交代し，最初からやり直す。

エクササイズ 2　ヘルシーアダルトモードを支持し，強める　*39*

次はあなたの番です！　インストラクションのステップ 1 と 2 に従ってください。

覚えておこう：ロールプレイの目的は，（a）スキル基準を使用し，（b）訓練生が本物であると感じられる方法で，クライアント役の発言に対する応答を即興で練習することです。**クライアントの各発言に対するセラピストの応答例は，このエクササイズの最後に提示します。訓練生は，応答例を読む前に，自分自身の応答を即興で試みてください。**

初級レベルのクライアントの発言　エクササイズ 2
初級のクライアントの発言 1
[ためらいながら] 昨日は，たぶん良いことをしたと思います。私の同僚が，オフィスが閉まる 15 分前に私の机の上に郵便物の山を置いて，「定時に帰らないといけないから，これを集配室に置いといてくれない？」と言ったのです。彼はいつもそういうことをしてくるのですが，いつもは「小さな私」が彼を恐れていて，つい従ってしまうのです。でも今回，私はかなり大きな声で「ノー」と言い，退社準備を始めました。
初級のクライアントの発言 2
[ナーバスになって] 私は妻に，もう少し頻繁にセックスがしたいと伝えることができました。セックスは人生の大切な一部だし，恋人ではなく，ルームメイトのような関係で終わりたくないのです。妻は，私があまりに単刀直入に言うので少し動揺していましたが，私にとってセックスがいかに重要なものであるかを伝えることはとても大切なことでした。私は彼女に対して批判的だったわけでなく，ただ自分の必要性について伝えました。
初級のクライアントの発言 3
[イライラして] 私はついに，友人のダイアナに，ランチやディナーにいつも遅れてくる彼女にうんざりしていることを伝えることにしました。彼女はすぐにむきになってあれこれと言い訳を始め，ついには私のことを厳しすぎると責めようとすらしてきました。でも私は，それは受け入れられないと彼女に言いました。そして今，考えているのは，「私が厳しすぎるのではないか？」ということです。自分ではそうではないと思うのですが，よくわかりません。彼女は私の母に似て，とても説得力があるのです。
初級のクライアントの発言 4
[明るく] 今日，玄関を出る前に鏡を見たとき，私は実際に自分自身のことを良いと感じることができました。こんなことで大騒ぎするのは馬鹿げているとわかっているけれど，「たまには自分に厳しくなくてもいい」と思えたのです。
初級のクライアントの発言 5
[恥ずかしそうに] 先週叔母を訪ねたのですが，すごくきれいになったと言われました。新しい髪型を褒めてくれたのです。最初は少し居心地が悪くて，いつものようにそれをはねつけたいと感じました。でも，頑張って彼女にお礼を言い，私も新しい髪型をとても気に入っていると伝えることができたのです。うわぁ，私ってナルシシストになっているのでしょうか？

🖐 次のレベルに進む前に，難易度を評価し，調整してください（エクササイズのインストラクションのステップ 3 を参照）。

40　パート 2　スキーマ療法のスキルのための「確実な実践」エクササイズ

中級レベルのクライアントの発言　エクササイズ 2

中級のクライアントの発言 1

[ためらいながら] 数日前，人間関係で本当につらいことがあって，その後でなんだか人恋しいような悲しい気分になっていました。まるで私の中の小さな部分が，そのときの辛い会話のせいでボロボロになっているようでした。土曜日はベッドにこもって，子どもの頃に好きだった子ども向けの映画を見ることにしました。その時はそれを楽しんでいたのですが，今となってはそれが健全なことだったのか，疑問に思っています。どう思いますか？

中級のクライアントの発言 2

[きっぱりと] 私はジェーンとの友情を終わらせることにしました。私たちは十年来の友人なのですが，彼女が私に対して非常に批判的で，時には意地悪でさえあることに，この前出かけたときに気がつきました。彼女は私の要求的批判モードのようで，それを強化したくありません。彼女は，私がまだセラピーを受けていることについても貶めるのです。私はメリットとデメリットを秤にかけ，関係を終わらせることに決めました。

中級のクライアントの発言 3

[誇らしげに] 今週は衝動的なチャイルドの部分に本当に苦労しました。私は，アイスクリームを食べたくて仕方がありませんでした。今週はずっとヘルシーな食事を心がけていたので，最初は自分へのご褒美として，大好きなアイスクリームをひとすくい食べました。でも，それを食べ終わると，私の「小さな欲張り娘」はもっともっとと食べたがりました。そしてついに私は「もう十分よ」と伝えて残りの容器をゴミ箱に捨てました。私の批判モードが私を非難し始めましたが，私は自分の内なる良い親にアクセスし，彼に「黙れ！」と言いました。

中級のクライアントの発言 4

[不満そうに] あなたは私に退屈しているように見えるし，私はあなたに対して怒ったり批判したりしたいと思っている自分を感じます。私がずっと両親のためにそうしなければならなかったように，あなたを楽しませなければならないと感じるのは嫌です。ここは，私が私でいられる空間だと思っています。

中級のクライアントの発言 5

[ナーバスになって] 職場での評価面接で，私はついに発言しました。とてもいい評価を受けたのですが，またしても昇進についての言及はありませんでした。ご存じの通り，私はずいぶん周りから遅れをとっていると感じています。とても大変でしたが，突然私の中に考えが浮かんできて，それについてかなりうまく伝えられたのではないかと思っています。なぜなら，上司は笑顔でこれから真剣に検討すると言ってくれたからです。私は間違っていたでしょうか？　強引で良くなかったでしょうか？

✋ 次のレベルに進む前に，難易度を評価し，調整してください（エクササイズのインストラクションのステップ 3 を参照）。

上級レベルのクライアントの発言　エクササイズ 2

上級のクライアントの発言 1

[きっぱりと] 私は，あなたにひとつ問題を提起したいです。私は，あなたがしばしば 5 分ほど早めにセッションを終わらせていることに気づきました。何も言う必要はないのかもしれませんが，与えられた時間をすべて使い切れていないような気がするし，セッションの時間を大切にしているので気になっています。

上級のクライアントの発言 2

[優しく] 自制の欠如したチャイルドモードに屈しすぎている，というあなたの意見は間違っていると思います。本当にそう思いますか？　私は，それは，仕事ばかりしていないで，時には楽しむことも必要な小さな悲しいチャイルドなのだと思います。

上級のクライアントの発言 3

[心配そうに] マークと付き合いを続けるかどうか……私はどうしたらいいのでしょう？　彼と一緒にいると楽しいし，私を大切にしてくれていると感じることもありますが，横柄な態度で私に指図したり，性的な欲求を押し付けてきたりすることもあります。彼を失いたくはないのですが，時々される彼の態度が好きではありません。

上級のクライアントの発言 4

[ナーバスになって] 昨夜帰宅したとき，妻が悲しそうな顔をしているのを見て怒って怒鳴りつけたい衝動に駆られました。また帰りが遅くなり牛乳を買って来るのを忘れてしまったので，妻から批判され，認められていない自分を感じました。でもその時，頭の中であなたの声が聞こえてきて，私は深呼吸をして，遅刻と忘れ物について謝りました。そして，着替えて少し休んだら牛乳を買いに行くことを約束しました。すると彼女は，本当に微笑んでいたのです。信じられませんでした。少し不思議な感じでしたが，いい気分でした。とはいえ，本当に疲れているときにきっかけが生じたら，またこのようにできるかどうかはまだわかりません。

上級のクライアントの発言 5

[不満そうに] 昨年の夫の浮気以来，気が休まる方法が見つかりません。まるでスパイのように，夫の携帯電話やノートパソコンをいつもチェックしたい衝動に駆られます。もううんざりです。私はついに，「この先一生私立探偵で居続けたくはない」と夫に言いました。この結婚生活を癒すにはカップルセラピーが必要だし，そうでなければ彼と一緒にいられる自信がありません。いつものように，夫は私が被害妄想的で不安定なだけだといいましたが，セラピーを受けることには同意してくれました。

✋ ここでも難易度を評価し，調整してください（エクササイズのインストラクションのステップ 3 を参照）。必要に応じて，インストラクションに沿ってさらに難易度を上げてください（付録 A を参照）。

42　パート2　スキーマ療法のスキルのための「確実な実践」エクササイズ

セラピストの応答の例：「ヘルシーアダルトモードを支持し，強める」

　覚えておこう：訓練生は，応答の例を読む前に，まずは即興で自分の応答を試みる必要があります。**自分自身の応答が思いつかない場合を除き，以下の応答例をそのまま読まない**ようにしてください！

初級レベルのクライアントの発言に対する応答例 エクササイズ2
初級のクライアントの発言1に対する応答例
私は，あなたは自分にふさわしい制限を設けたのだと思います。あなたは，自分の別の部分が怖いと感じていたにも関わらず，自分の中のヘルシーアダルトの部分とつながることができたのです。（基準1）それは勇気のいることで，称賛に値します。よく頑張りましたね！（基準2）
初級のクライアントの発言2に対する応答例
あなたは，ヘルシーアダルトモードで明瞭かつ率直に語りました。セックスはカップルにとって難しい話題ですが，あなたはそれを扱うことができました。（基準1）人生のこの重要な領域で，自分の欲求を表現できるあなたの能力に敬服します。（基準2）
初級のクライアントの発言3に対する応答例
よかったですね！　あなたのヘルシーアダルトモードは，あなたの権利を主張することができました。特にダイアナやあなたのお母さんのような人に対しては，これは難しいことです。（基準1）あなたは全然厳しくなんかありません。あなたが彼女に対してそうしているように，尊重されることはあなたの当然の権利です。私はあなたを本当に誇りに思います。（基準2）
初級のクライアントの発言4に対する応答例
あなたのヘルシーアダルトモードは，鏡を見て，本当にあなた──自分自身について良いと感じるに値するあなたを見ていたようですね。（基準1）それはまったく馬鹿げたことなどではありません。それはあなたにとって大きな，そして素晴らしい一歩で，私はこの上なく幸せです。教えてくれてありがとう！（基準2）
初級のクライアントの発言5に対する応答例
誰かから褒められるたびに，あなたが直面する葛藤を私は知っています。でも今回は，あなたのヘルシーアダルトモードがメッセージをうけとめることができました。これはあなたにとって大きな，そして重要な一歩です。（基準1）これはまったくナルシシスト的ではありません。あなたは実際に，この自分への評価を受け入れる必要があります。受け入れることができたあなたを，私はとても誇りに思います。（基準2）

エクササイズ2　ヘルシーアダルトモードを支持し，強める　*43*

中級レベルのクライアントの発言に対する応答例
エクササイズ2

中級のクライアントの発言 1 に対する応答例

あなたはあなたの小さな部分を癒すために，ヘルシーアダルトモードの行動をとったのだと思います。ストレスの多い出来事に，癒しの時間をバランスよく取り入れるのは良いことです。（基準 1）私は，あなたがそうしてくれたことを嬉しく思うし，達成だと考えます。あなたは欲求に気づき，それを健全な方法で満たしたのですから。（基準 2）

中級のクライアントの発言 2 に対する応答例

それは難しい決断だったと想像できますが，同時に重要な決断でもありました。あなたのヘルシーアダルトモードは，メリットとデメリットを秤にかけ，バランスの取れた決断に至ったのです。（基準 1）この決断は，あなたにとって重要な一歩であり，勇気のいることだったと思います。よかったですね。（基準 2）

中級のクライアントの発言 3 に対する応答例

あなたは自分自身のさまざまな部分と格闘し，最終的にはヘルシーアダルトが勝利したのですね。（基準 1）あなたは，衝動的な部分を上手にコントロールし，批判モードを制限しました。あなたがここで成し遂げたことに，満足してくれることを願っています。（基準 2）

中級のクライアントの発言 4 に対する応答例

そうですね，確かに気分のいいものではないでしょう。ただ怒ったり批判したりするのではなく，こうして教えてくれて感謝します。（基準 1）私はあなたにまったく退屈していませんし，あなたが自分の気持ちを分かち合ってくれて本当にうれしいです。これは，あなたのヘルシーアダルトの部分の，とても重要な表明だと思います。このことについてもっと話し合い，私が何をしているためにあなたがこのように感じるに至ったのか，そのことに注意を払いたいと思います。（基準 2）

中級のクライアントの発言 5 に対する応答例

まあ，何てすごいことでしょう！　あなたのヘルシーアダルトは，発言するのに適切な場を見つけました。これまであなたは，明らかに昇進する権利があるのに，それにふさわしくないとずっと感じてきました。それがどれほど辛いことだったが，私は知っています。（基準 1）あなたにとって，なんと大きな一歩でしょう。あなたは本当に自分を信じ始めていて，それはちょっとしたお祝いにも値することです。（基準 2）

上級レベルのクライアントの発言に対する応答例
エクササイズ2

上級のクライアントの発言1に対する応答例

あなたは，強くはっきりとそのことを伝えてくださっています。あなたには，私たちが一緒に過ごす時間をどう使うかを決める権利もあります。これがあなたのヘルシーアダルトモードです。（基準1）私は通常，何かのまとめを行う必要がある場合に備えて終了までに数分のゆとりを設けているのですが，それがあなたのためになるかどうかを話し合うことができます。この件について取り上げてくれて嬉しいです。（基準2）

上級のクライアントの発言2に対する応答例

私は今，あなたのヘルシーアダルトの声を聞いています。あなたは，自分のどの部分がここに関与しているのか明確なようですし，私はあなたの意見を受け入れます。（基準1）異なる意見を伝える強さを持っているのは良いことです。あなたの考えを聞けてうれしいです。（基準2）

上級のクライアントの発言3に対する応答例

あなたは質問から始めましたが，答えもおっしゃったように思います。これがあなたのヘルシーアダルトモードです。あなたはマークのどこが好きでどこが嫌いなのか，はっきりしています。（基準1）あなたが，メリットとデメリットを秤にかけ，最終的に決断するのは自分自身であることを理解していることをうれしく思います。（基準2）

上級のクライアントの発言4に対する応答例

自分が動揺するたびに，常にそのようにはっきりと責任をもって自分の意見を伝えられるとは想像し難いのはよく理解できます。昨夜現れたのが，あなたのヘルシーアダルトモードなのです。（基準1）完璧な人間など存在しませんが，あなたは自分の怒りの反応に対処し，愛する人に責任を持ち，また自分自身の欲求にも気を配るという，素晴らしい作業をしています。あなたの強さと進歩に，心から敬意を表します。（基準2）

上級のクライアントの発言5に対する応答例

それはあなたにとって真の勝利です！　あなたは，彼がどのようにあなたを責めてきそうか知りながらも，自分の欲求を表明しました。あなたは自分の声を取り戻し，自分の良き味方になりつつあります。これがあなたのヘルシーアダルトの姿です。（基準1）そして今，彼はカップルセラピーに同意しました。保証はありませんが，結婚生活を癒すために何が可能かを知るための素晴らしいスタートです。これはあなたにとって重要なことだとわかっていますし，あなたがあなたの欲求のために立ち上がれたことがとても嬉しいです。（基準2）

エクササイズ3

スキーマの心理教育：現在の問題をスキーマ療法の視点から理解することを始める

エクササイズ3のための準備

1. 第2章のインストラクションを読みましょう。
2. オンラインの「臨床家と実践家のリソース」バナー（http://www.iwasaki-ap.co.jp/book/ b654579.html）から「確実な実践への反応フォーム」と「確実な実践の記録フォーム」をダウンロードします。それらは付録A，Bにもそれぞれ掲載しています。

スキルの説明

スキルの難易レベル：初級

　このスキルは，クライアントに早期不適応的スキーマ（EMS）を紹介することに焦点を当てています。早期不適応的スキーマとは，幼少期において感情欲求が適切に満たされなかった場合に，生物学的気質と共に形成された中核的な感情的信念のことです。スキーマはパーソナリティ特性のように機能し，その人の核となる信念や，自己，他者，未来の予測に関するメッセージを含んでいます。それらは普段は休眠状態にあり，幼少期の痛みを伴う体験を想起させる特定の条件下で活性化されます。それらには，苦痛な感情や感覚，偏った信念の活性化が含まれることがあり，これらは自動的に生じ，何が現実なのかというクライアントの感覚にしっかりと埋め込まれたままになっています。たとえば，ある同僚がクライアントのデスクに近づくときに下を向いたことが，クライアントの拒絶された感覚と不全感（「見捨てられスキーマ」と「欠陥スキーマ」）の引き金を引いた，というシナリオを考えてみましょう。これは，深い絶望感，不安，怒り，孤独感といった感情につながります。これらは，幼い頃に著しく剝奪され，批判された体験から生じる長年の反応です。

　このエクササイズでは，セラピストはクライアントの問題をスキーマ療法の用語を通じて理解するプロセスを開始します。セラピストは次のスキル基準に従って即興で応答します。

1. 早期不適応的スキーマは意識的な気づきの範疇の外部で作動するため，問題と認識されずにスルーされることが多い。セラピストはクライアントのパターンを意識化し，それにスキーマと名前をつけることから始める。
2. 次にセラピストは，スキーマが幼少期の満たされない欲求に由来することを説明すること

で，スキーマ療法に不可欠な枠組みをクライアントに提供する。このエクササイズでは，セラピストは，「スキーマは，生物学的な気質と，幼少期に満たされなかった感情欲求との相互作用によって形成されます」といった簡潔な理論的根拠を流暢に説明できるように練習しておく必要がある。

3. セラピストはクライアントに対し，自身のスキーマが感情的な信念や予測に与える影響について心理教育を行う。

　このエクササイズにおけるセラピストの介入は，クライアントの発言に対していささか反復的に感じられるかもしれませんが，それは意図的にそうしています。このエクササイズでは，スキーマの心理教育の主要な構成要素を伝えるための体験の機会を何度も提供します。その後のエクササイズでは，特定のクライアントの有り様に合わせて特定の理論的根拠を調整することに焦点を当てます。

エクササイズ 3 のためのスキル基準

1．クライアントの人生にパターンがあることを示唆し，このパターンを「スキーマ」と呼ぶ。
2．スキーマの起源を，幼少期の満たされない欲求という観点から説明する。
3．スキーマが自己，他者，世界についての強い感情的信念であることをクライアントに教える。

「スキーマの心理教育：現在の問題をスキーマ療法の視点から理解することを始める」の例

例その 1

　クライアント：［悲しそうに］私は人間関係を維持できたことが一度もありません。私は永遠に孤独でひとりぼっちのままでしょう。

　セラピスト：人間関係を維持することの難しさは，あなたの人生のテーマであり，私たちが「スキーマ」と呼ぶものを表しているようです。（基準1）スキーマは，私たちの生物学的な気質と，幼少期に十分に満たされなかった中核的感情欲求の組み合わせによって形成されます。（基準2）スキーマは強烈な感情的信念に発展し，自分自身をどう見るか，他者とどう関わるか，自分の将来をどう予測するか，ということにまで影響を及ぼします。（基準3）

例その 2

　クライアント：［悲しそうに］どんなに努力しても，誰も私のケアをしてくれないようです。まるで最初から大人であることを期待されてこの世に生まれてきたようなものです。私は自分で自分の欲求を満たし，自分をケアすることを学ばなければならなかったのです。

　セラピスト：自分の欲求をどこかに追いやって，他人に自分をケアさせないようにすることが，

あなたの人生のパターンになっているようですね。私たちはこうしたパターンのことを「スキーマ」と呼んでいます。（基準1）スキーマは，幼少期に中核的感情的欲求が満たされないことによって形成されることがあります。（基準2）スキーマは，自分自身や他者についての強烈な感情的信念のようなものです。それらは，現在の人間関係に対するあなたの予測に影響を及ぼします。（基準3）

例その3

クライアント：［冷淡に］まあ，夫が私のもとを去ったのは大して驚くべきことではありません。彼が私のような人間と一緒にいたいなんて思うわけはないでしょう。あなただって，私のことをよく知れば理解できることでしょう。母でさえ，私のことをあまり好きではなかったのです。

セラピスト：他人から嫌われたり見捨てられたりすることを予測することが，あなたの人生のテーマ，すなわちスキーマのようですね。（基準1）スキーマは，私たちの生物学的な気質と，幼少期に中核的感情欲求が十分に満たされなかったことによって形成されます。（基準2）これらのスキーマは強い感情的信念を生み出し，それが自分自身をどう見るか，他者とどう関わるか，将来をどう予測するか，といったことに影響を与えます。（基準3）

エクササイズ3のインストラクション

ステップ1：ロールプレイとフィードバック

・クライアント役は初級レベルの最初の発言をする。セラピスト役はスキル基準に基づいて即興で応答する。

・トレーナー（不在の場合はクライアント役）は，スキル基準に基づいて簡単にフィードバックする。

・次に，クライアント役は同じ発言を繰り返し行い，セラピスト役は再び即興で応答する。トレーナー（またはクライアント役）は，再び簡単にフィードバックする。

ステップ2：繰り返し

・現在の難易度レベル（初級，中級，上級）のすべての発言について，ステップ1を繰り返す。

ステップ3：難易度の評価と調整

・セラピストは，「確実な実践への反応フォーム」（付録Aを参照）に記入し，エクササイズをより簡単にするか，またはより難しくするか，あるいは同じ難易度を繰り返すかを決定する。

ステップ4：約15分の繰り返し

・ステップ1～3を少なくとも15分間繰り返す。

・その後，訓練生はセラピスト役とクライアント役を交替し，最初からやり直す。

次はあなたの番です！　インストラクションのステップ1と2に従ってください。

覚えておこう：ロールプレイの目的は，(a) スキル基準を使用し，(b) 訓練生が本物であると感じられる方法で，クライアント役の発言に対する応答を即興で練習することです。**クライアントの各発言に対するセラピストの応答例は，このエクササイズの最後に提示します。訓練生は，回答例を読む前に，自分自身の応答を即興で試みてください。**

初級レベルのクライアントの発言　エクササイズ3
初級のクライアントの発言1
[悲しそうに] 私は人間関係を維持できたことが一度もありません。私は永遠に孤独でひとりぼっちのままでしょう。
初級のクライアントの発言2
[絶望して] これまで私が愛した人は皆，私を捨てたか，あるいは死んでしまいました。人間関係を築いても無駄です。だってそれらは決して長続きしないのですから。
初級のクライアントの発言3
[イライラして] あなたが私のためにここにいてくれることを，どうやって私が信じられるというのでしょうか？そんなことはこれまでに一度もありませんでした。人を信用できないことはわかっています。つらいときにそばにいると約束したって，実際にはそれを実行なんかしないのです。
初級のクライアントの発言4
[不安そうに] 子どもの頃，母の機嫌がどうなるかわかりませんでした。私は，母が口をきいてくれない日が来た場合に備えて，身構えるようになりました。
初級のクライアントの発言5
[絶望して] リラックスしたり新たな友人と楽しんだりすることは，私にとってはあまりにも難しいです。私の人生はいつも，ある場所から別の場所に移動しなければなりませんでした。友人たちが変わってしまうか，私が再び移動しなければならなくなるかは，時間の問題なんです。

🛑 次のレベルに進む前に，難易度を評価し，調整してください（エクササイズのインストラクションのステップ3を参照）。

50 パート2 スキーマ療法のスキルのための「確実な実践」エクササイズ

中級レベルのクライアントの発言　エクササイズ3

中級のクライアントの発言1

[悲しそうに] どんなに努力しても，誰も私のケアをしてくれないようです。まるで最初から大人であることを期待されてこの世に生まれてきたようなものです。私は自分で自分の欲求を満たし，自分をケアすることを学ばなければならなかったのです。

中級のクライアントの発言2

[絶望して] ほとんどの時間，私はとても空虚に感じます。まるで自分が温もりも中身もない空っぽの人間のように感じるのです。私はパートナーに何も与えることができませんし，自分が大切にされているとか愛されていると感じたこともありません。子どもの頃，誰も私のそばにいてくれませんでした。今も誰かに対してどうやって思いやりを表現したよいのかがわかりません。だからとても居心地が悪いんです。

中級のクライアントの発言3

[淡々と] 子どもの頃，誰にもガイドしてもらえなかったので，自分で決断することを学びました。このことが結婚生活に問題を引き起こしていることはわかっていますが，自分が何を望んでいるのかといった情報を妻と共有することができないようです。それは私にとっては自然なことではないからです。

中級のクライアントの発言4

[冷淡に] 本当の意味で私を理解して受け入れてくれる人に出会ったことがありません。不可能なことを追い求めることに何の意味があるのでしょうか？

中級のクライアントの発言5

[淡々と] 私はいつも自分で物事を解決しなければなりませんでした。小さい頃から，怖かったり心配したりしたときに，自分で自分を慰めることを学ばなければならなかったのです。私の家族では，困った様子を見せることは許されませんでした。実際，迷惑がられたり，無視されたりしていました。

🤚 次のレベルに進む前に，難易度を評価し，調整してください（エクササイズのインストラクションのステップ3を参照）。

エクササイズ3　スキーマの心理教育　*51*

上級レベルのクライアントの発言　エクササイズ3
上級のクライアントの発言1
[**冷淡に**]　まあ，夫が私のもとを去ったのは大して驚くべきことではありません。彼が私のような人間と一緒にいたいなんて思うわけはないでしょう。あなただって，私のことをよく知れば理解できることでしょう。母でさえ，私のことをあまり好きではなかったのです。
上級のクライアントの発言2
[**不満そうに**]　私は何かが欠けている人間です。何をやってもうまくいきません。私が小さな頃から，父はそのことを見抜いていました。だから父は私に多くを期待せず，弟にばかり注目していました。
上級のクライアントの発言3
[**怒ったように**]　私は自分が負け犬だという事実に直面したほうがいいでしょう。私は家族に比べて多くのことを成し遂げていませんし，家族はそのことをいつも私に思い知らせようとします。私は「黒い羊（家族の面汚し）」という古い決まり文句がぴったりの人間なんです。
上級のクライアントの発言4
[**苦痛そうに**]　あなたにもわかるでしょう？　私は変なんです。あなたは，私のようなめちゃくちゃな人間と一緒に仕事をしたことなど一度もないでしょう。両親でさえ，私が12歳になる頃には私を見限ったのです。
上級のクライアントの発言5
[**悲しそうに**]　もし私が愛されるに値しない人間だとしたら？　つまり，私が生まれつき悪い人間にすぎないのだとしたら？　家族に言わせれば，実際に私は気難しい子どもで，まともなことは何一つできず，問題ばかり引き起こしていたのだそうです。

🛑 ここでも難易度を評価し，調整してください（エクササイズのインストラクションのステップ3を参照）。必要に応じて，インストラクションに沿ってさらに難易度を上げてください（付録Aを参照）。

セラピストの応答の例：「スキーマの心理教育：現在の問題を スキーマ療法の視点から理解することを始める」

　覚えておこう：訓練生は，応答の例を読む前に，まずは即興で自分の応答を試みる必要があります。**自分自身の応答が思いつかない場合を除き，以下の応答例をそのまま読まないようにしてください！**

初級レベルのクライアントの発言に対する応答例
エクササイズ 3

初級のクライアントの発言 1 に対する応答例

あなたがお話ししているのは，あなた自身の人生のパターンやテーマ，すなわち「スキーマ」ことだと思われます。（基準1）スキーマは，私たちの生得的な気質と，幼少期に十分に満たされなかった中核的感情欲求との組み合わせから形成されます。（基準2）スキーマは強力な感情的信念として発展し，自分自身をどう見るか，他者とどう関わるか，自分の将来をどう予測するか，といったことに影響を与えます。（基準3）

初級のクライアントの発言 2 に対する応答例

あなたの体験は，私たちが「スキーマ」と呼ぶパターンを示唆しています。（基準1）スキーマは，幼少期に欲求が満たされなかったことから形成されています。（基準2）スキーマは，自分自身と自分の将来に関する強い信念を作り出し，そこには「どんな人間関係も長続きしない」という信念も含まれます。（基準3）

初級のクライアントの発言 3 に対する応答例

あなたの反応は，私たちが「スキーマ」と呼ぶパターンの一部です。（基準1）スキーマは，幼少期の体験や，幼少期に欲求が満たされなかったことによって形成されます。（基準2）このスキーマは，「誰もが自分から離れていく」といった，現在の人生における強い信念や予想につながっています。（基準3）

初級のクライアントの発言 4 に対する応答例

そのような不安は，あなたの中にスキーマがあることを反映しています。（基準1）スキーマは，正当な欲求が幼少期に満たされなかったことによって形成されます。（基準2）そのようなスキーマは，自分自身や他者に関する現在の信念につながっています。（基準3）

初級のクライアントの発言 5 に対する応答例

人間関係で安心感を得ることが難しいというパターンは，スキーマの存在を示唆しています。（基準1）スキーマというものは，幼少期に欲求が満たされなかったことによって形成されると考えられています。（基準2）スキーマは，自分自身や他者，将来の予想に関する強い感情的信念を生み出します。（基準3）

エクササイズ3 スキーマの心理教育 53

中級レベルのクライアントの発言に対する応答例
エクササイズ 3

中級のクライアントの発言 1 に対する応答例

自分の欲求をどこかに追いやって，他人に自分をケアさせないようにすることが，あなたの人生のパターンになっているようですね。私たちはこうしたパターンのことを「スキーマ」と呼んでいます。（基準1）スキーマは，幼少期に中核的感情的欲求が満たされないことによって形成されることがあります。（基準2）スキーマは，自分自身や他者についての強烈な感情的信念のようなものです。それらは，現在の人間関係に対するあなたの予想に影響を及ぼします。（基準3）

中級のクライアントの発言 2 に対する応答例

そのような感情や，他者からのケアを受け入れることの難しさは，私たちが「スキーマ」と呼ぶパターンを示しています。（基準1）スキーマは，ケアや養育や愛情といった，幼少期において当然の欲求が満たされなかったことによって形成されます。（基準2）欲求が満たされなかったことから，あなたのなかに，自分自身や他者に関する，私たちがスキーマと呼ぶものの一部である強烈な感情的信念が形成され，それがあなたをこのような空虚な状態に置いているのでしょう。（基準3）

中級のクライアントの発言 3 に対する応答例

そのような困難は，私たちが「スキーマ」と呼んでいるものから生じています。（基準1）あなたの場合，ガイドしてもらいたいという正当な欲求が，幼少期に満たされることがなかったのでしょう。（基準2）その結果，人間関係がどのように機能し，自分がそのなかでどのように振る舞うかということについての強い信念を含むスキーマが形成されたのです。（基準3）

中級のクライアントの発言 4 に対する応答例

あなたが話しているこのパターンは，スキーマの作動によるものです。（基準1）スキーマは，「理解して受け入れてほしい」というあなたの正当な欲求が子どものときに満たされなかったために形成されました。（基準2）スキーマは，自分自身や他者に対する現在の信念，たとえば「自分は他者から理解や受容を得ることができない」といった信念につながっています。（基準3）

中級のクライアントの発言 5 に対する応答例

これは，私たちが「スキーマ」と呼んでいるものの一例です。（基準1）あなたの場合，精神的な支えや慰めが欲しいという幼少期の欲求が満たされませんでした。（基準2）このような体験が，スキーマ，すなわち「誰もそばにいてくれない」という強烈な感情的信念を生み出したのです。（基準3）

上級レベルのクライアントの発言に対する応答例
エクササイズ3

上級のクライアントの発言1に対する応答例

他人から嫌われたり見捨てられたりすることを予測することが，あなたの人生のテーマ，すなわちスキーマのようですね。（基準1）スキーマは，私たちの生物学的な気質と，幼少期に中核的感情欲求が十分に満たされなかったことによって形成されます。（基準2）これらのスキーマは強い感情的信念を生み出し，それが自分自身をどう見るか，他者とどう関わるか，将来をどう予測するか，といったことに影響を与えます。（基準3）

上級のクライアントの発言2に対する応答例

あなたの発言はご自分を否定的に見るパターンのように聞こえます。これは「スキーマ」と呼ばれるものの一例です。（基準1）スキーマは，幼少期に正当な欲求が満たされなかったために形成されます。（基準2）その結果，「自分には価値がない」というような自分自身についての強烈な信念が生み出されたのです。（基準3）

上級のクライアントの発言3に対する応答例

あなたが言っている，あなたの人生におけるパターンやテーマは，私たちが「スキーマ」と呼んでいるものです。（基準1）スキーマは，ポジティブなフィードバックや養育が受けられないなど，幼少期の欲求が満たされなかったときに形成されます。（基準2）スキーマは，自分自身や世界に関する強烈な感情的信念です。たとえば，あなたのスキーマは，あなた自身に関するネガティブな見方を真実として受け止めるように影響を及ぼします。（基準3）

上級のクライアントの発言4に対する応答例

これは，自分に欠陥があると考え，他人も自分のことをそのように見ているに違いないと思い込むパターンのようです。私たちはそれを「スキーマ」と呼んでいます。（基準1）このスキーマが形成されたのは，幼少期に「愛されたい」「大切にされたい」という正当な欲求が満たされなかったためです。（基準2）このように欲求が満たされなかったことで，あなたは自分自身を「変だ」と思い込むようになったのです。（基準3）

上級のクライアントの発言5に対する応答例

「自分は生まれつき悪く，愛されない人間だ」という痛ましい思いは，スキーマの一つの例です。（基準1）このようなスキーマが形成されたのは，幼少期において，愛情や支えを求める欲求が満たされなかったからです。（基準2）このスキーマのために，あなたは，子どもの頃の苦労は自分のせいであり，自分には欠陥があるという偏った信念を持つようになりました。（基準3）

エクササイズ4
満たされなかった欲求，スキーマ，
現在の問題を関連づける

エクササイズ4のための準備

1. 第2章のインストラクションを読みましょう。
2. オンラインの「臨床家と実践家のリソース」バナー（http://www.iwasaki-ap.co.jp/book/b654579.html）から「確実な実践への反応フォーム」と「確実な実践の記録フォーム」をダウンロードします。それらは付録A，Bにもそれぞれ掲載しています。
3. スキルの説明

スキルの説明

スキルの難易レベル：初級

このスキルは，クライアントの満たされなかった幼少期の欲求と，それに関連するスキーマを，クライアントの現在の問題と結び付けることに焦点を当てています。この作業は，クライアントの問題の捉え方を，スキーマ療法の概念に変換していく始まりと言えます。治療の早い段階でこのスキーマ言語を確立することで，クライアントは自分の問題を理解するための枠組みを得ることができ，それによって肯定的な治療同盟が促進されます。

このエクササイズでは，セラピストはスキーマの発達におけるクライアントの幼少期に満たされなかった欲求の役割について説明します。その後，そのスキーマと，クライアントが現在の生活で抱えている問題との関連性について示唆します。

このエクササイズにおけるクライアントの発言の難易度は，それぞれ3つのスキーマのうちの1つを反映しています。

- 見捨てられ／不安定スキーマ（初級レベルのクライアントの発言）
- 情緒的剥奪スキーマ（中級レベルのクライアントの発言）
- 欠陥／恥スキーマ（上級レベルのクライアントの発言）

セラピストがクライアントの満たされなかった欲求と現在の問題を適切に結びつけるためには，それぞれのスキーマの核となる要素を理解しておくことが大切です。そのため，次に各スキーマについて簡単に定義しておきます。（スキーマ療法の中核的な概念の詳細については，本書の付

録Cを参照）。

見捨てられ／不安定スキーマ

定　義

　このスキーマには，重要他者が，情緒的なサポートやつながり，強さや実際的な保護といったものを継続的に与えてくれることはないだろうと感じることが含まれます。なぜなら，重要他者は情緒不安定で，予測不可能で，当てにならず，気まぐれにしか自分の前に現れないからです。あるいは，重要他者は明日にでも死んでしまうかもしれないし，自分を捨てて他の誰かの元に行ってしまうかもしれないからです。

関連する満たされなかった欲求

　このスキーマの形成は，多くの場合，サポートやつながりとして重要な人々が不安定で，予測不可能で，信頼できなかった幼少期の体験や認識と関連しています。

情緒的剥奪スキーマ

定　義

　このスキーマには，「自分の望む情緒的なサポートが他者からほどよく満たされることはないだろうという予期」が含まれます（Young et al., 2003, p. 14　邦訳 p. 28）。

関連する満たされなかった欲求

このスキーマの発達は，主に3つの剥奪のタイプと関連しています。
- 養育の剥奪：他者から，配慮，愛情，暖かさ，関わりを与えてもらえないこと。
- 共感の剥奪：他者から，理解したり傾聴したりしてもらえないこと。また，他者が自分に対して自己開示してくれたり感情を分かち合おうとしてくれたりしないこと。
- 保護の剥奪：他者から強さ，指示，教えを与えてもらえないこと。

欠陥／恥スキーマ

定　義

　このスキーマには，「自分は欠陥があり，ダメな，望まれない存在で，重要な点で他者より劣っていて価値がなく，また自分のそのような面があらわになれば，重要他者からの愛情を失うだろうと感じること」が含まれます（Young et al., 2003, p. 15　邦訳 p. 29）。また，「批判や拒絶，

非難に対して過敏で，他者に対して自意識過剰であったり，比較しやすかったり，不安を感じやすく，自分の欠点と思われるものをひどく恥じている」ことも含まれます（Young et al., 2003, p. 15　邦訳 p. 29）。

関連する満たされなかった欲求

　このスキーマは，受け入れてもらいたい，ほめてもらいたい，自分は愛される存在だと感じたい，といった欲求が満たされなかったことに関連しています。

エクササイズ 4 のためのスキル基準
1．クライアントの，幼少期の体験において満たされなかった欲求の重要性を認める。 2．クライアントの幼少期に満たされなかった欲求と，スキーマの発達との関連について示唆する。 3．クライアントのスキーマと，大人になった後に生じうる問題との関連性を示唆する。

満たされなかった欲求，スキーマ，現在の問題を関連づける例

例その 1 ：見捨てられ／不安定スキーマ

　クライアント：［悲しそうに］ずっと孤独を感じてきました。父の仕事の関係で，私たち家族は何度も引っ越しをしました。不安定なことばかりで，友人関係を築くのは難しく，仲間はずれにされたと感じることも度々ありました。正直なところ，このままずっと一人でいるような気がします。

　セラピスト：子どもたちはみな，安定を求めています。つまり，予測可能な，一貫性のある方法で，頼ったりつながったりできる人がいることを必要としているのです。多くの引っ越しを経験したあなたにとって，この欲求は十分に満たされませんでした。（基準 1）このことが，おそらく「見捨てられ／不安定スキーマ」の形成につながったのでしょう。（基準 2）このスキーマが今，あるいはあなたが孤独を感じているときに引き起こされると，あなたは「自分は永遠に孤独なのだ」と思い込んでしまいます。（基準 3）

例その 2 ：情緒的剥奪スキーマ

　クライアント：［悲しそうに］大人であることを期待されてこの世に生まれてきたようなものです。育ててもらうことも，注目してもらうことも，指導してもらえたり愛情を受けたりしたことも一度もありません。幼い頃，母はうつがひどく，父はいつも仕事のことばかりでした。私は，どうやって自分の面倒をみるかを考えなければなりませんでした。今となっては，誰にも構ってもらえそうにありません。そうされることに慣れていないのです。

　セラピスト：すべての子どもには養育や注目，指導，そして愛情が必要です。あなたの子ども時代には，これらが欠けていたようです。（基準 1）これらの欲求が満たされないと，子どもは

「情緒的剝奪スキーマ」と呼ばれるものを形成します。（基準2）あなたは，幼い頃に「自分の欲求を満たしてくれる大人はいない」と学んだため，現在も，そのスキーマが活性化すると，他人が自分のことを本当に気にかけてくれるかもしれないことを受け入れられなくなるのです。（基準3）

例その3：欠陥／恥スキーマ

クライアント：［不満そうに］父は私に多くを期待しておらず，兄にばかり注目していました。私が怒ると，父はいつも冗談めかして，「お前は弱いし兄ほど賢くないから」と言いました。彼は基本的に，私に自分が負け犬であるかのように感じさせました。彼は正しかったのかもしれません。私がやろうとすることはけしてうまくいかないのです。

セラピスト：すべての子どもは，受け入れられ，褒められ，自分は愛されていると感じたいという欲求を持っています。残念ながら，あなたは幼い頃にこれらの重要な欲求を満たしてもらえなかったようです。（基準1）このような場合，子どもは「欠陥／恥スキーマ」と呼ばれるスキーマを形成させます。（基準2）今日，このスキーマが活性化すると，「自分はダメな人間で，愛や注目を受けるに値しない」という思い込みに裏打ちされた，激しい痛みを伴う感情が引き起こされます。こうした体験やスキーマを考えると，あなたがときどき「何をやってもけしてうまくいかない」と感じるのも不思議ではありません。（基準3）

エクササイズ 4 のインストラクション
ステップ 1 ：ロールプレイとフィードバック
・クライアント役は初級レベルの最初の発言をする。セラピスト役はスキル基準に基づいて即興で応答する。
・トレーナー（不在の場合はクライアント役）は，スキル基準に基づいて簡単にフィードバックする。
・次に，クライアント役は同じ発言を繰り返し行い，セラピスト役は再び即興で応答する。トレーナー（またはクライアント役）は，再び簡単にフィードバックする。
ステップ 2 ：繰り返し
・現在の難易度レベル（初級，中級，上級）のすべての発言について，ステップ 1 を繰り返す。
ステップ 3 ：難易度の評価と調整
・セラピストは，「確実な実践への反応フォーム」（付録Aを参照）に記入し，エクササイズをより簡単にするか，またはより難しくするか，あるいは同じ難易度を繰り返すかを決定する。
ステップ 4 ：約15分の繰り返し
・ステップ 1 〜 3 を少なくとも15分間繰り返す。
・その後，訓練生はセラピスト役とクライアント役を交替し，最初からやり直す。

60　パート 2　スキーマ療法のスキルのための「確実な実践」エクササイズ

→　**次はあなたの番です！　インストラクションのステップ 1 と 2 に従ってください。**

　覚えておこう：ロールプレイの目的は，(a) スキル基準を使用し，(b) 訓練生が本物であると感じられる方法で，クライアント役の発言に対する応答を即興で練習することです。**クライアントの各発言に対するセラピストの応答例は，このエクササイズの最後に提示します。**訓練生は，応答例を読む前に，自分自身の応答を即興で試みてください。

初級レベルのクライアントの発言　エクササイズ 4： 見捨てられ／不安定スキーマ
初級のクライアントの発言 1
[**悲しそうに**] ずっと孤独を感じてきました。父の仕事の関係で，私たち家族は何度も引っ越しをしました。不安定なことばかりで，友人関係を築くのは難しく，仲間はずれにされたと感じることも度々ありました。正直なところ，このままずっと一人でいるような気がします。
初級のクライアントの発言 2
[**絶望して**] これまで愛した人はみな，私のもとを去るか，死んでしまいました。人間関係を築くのは無駄なことです。
初級のクライアントの発言 3
[**イライラして**] 人は頼りにならないものです。父は，いつもそばにいてくれると約束したのに，私がまだ幼い頃に私の人生から姿を消してしまいました。人は，つらいときにそばにいると約束しても，それを果たしてはくれません。
初級のクライアントの発言 4
[**不安そうに**] 子どもの頃は，母の機嫌がどうなるか，まったくわかりませんでした。母が口をきいてくれない日に備えて，常に気を張っているようになりました。今日に至るまで，いまだに人が予測不可能なことに悩まされています。正直なところ，それがあなたに会いに来ることに緊張する理由だと思います。
初級のクライアントの発言 5
[**絶望して**] リラックスして新しい交友関係を楽しむことがとても難しいのです。私の人生はいつも，ある場所から別の場所へと連れられて移動しなければなりませんでした。彼らが変わるのも時間の問題だし，私がまたここを去らなければならないのもわかっています。

✋　**次のレベルに進む前に，難易度を評価し，調整してください（エクササイズのインストラクションのステップ 3 を参照）。**

エクササイズ4　満たされなかった欲求，スキーマ，現在の問題を関連づける　*61*

中級レベルのクライアントの発言　エクササイズ4： 情緒的剥奪スキーマ
中級のクライアントの発言1
[悲しそうに] 大人であることを期待されてこの世に生まれてきたようなものです。育ててもらうことも，注目してもらうことも，指導してもらえたり愛情を受けたりしたことも一度もありません。幼い頃，母はうつがひどく，父はいつも仕事のことばかりでした。私は，どうやって自分の面倒をみるかを考えなければなりませんでした。今となっては，誰にも構ってもらえそうにありません。そうされることに慣れていないのです。
中級のクライアントの発言2
[絶望して] 自分を本当に理解してくれる人，受け入れてくれる人に出会ったことがありません。家族ももちろんそうでした。不可能を探すことに何の意味があるのでしょう？
中級のクライアントの発言3
[淡々と] 子どもの頃，何も教えてもらえなかったので，自分で決断することを学びました。それが結婚生活に問題を引き起こしていることは自覚しています。私は，自分が必要としているものを妻に求めることができないのです。私にはただ，それが不自然なことに感じられてしまうのです。
中級のクライアントの発言4
[悲しそうに] 私にはパートナーに与えられるものは何もないし，大切にされていると感じたことも，愛されていると感じたこともありません。子どもの頃は誰もそばにいてくれませんでした。そして今は，相手が気遣いを示してくれると，どうすればいいかわからなくなってしまいます。とても居心地が悪くなるのです。

✋ 次のレベルに進む前に，難易度を評価し，調整してください（エクササイズのインストラクションのステップ3を参照）。

62　パート2　スキーマ療法のスキルのための「確実な実践」エクササイズ

上級レベルのクライアントの発言　エクササイズ4：
欠陥／恥スキーマ

上級のクライアントの発言1

[淡々と] 私はいつも自分で物事を解決しなければなりませんでした。小さい頃から，怖いときや心配なときは，自分で自分を慰める方法を見つけるしかありませんでした。私の家では，困っている様子を見せることは許されなかったのです。実際，迷惑がられたり，無視されたりしていました。

上級のクライアントの発言2

[不満そうに] 父は私に多くを期待しておらず，兄にばかり注目していました。私が怒ると，父はいつも冗談めかして，「お前は弱いし兄ほど賢くないから」と言いました。彼は基本的に，私に自分が負け犬であるかのように感じさせました。彼は正しかったのかもしれません。私がやろうとすることはけしてうまくいかないのです。

上級のクライアントの発言3

[憂鬱そうに] まあ，夫が私のもとを去ったのは，何も驚くべきことではありません。彼が私のような人間と一緒にいたいなんて思うわけはないでしょう。あなただって，私のことをよく知れば理解できることでしょう。母でさえ，私のことをあまり好きではなかったのです。

上級のクライアントの発言4

[怒ったように] 私は自分が負け犬だという事実に直面したほうがいいでしょう。私は家族に比べて多くのことを成し遂げていませんし，家族はそのことをいつも私に思い知らせようとします。私は「黒い羊（家族の面汚し）」という古い決まり文句がぴったりの人間なんです。

上級のクライアントの発言5

[苦痛そうに] 私は変なのです，あなたにもお分かりでしょう。あなたは私のようなめちゃくちゃな人間と一緒に仕事をしたことはないのではないでしょうか。両親でさえ，僕が12歳になる頃には僕を見限っていました。

上級のクライアントの発言6

[悲しそうに] もし私が愛されるに値しない人間だとしたら？　つまり，私は生まれつき悪い人間にすぎないのだとしたら？　家族に言わせれば，実際に私は気難しい子どもで，何一つまともにできなかったのだそうです。

🤚 ここでも難易度を評価し，調整してください（エクササイズのインストラクションのステップ3を参照）。必要に応じて，インストラクションに沿ってさらに難易度を上げてください（付録Aを参照）。

セラピストの応答の例：
「満たされなかった欲求，スキーマ，現在の問題を関連づける」

　覚えておこう：訓練生は，応答の例を読む前に，まずは即興で自分の応答を試みる必要があります。**自分自身の応答が思いつかない場合を除き，以下の応答例をそのまま読まないようにしてください！**

初級レベルのクライアントの発言に対する応答例 エクササイズ 4：見捨てられ／不安定スキーマ
初級のクライアントの発言 1 に対する応答例
子どもたちはみな，安定を求めています。つまり，予測可能な，一貫性のある方法で，頼ったりつながったりできる人がいることを必要としているのです。多くの引っ越しを経験したあなたにとって，この欲求は十分に満たされませんでした。（基準 1）このことが，おそらく「見捨てられ／不安定スキーマ」の形成につながったのでしょう。（基準 2）このスキーマが今，あるいはあなたが孤独を感じているときに引き起こされると，あなたは「自分は永遠に孤独なのだ」と思い込んでしまいます。（基準 3）
初級のクライアントの発言 2 に対する応答例
すべての子どもは，予測可能で安定した方法で頼れる人がいること，いなくならない人がいることを知る必要があります。（基準 1）あなたの体験した喪失を考えると，この欲求は満たされず，「見捨てられ／不安定スキーマ」の形成につながりました。（基準 2）そして今，新しい人間関係を築こうと考えると，このスキーマが活性化し，あなたはそれを無駄だと感じてしまうのです。（基準 3）
初級のクライアントの発言 3 に対する応答例
すべての子どもは，自分のためにそばにいてくれる誰か，頼りになる誰か，いなくなることがない誰かが居ると感じる必要があります。（基準 1）幼い頃，父親が約束を守らなかったことから，あなたは「見捨てられ／不安定スキーマ」を持つようになりました。（基準 2）このスキーマが引き起こされると，自分のそばにいてくれる人が本当に信頼できると考えることが難しくなります。（基準 3）
初級のクライアントの発言 4 に対する応答例
子どもたちはみな，親が安定して存在し，波長を合わせてくれることを必要としています。（基準 1）母親の機嫌が予測できないことから，あなたには「見捨てられ／不安定スキーマ」が形成されました。（基準 2）このスキーマが引き起こされると，あなたは，私でさえ信頼できないかもしれない，私があなたから離れてしまうかもしれない，と感じてしまうのです。（基準 3）
初級のクライアントの発言 5 に対する応答例
すべての子どもは安定を求めています。つまり，信頼できる人，一貫してつながっていられる人がいることを必要としているのです。（基準 1）幼い頃に体験したあらゆる移動や喪失を考えると，あなたのこの欲求は適切に満たされず，「見捨てられ／不安定スキーマ」が形成されました。（基準 2）そして今もこのスキーマが活性化すると，あなたは「自分の人間関係は必ず終わる」と信じてしまいます。（基準 3）

64 パート2 スキーマ療法のスキルのための「確実な実践」エクササイズ

中級のクライアントの発言に対する応答例
エクササイズ4：情緒的剥奪スキーマ

中級のクライアントの発言1に対する応答例

すべての子どもには養育や注目，指導，そして愛情が必要です。あなたの子ども時代には，これらが欠けていたようです。（基準1）これらの欲求が満たされないと，子どもは「情緒的剥奪スキーマ」と呼ばれるものを形成します。（基準2）あなたは，幼い頃に「自分の欲求を満たしてくれる大人はいない」と学んだため，今現在も，そのスキーマが活性化すると，他人が自分のことを本当に気にかけてくれるかもしれないことを受け入れ難くなるのです。（基準3）

中級のクライアントの発言2に対する応答例

すべての子どもは，理解され，受け入れられていると感じる必要があります。（基準1）子どもの頃にこの欲求が満たされないと「情緒的剥奪スキーマ」が形成されます。（基準2）そして現在も，このスキーマが活性化すると，あなたは誰かとつながろうとすることに価値がないと感じてしまいます。なぜなら，このスキーマのために，あなたは「自分は誰にも注目されない，受け入れられない」と信じているからです。（基準3）

中級のクライアントの発言3に対する応答例

子どもは皆，養育者の導きとサポートを必要としています。これによって，子どもは人とつながり自律できるようになるのです。（基準1）幼少期にこのような導きを受けられなかったことが，あなたの中で「情緒的剥奪スキーマ」が形成されることにつながりました。（基準2）結婚生活でこのスキーマが活性化すると，あなたは必要なものを求めることが難しくなってしまいます。（基準3）

中級のクライアントの発言4に対する応答例

子どもは皆，ただありのままの自分が注目され，愛され，大切にされていると感じる必要があります。（基準1）この欲求が十分に満たされなかったために，あなたには私たちが「情緒的剥奪スキーマ」と呼んでいるもの，つまり，「誰にも愛情や思いやりをあてにできない」という強烈な感情的信念が形成されました。（基準2）そして今，あなたが必要としているときに誰かが気遣いを示すと，スキーマが活性化され，あなたは混乱し不快な気持ちになるのです。（基準3）

上級レベルのクライアントの発言に対する応答例
エクササイズ4：欠陥／恥スキーマ

上級のクライアントの発言1に対する応答例

嬉しいとき，怖いとき，怒っているとき，悲しいとき，子どもたちは皆，自分の感情が大切なものだと知り，受け入れられ，愛される必要があります。（基準1）あなたは怖がったり心配したりすると，自分が何か悪いことをしているかのように感じさせられ，それが「欠陥／恥スキーマ」の形成につながりました。（基準2）幼い頃の経験から，このスキーマが活性化すると，あなたは自分の感情を表現したり誰かに慰めてもらったりすることができないと感じることでしょう。（基準3）

上級のクライアントの発言2に対する応答例

すべての子どもは，受け入れられ，褒められ，自分は愛されていると感じたいという欲求を持っています。残念ながら，あなたは幼い頃にこれらの重要な欲求を満たしてもらえなかったようです。（基準1）このような場合，子どもには「欠陥／恥スキーマ」と呼ばれるスキーマが形成されます。（基準2）今日，このスキーマが活性化すると，「自分はダメな人間で，愛や注目を受けるに値しない」という思い込みに裏打ちされた，激しい痛みを伴う感情が引き起こされます。こうした体験やスキーマを考えると，あなたがときどき「何をやってもけしてうまくいかない」と感じるのも不思議ではありません。（基準3）

上級のクライアントの発言3に対する応答例

すべての子どもは，自分が愛されていることを知る必要があります。（基準1）母親との経験を考えると，あなたのこの欲求は満たされず，おそらく「欠陥／恥スキーマ」につながったのでしょう。（基準2）今もそのスキーマが活性化すると，あなたは子どもの頃に教えられたように，「夫が決断したのは自分が悪いからだ」と考えてしまうのです。（基準3）

上級のクライアントの発言4に対する応答例

子どもは皆，自分が愛すべき存在であり，何かの条件を満たさなくても，競争したり自分を証明したりしなくても受け入れてもらえると感じる必要があります。（基準1）家族より劣っているように扱われたことで，あなたには「欠陥／恥スキーマ」が形成されました。（基準2）今日，このスキーマが活性化すると，「自分は負け犬だ」「十分ではない」と思い込むことに苦しむかもしれません。（基準3）

上級のクライアントの発言5に対する応答例

すべての子どもは，養育者からの愛と受容を感じる必要があります。（基準1）あなたは，幼い頃から自分が受け入れられない存在であるかのように感じさせられ，「欠陥／恥スキーマ」と呼ばれるスキーマを持つようになりました。（基準2）このスキーマが引き金となり，私との関わりの中でさえも，自分が不十分で受け入れられない存在であるかのように感じてしまいます。（基準3）

上級のクライアントの発言6に対する応答例

すべての子どもは無垢で傷つきやすく，愛され世話をされる必要性と権利をもって生まれてきます。（基準1）幼少期にこの欲求が満たされなかったために，あなたには「欠陥／恥スキーマ」と呼ばれるスキーマが形成されました。（基準2）そのために，「自分は愛される価値がない」「自分は何か悪いことをしたのだ」と，一生感じ続けることになったのです。（基準3）

エクササイズ5
不適応的スキーマモードの心理教育

エクササイズ5のための準備

1. 第2章のインストラクションを読みましょう。
2. オンラインの「臨床家と実践家のリソース」バナー（http://www.iwasaki-ap.co.jp/book/ b654579.html）から「確実な実践への反応フォーム」と「確実な実践の記録フォーム」を ダウンロードします。それらは付録A，Bにもそれぞれ掲載しています。

スキルの説明

スキルの難易レベル：中級

　このスキルは，クライアントに「スキーマモード」の概念を紹介することに焦点を当てています。我々はそれらをシンプルに「モード」と呼んでいますが，それは現在その人が体験している感情的，認知的，行動的，神経生物学的な状態として定義されます。言い換えると，安定した，特性に近いスキーマとは対照的に，モードは一過性の状態です。モードには不適応的なものもあれば，健全で適応的なものもあります。不適応的なモードは，完全に統合されていない自己の側面であり，複数の不適応的スキーマが活性化されたときに最も頻繁に生じます。不適応的なモードは，強い苦痛や痛みを伴う感情，厳しく批判的な思考やメッセージ，問題行動や極端な行動によって特徴づけられます。セラピストは，クライアントにおいて不適応的なモードの引き金が引かれたり，不適応的なモードに急に移行したりしたときに，それを指摘し，クライアント自身がそれに気づけるようになることが重要です。この気づきは，スキーマ療法のモデルにおける健全な変化に向けた重要な初期段階です。

　このエクササイズでは，次のスキル基準に従って，クライアントのそれぞれの発言に対して即興で応答します。

1. 不適応的なスキーマモードの活性化に気づかせることから介入を始める。引き起こされたモードは，クライアントの激しい感情，つながりの断絶，極端に批判的な思考を通じて見られることが多い。
2. スキーマモードの基礎的なことについてクライアントに心理教育を行う。これは，スキーマそれ自体についての心理教育（本書のエクササイズ2と3を参照）と同時に，他の方法では理解しえないと感じたであろう強烈な反応や体験の根拠をクライアントに提供する。

68 パート2 スキーマ療法のスキルのための「確実な実践」エクササイズ

エクササイズ5のためのスキル基準

1. 不適応的なモードが引き起こされたことを示唆するクライアントの反応を指摘する。
2. 「スキーマが活性化されたときに引き起こされる自己状態ないしは一時的な状態」という観点から，スキーマモードの基本的な定義を説明する。

「不適応的スキーマモードの心理教育」の例

例その1

クライアント：［絶望して］週末はずっと彼からの電話を待っていました。彼に拒絶されるなんてとっても屈辱的です。このことについて話せば話すほど，自分には価値がないと感じてしまいます。

セラピスト：あなたは今，強い絶望感を抱いているようですね。（基準1）これは私たちが「モード」と呼ぶものの一例です。モードとは，私たちのスキーマが活性化されたときに引き起こされる，感情的，認知的，行動的な状態のことです。（基準2）

例その2

クライアント：［自己批判的に］私はこの面接の準備がちゃんと出来ていません。でも，私にはこの仕事が本当に必要なんです。いったい私は何を考えていたのでしょう？　笑いものになるだけです。私はどうしちゃったのでしょうか？

セラピスト：あなたの中に，無益なやり方であなたを厳しく批判している部分があります。（基準1）この部分を，私たちは「スキーマモード」と呼んでいます。モードとは，自分自身についての否定的なメッセージが形成される幼少期に作られたあなたの一部です。（基準2）

例その3

クライアント：［怒って］子どもの頃，どれほど安全ではなかったかを考えると，今はとても腹が立ちます。私が受けた扱いは犯罪的でした。そんなの不公平です！　私の両親は刑務所に入るべきです。

セラピスト：子どもの頃には表現できなかった激しい怒りを感じているようですね。（基準1）これは私たちが「スキーマモード」と呼ぶもので，子どものときに欲求が満たされなかったという記憶によって活性化されたスキーマに反応して引き起されます。（基準2）

エクササイズ5　不適応的スキーマモードの心理教育　69

エクササイズ5のインストラクション
ステップ1：ロールプレイとフィードバック
・クライアント役は初級レベルの最初の発言をする。セラピスト役はスキル基準に基づいて即興で応答する。
・トレーナー（不在の場合はクライアント役）は，スキル基準に基づいて簡単にフィードバックする。
・次に，クライアント役は同じ発言を繰り返し行い，セラピスト役は再び即興で応答する。トレーナー（またはクライアント役）は，再び簡単にフィードバックする。
ステップ2：繰り返し
・現在の難易度レベル（初級，中級，上級）のすべての発言について，ステップ1を繰り返す。
ステップ3：難易度の評価と調整
・セラピストは，「確実な実践への反応フォーム」（付録Aを参照）に記入し，エクササイズをより簡単にするか，またはより難しくするか，あるいは同じ難易度を繰り返すかを決定する。
ステップ4：約15分の繰り返し
・ステップ1〜3を少なくとも15分間繰り返す。
・その後，訓練生はセラピスト役とクライアント役を交替し，最初からやり直す。

70　パート2　スキーマ療法のスキルのための「確実な実践」エクササイズ

→　**次はあなたの番です！　インストラクションのステップ1と2に従ってください。**

　覚えておこう：ロールプレイの目的は，（a）スキル基準を使用し，（b）訓練生が本物であると感じられる方法で，クライアント役の発言に対する応答を即興で練習することです。**クライアントの各発言に対するセラピストの応答例は，このエクササイズの最後に提示します**。訓練生は，回答例を読む前に，自分自身の応答を即興で試みてください。

初級レベルのクライアントの発言　エクササイズ5
初級のクライアントの発言1
[**絶望して**] 週末はずっと彼からの電話を待っていました。彼に拒絶されるなんてとっても屈辱的です。このことについて話せば話すほど，自分には価値がないと感じてしまいます。
初級のクライアントの発言2
[**悲しそうに**] 子どもの頃，自分が愛されていると感じることはなかったし，自分が誰かにとって重要な存在だと思ったこともありませんでした。思い出すだけでひどく気分が沈みます。
初級のクライアントの発言3
[**怒って**] 子どもの頃，どれほど安全ではなかったかを考えると，今はとても腹が立ちます。私が受けた扱いは犯罪的でした。そんなの不公平です！　私の両親は刑務所に入るべきです。
初級のクライアントの発言4
[**怒って**] 今日もまた，誰も私をランチに誘ってくれませんでした。同僚たちはランチの計画を立てながら，まるで私を透明人間かのように扱います。でもね，誰が彼らを必要とするものですか！　どうせみんなつまらないし，面白くもない人たちなのです。彼らは私に嫉妬しているのでしょう。
初級のクライアントの発言5
[**絶望して**] なぜ私はデートがうまくいくと期待してしまったのでしょうか。私は誰からも相手にされない負け犬であることを，自分で受け入れるべきです。母でさえ，私のことを特別に好きでもないし，私にがっかりしたと言っていました。

✋　**次のレベルに進む前に，難易度を評価し，調整してください（エクササイズのインストラクションのステップ3を参照）。**

エクササイズ5　不適応的スキーマモードの心理教育　*71*

中級レベルのクライアントの発言　エクササイズ5
中級のクライアントの発言1
[自己批判的に] 私はこの面接の準備がちゃんと出来ていません。でも，私にはこの仕事が本当に必要なんです。いったい私は何を考えていたのでしょう？　笑いものになるだけです。私はどうしちゃったのでしょうか？
中級のクライアントの発言2
[自嘲的に] 離婚して以来，ずっと気が動転しています。でもそれは私が大げさに考えて，愚痴っぽくなっているに過ぎないということもわかっているんです。めげずに，ただ自分の人生を生きていくだけでいいはずなのに。
中級のクライアントの発言3
[動揺して] 30年来の親友が来月，本当に遠くに引っ越してしまうなんて信じられません。彼女の安定したサポートなしで，私はどうやって生きていけばよいのか想像もつきません。何年も前に父親が私たちのもとを去ったときと同じ気分です。
中級のクライアントの発言4
[怒って] 私は何も感じないと言いましたよね。なぜあなたが私の感情について尋ね続けるのかがわかりません。感情に関する話題は私には合わないんです。私はとっても忙しい生活を送っていますから。
中級のクライアントの発言5
[冷静に] なぜ自分がここにいるのかがわかりません。私は自分自身の目標を見つけることができません。**[急に自己批判的に]** 私は人間のクズです。父が言った通り，単なるクズなんです。

🛑 次のレベルに進む前に，難易度を評価し，調整してください（エクササイズのインストラクションのステップ3を参照）。

72　パート2　スキーマ療法のスキルのための「確実な実践」エクササイズ

上級レベルのクライアントの発言　エクササイズ5

上級のクライアントの発言1

[怒って] 私がとてもストレスにさらされ，うんと孤独だというのに，あなたは今月休暇を取るのですね。とても信じられません。あなたは私のことを気にかけていると言うけれども，しょせん他の人と同じじゃないですか。私はあなたが嫌いです。

上級のクライアントの発言2

[ポジティブに] 私はここでのセッションから多くを得ています。ここなら安心です。[急に不安そうに] でも，私はあなたに依存しすぎているのかもしれません。セッションの回数を月に1度に減らすのはどうでしょうか？

上級のクライアントの発言3

[おびえて] 私がこれまでの人生で他の人たちにやったのと同じように，私があなたを遠ざけてしまうのではないかということをとても恐れています。[急に自己批判的に] あなたはさぞかし私にうんざりしていることでしょう。私だって少しは進歩したかもしれませんが，まだまだ努力が足りませんよね。たいして努力せずに，自分の人生について愚痴っているだけなんです。

上級のクライアントの発言4

[不安そうに] 昨晩，私に性的虐待をした従兄が家の玄関に来るという恐ろしい夢を見ました。それで一日中，怖くてビクビクしていました。[急にフラットに] ああ，でも私が愚かなだけなんです。だって何年も前のことですから。それについて今何かを感じる理由はありません。大したことじゃないんです。

上級のクライアントの発言5

[後ろめたそうに] 土曜日は少し遅くまで寝て，夫と楽しい時間を過ごしたいんです。でも私が朝早くに電話をしないと，母がとてもがっかりしてしまいます。母は本当にいつも私を必要としているんです。今このことについて話すだけでもとても罪悪感を感じます。

ここでも難易度を評価し，調整してください（エクササイズのインストラクションのステップ3を参照）。必要に応じて，インストラクションに沿ってさらに難易度を上げてください（付録Aを参照）。

セラピストの応答の例：「不適応的スキーマモードの心理教育」

　覚えておこう：訓練生は，応答の例を読む前に，まずは即興で自分の応答を試みる必要があります。自分自身の応答が思いつかない場合を除き，以下の応答例をそのまま読まないようにしてください！

初級レベルのクライアントの発言に対する応答例 エクササイズ5
初級のクライアントの発言 1 に対する応答例
あなたは今，強い絶望感を抱いているようですね。（基準1）これは私たちが「モード」と呼ぶものの一例です。モードとは，私たちのスキーマが活性化されたときに引き起こされる，感情的，認知的，行動的な状態のことです。（基準2）
初級のクライアントの発言 2 に対する応答例
つまり，あなたは今，子ども時代を思い出して，本当につらい感情を抱いているのですね。（基準1）これは，私たちが「モード」と呼ぶ状態が引き起こされた一例です。（基準2）
初級のクライアントの発言 3 に対する応答例
子どもの頃には表現できなかった激しい怒りを感じているようですね。（基準1）これは私たちが「スキーマモード」と呼ぶもので，子どものときに欲求が満たされなかったという記憶によって活性化されたスキーマに反応して引き起されます。（基準2）
初級のクライアントの発言 4 に対する応答例
話をしながら，あなたの中に怒りが込み上げてくるのが本当にわかります。（基準1）これは「スキーマモード」と呼ばれるものです。モードは，トリガーとなる出来事に反応してスキーマが活性化されたときに引き起こされます。（基準2）
初級のクライアントの発言 5 に対する応答例
それはまた，本当に厳しく極端すぎるジャッジメントですね。（基準1）とあるモードが引き起こされたのでしょう。これは，自分が完璧でないと感じ，スキーマが活性化されたときに現れる自分の中の一部分です。（基準2）

74　パート2　スキーマ療法のスキルのための「確実な実践」エクササイズ

中級レベルのクライアントの発言に対する応答例
エクササイズ5

中級のクライアントの発言1に対する応答例

あなたは今，あなたの中の，役に立たない方法で自分を厳しく批判する部分にシフトしました。（基準1）この部分は，私たちが「スキーマモード」と呼ぶものです。モードとは，自分についての否定的なメッセージが形成された幼少期に作られた，私たちの一部分のことです。（基準2）

中級のクライアントの発言2に対する応答例

あなた自身の一部があなたを厳しく批判しているようですね。（基準1）これは「スキーマモード」と呼ばれる部分です。モードは，幼少期において欲求が満たされなかった体験から形成されます。（基準2）

中級のクライアントの発言3に対する応答例

このお話を私にしてくれたとき，あなたは動揺しているようでした。そして以前の喪失を思い出してしまったのですね。（基準1）このとき，あなたの中で，あなたの別の部分，すなわち「スキーマモード」に切り替わったのでしょう。そのモードは，あなたが過去に喪失感で苦しんでいたときに形成されました。（基準2）

中級のクライアントの発言4に対する応答例

あなたが怒り始めたことに私は気づいています。（基準1）この怒りの側面は「スキーマモード」，つまり弱さをさらけ出さないようにするために生じるあなたの一部だと思われます。これはあなたが幼い頃に感情に対処する方法として学んだことかもしれません。（基準2）

中級のクライアントの発言5に対する応答例

あなたは今，非常に自己批判的な状態にあるようですね。（基準1）この状態は「スキーマモード」である可能性があります。それは過去にあなたの中で習得された何かです。（基準2）

エクササイズ 5 不適応的スキーマモードの心理教育 75

上級レベルのクライアントの発言に対する応答例
エクササイズ 5

上級のクライアントの発言 1 に対する応答例

私の休暇のことを考えると，あなたがどれほど動揺し，孤独を感じるかということがよくわかりました。（基準 1）この反応は「スキーマモード」であり，重要な人間関係が失われる可能性を感じたときに引き起こされます。これは，あなた自身のスキーマが活性化されたときに反応する部分でもあります。（基準 2）

上級のクライアントの発言 2 に対する応答例

あなたは人と親密になることを恐れているようですね。（基準 1）私たちが「スキーマモード」と呼ぶ状態に切り替わったのだと思います。このモードは，親密さを恐れたり避けたりするあなたの一部であり，スキーマが活性化されたときに引き起こされます。（基準 2）

上級のクライアントの発言 3 に対する応答例

あなたは自分自身を厳しく評価し，批判しているようです。（基準 1）自己批判に関連するスキーマが活性化されると，あなたの中のその部分が引き起こされるのだと思います。私たちはこのような反応を「スキーマモード」と呼んでいます。（基準 2）

上級のクライアントの発言 4 に対する応答例

感情を抱いた自分自身を批判しているようですね。（基準 1）あなたのその厳しい部分は「スキーマモード」です。それは，感情を抱くことに関連するスキーマが活性化されたときに引き起こされます。（基準 2）

上級のクライアントの発言 5 に対する応答例

自分の時間を少しだけでも持ちたいというのは，もっともな願いのように思いますが，あなたはそれに対して大きな罪悪感を抱いているようですね。（基準 1）これは，お母さんとの関係の中で形成された「スキーマモード」かもしれません。モードは，あなたのスキーマが活性化されるたびに引き起こされる，あなたの一部分のようなものです。（基準 2）

エクササイズ6
不適応的コーピングモードへの
モードチェンジに気づく

エクササイズ6のための準備

1. 第2章のインストラクションを読みましょう。
2. オンラインの「臨床家と実践家のリソース」バナー（http://www.iwasaki-ap.co.jp/book/b654579.html）から「確実な実践への反応フォーム」と「確実な実践の記録フォーム」をダウンロードします。それらは付録A，Bにもそれぞれ掲載しています。

スキルの説明

スキルの難易度：中級

　不適応的コーピングモードはスキーマモードの一種です。これらのモードは，活性化されたスキーマから生じる困難な経験に対処するために引き起こされます。たとえば，クライアントは，スキーマによって引き起こされるつらい感情を突如切り離し，不適応な回避的コーピングモードに「反転（フリップ）」することがあります。不適応なコーピングモードへ移行した可能性を示すクライアントのサインには，クライアントの顔の表情や声のトーンの急激な変化，急な感情の遮断や沈黙，肩をすくめること，あるいは目をそむけたり，対セラピストを含めて突然怒り出したりイライラしたりする，などがあります。

　クライアントは，自分のコーピングモードの引き金や「モードチェンジ」に気づくのが難しいと感じるかもしれません。というのも，このようなチェンジは急速に，しかもほとんど意識することなく起こる傾向があるからです。そのため，セラピストはしばしばモードチェンジに注意を向ける必要があります。このエクササイズは，セッション中に起こるクライアントのコーピングモードへのモードチェンジを指摘し，尋ねることに焦点を当てています。このエクササイズでのクライアントの発言は，すべて突然の不適応的コーピングモードへのモードチェンジを表しています（不適応的コーピングモードの全リストは付録Cを参照してください）。セラピストの対応は，クライアントの注意をモードチェンジに向け，探索的な形でそれについて尋ねるものである必要があります。

78　パート2　スキーマ療法のスキルのための「確実な実践」エクササイズ

エクササイズ6のスキル基準

1．クライアントの行動の変化や感情的な反応について指摘する。

2．クライアントがこの変化を認識できるかどうかについて尋ねる。

3．コーピングモードが引き起こされた可能性を提起する。（具体的なコーピングモードの種類を同定する必要はありません。）

「不適応的コーピングモードへのモードチェンジに気づく」の例

例その1

　クライアント：［悲しそうに］ええ，最近孤独を感じています。……［遮断し，「遮断・防衛モード」にモードチェンジして］でも，たいしたことではないので気にしていません。近々就職面接が控えているので，そのことについて話がしたいです。

　セラピスト：私は，あなたが返事をし始めたかと思うと，すぐにやめて話題を変えることに気がつきました。（基準1）あなたはそのことに気づいていますか？（基準2）それはあなたのコーピングモードかもしれません。（基準3）

例その2

　クライアント：［悲しそうに］元彼を失ったことは，今でも本当に悲しいです。……［怒って，「いじめ／攻撃モード」にモードチェンジして］どうして元彼と別れたときの気持ちを何度も尋ねるのか，理解できません。あなたはまるで，二流の心理学者のようになってきましたね。

　セラピスト：私は，あなたが自分の痛みや傷つきに気づいたとき，話を替えて，私の不十分な点について話題にすることに気づきました。（基準1）まるで，私の感情を傷つけることで，自分の傷ついた感情を紛らわそうとしているかのようです。あなたはそのことに気づいていますか？（基準2）コーピングモードに支配されている可能性はないでしょうか？（基準3）

例その3

　クライアント：［恐る恐る］私の不満や怒りにうんざりしていることでしょう。あなたが私を他のセラピストに移そうとするのではないかと心配です。［怒って，「怒り・防衛モード」にモードチェンジして］驚くことじゃないわ，これこそ私の人生のいつもの筋書きなのだから。私のことなど誰も気にしてしない。あなたもみんなと同じ。私のことを気にかけていると言いながら，約束を守らない。あなたも私のもとを去るだけでしょう。

　セラピスト：あなたは最初，私にあなたの感じている恐れについて話し始めましたが，その後，多くの怒りを表現するように切り替わりました。（基準1）今何が起こったか，気づいていますか？（基準2）私は，あなたの恐れを感じないようにするためのコーピングモードが引き起こされたのだと思います。（基準3）

エクササイズ 6 のインストラクション
ステップ 1：ロールプレイとフィードバック
・クライアント役は初級レベルの最初の発言をする。セラピスト役はスキル基準に基づいて即興で応答する。
・トレーナー（不在の場合はクライアント役）は，スキル基準に基づいて簡単にフィードバックする。
・次に，クライアント役は同じ発言を繰り返し行い，セラピスト役は再び即興で応答する。トレーナー（またはクライアント役）は，再び簡単にフィードバックする。
ステップ 2：繰り返し
・現在の難易度レベル（初級，中級，上級）のすべての発言について，ステップ 1 を繰り返す。
ステップ 3：難易度の評価と調整
・セラピストは，「確実な実践への反応フォーム」（付録Aを参照）に記入し，エクササイズをより簡単にするか，またはより難しくするか，あるいは同じ難易度を繰り返すかを決定する。
ステップ 4：約15分の繰り返し
・ステップ 1 ～ 3 を少なくとも15分間繰り返す。
・その後，訓練生はセラピスト役とクライアント役を交替し，最初からやり直す。

80 パート2 スキーマ療法のスキルのための「確実な実践」エクササイズ

→ **次はあなたの番です！ インストラクションのステップ1と2に従ってください。**

覚えておこう：ロールプレイの目的は，（a）スキル基準を使用し，（b）訓練生が本物であると感じられる方法で，クライアント役の発言に対する応答を即興で練習することです。**クライアントの各発言に対するセラピストの応答例は，このエクササイズの最後に提示します。訓練生は，回答例を読む前に，自分自身の応答を即興で試みてください。**

初級レベルのクライアントの発言　エクササイズ6
初級のクライアントの発言1
[悲しそうに] 友人が直前になって電話をかけてきて予定をキャンセルされたときは，本当に悲しくて涙が出ました。[明るくなり，「回避・防衛モード」にモードチェンジして] でも，自分でもなぜこんなに反応しているのかわかりません。だってそれは実際には全然大したことではありませんから。
初級のクライアントの発言2
[怒って] 父のことを本当に知る機会がなく，私は騙されました。[冷淡になり，「怒り・防衛モード」にモードチェンジして] 私は何も見逃しませんでした――彼は嫌な奴だったのです。
初級のクライアントの発言3
[悲しそうに] 子どもの頃，愛されていると感じたことはなかったし，自分が誰かにとって大切な存在だと思ったこともありませんでした。[混乱し，「遮断・防衛モード」にモードチェンジして] それが，あなたが私に質問したことでしょうか？ なんだか頭の中が真っ白になってしまいました。
初級のクライアントの発言4
[悲しそうに] 今日もまた，誰も私をランチに誘ってくれませんでした。同僚たちは，ランチの計画を立てながら，まるで私が透明人間かのように扱います。[怒って，「自己誇大モード」にモードチェンジして] でもね！ 誰が彼らを必要とするものですか！ どうせみんなつまらないし，面白くもない人たちなのです。彼らは私に嫉妬しているだけなのでしょう。
初級のクライアントの発言5
[怒って] 子どもの頃，どれほど安全ではなかったかを考えると，今はとても腹が立ちます。私が受けた扱いは犯罪的でした。[無表情になり，「遮断・防衛モード」にモードチェンジして] 私は繊細すぎるのでしょうね。逆境は私たちを強くしてくれるはずですから。

✋ 次のレベルに進む前に，難易度を評価し，調整してください（エクササイズのインストラクションのステップ3を参照）。

中級レベルのクライアントの発言　エクササイズ 6

中級のクライアントの発言 1

[明るく] 来週の友人のパーティーをとても楽しみにしています。[絶望し，「回避・防衛モード」にモードチェンジして] なぜ楽しい時間を過ごせるなどと考えるのでしょう。せっかく準備しても，がっかりするなら無駄です。

中級のクライアントの発言 2

[冷静に] 私が彼女にフラれたのは，私が彼女の欲求をすべて満たしていなかったため，と言うことでしょうか？　[怒って，「いじめ・攻撃モード」にモードチェンジして] 私のせいだと？　結局，あなたはあまりいいセラピストではないんじゃないかと思い始めています。

中級のクライアントの発言 3

[悲しそうに] 今月は本当に落ち込んでいたけれど，自殺ですって？　私は自殺なんて言っていません。[怒って，「いじめ・攻撃モード」にモードチェンジして] 私を他のクライアントと間違えているんじゃないですか？　私だと分かっていますか？　もっとしっかりしてください!

中級のクライアントの発言 4

[不安そうに] 突然，心臓がドキドキして，いじめっ子と校庭で 2 人きりになった記憶がよみがえります。[無表情になり，「遮断・防衛モード」にモードチェンジして] おや，記憶が消えてしまいました。何が起きたのかわかりませんが，ただ消えてしまいました。

中級のクライアントの発言 5

[怯えて] 本当に助けられると思いますか？　私はどうなってしまうのでしょう？　私は永遠に孤独なのでしょうか？　[明るく，「承認希求モード」にモードチェンジして] でも，こんな疑いを持つべきじゃありませんね。あなたはとても優秀なセラピストですから，きっと私を助けてくれるでしょう。あなたが私と取り組むことに同意してくださって，本当に幸運です。

次のレベルに進む前に，難易度を評価し，調整してください（エクササイズのインストラクションのステップ 3 を参照）。

82　パート2　スキーマ療法のスキルのための「確実な実践」エクササイズ

上級レベルのクライアントの発言　エクササイズ6

上級のクライアントの発言1

[前向きに] このセッションをとても楽しみにしていたので，時間に間に合うよう早めに家を出ました。[怒って，「自己誇大モード」にモードチェンジして] あなたのお粗末な駐車場で，駐車スペースを見つけるのにひどく苦労しました。すべてのクライアントに対して十分なスペースがないのは明らかです。私があなたにお金を払っている以上，常に私のためにスペースを確保するべきでしょう。

上級のクライアントの発言2

[悲しそうに] ええ，結婚できなかったことは今も悲しいです。どうしてこうなったのか，いまだに理解できません。[怒って，「いじめ・攻撃モード」にモードチェンジして] でも，元彼と別れたときの気持ちをどうして話さなければならないのかわかりません。もう昔のことだし，今と何の関係があるのかわかりません。あなたはまるで，二流の心理学者のようになってきましたね。

上級のクライアントの発言3

[ポジティブに] 私はここでのセッションから多くを得ています。ここなら安心です。[不安そうに，「回避・防衛モード」にモードチェンジして] でも，私はあなたに依存しすぎているのかもしれません。セッションの回数を月に1度に減らすのはどうでしょうか？

上級のクライアントの発言4

[不安そうに] 誰も本当は頼りにならないし，誰も本当は変わりません。過去の問題に目を向けることに意味があるとは思えません。傷つきと失望が延々と続くだけです。[無表情になり，「完璧主義的過剰コントロールモード」にモードチェンジして] 実際，私は一人でも大丈夫なのです。私はただ，誰も必要とせず，すべて自分でやるよう取り組み続ける必要があります。そうすればもっと良くなります。

上級のクライアントの発言5

[おびえて] 昨夜，私に性的虐待をした従兄が家の玄関に来るという恐ろしい夢を見ました。一日中，怖くてビクビクしていました。[無表情になり，「遮断・防衛モード」にモードチェンジして] ああ，でも私が愚かなだけなんです。だってもう何年も前のことですから。それについて今何かを感じる理由はないし，大したことではありません。

✋ ここでも難易度を評価し，調整してください（エクササイズのインストラクションのステップ3を参照）。必要に応じて，インストラクションに沿ってさらに難易度を上げてください（付録Aを参照）。

セラピストの応答の例：
「不適応的コーピングモードへのモードチェンジに気づく」

　覚えておこう：訓練生は，応答の例を読む前に，まずは即興で自分の応答を試みる必要があります。**自分自身の応答が思いつかない場合を除き，以下の応答例をそのまま読まないようにしてください！**

初級レベルのクライアントの発言に対する応答例 エクササイズ 6
初級のクライアントの発言 1 への回答例
私は，あなたが，自分がどれほど悲しいと感じているかを説明しているとき，話し始めた後で中断し，その気持ちを軽視するようになることに気がつきました。（基準 1）そうしている自覚はありますか？（基準 2）それはあなたのコーピングモードなのかもしれません。（基準 3）
初級のクライアントの発言 2 に対する応答例
あなたは，一瞬怒っているように聞こえましたが，その後切り替わり，その怒りを退けました。（基準 1）この変化に気づいていますか？（基準 2）コーピングモードが引き起こされたのだと思います。（基準 3）
初級のクライアントの発言 3 に対する応答例
幼い頃のつらい体験について話してくれた直後，あなたは無表情になり少し混乱しているように見えました。（基準 1）そのことに気がついていますか？（基準 2）コーピングモードが発動したのかもしれません。（基準 3）
初級のクライアントの発言 4 に対する応答例
私は，あなたが悲しいと感じ始めるとすぐに怒りに切り替わり，同僚を貶め始めたことに気がつきました。（基準 1）そのことに気づいていますか？（基準 2）私にはコーピングモードが引き起こされたように聞こえます。（基準 3）
初級のクライアントの発言 5 に対する応答例
あなたは，幼い頃の痛みを感じると，すぐにそれを軽視する方向に切り替えてしまうことに気づいていますか？（基準 1 と 2）痛みを感じないよう，コーピングモードが活性化しているのだと思います。（基準 3）

84 パート2 スキーマ療法のスキルのための「確実な実践」エクササイズ

中級レベルのクライアントの発言に対する応答例
エクササイズ6

中級のクライアントの発言1に対する応答例
あなたはパーティーを楽しみにしているようでしたが，その後切り替わり，絶望し悲観するようになりました。（基準1）そのことに気がつきましたか？（基準2）失望から自分を守るために，コーピングモードに移行したのだと思います。（基準3）

中級のクライアントの発言2に対する応答例
最初，別れについて冷静に話していたのが，私への怒りに変化したことに気づきますか？（基準1）それを感じることができるでしょうか？（基準2）もしかしたら，痛みから目をそらしているのかもしれません。コーピングモードが引き起こされたように感じます。（基準3）

中級のクライアントの発言3に対する応答例
今何が起こったか，気づいたでしょうか？（基準2）あなたは，悲しそうに抑うつ感について話していましたが，その後私が混乱していてあなたの言ったことをあまり覚えていないと非難するようになりました。（基準1）コーピングモードが引き起こされたのだと思います。（基準3）

中級のクライアントの発言4に対する応答例
あなたは感覚の変化に気づいていたようですね。（基準1，2）不安を生じる記憶と接触したことで，コーピングモードに引き継がれたのだと思います。（基準3）

中級のクライアントの発言5に対する応答例
あなたは最初，人間関係の問題で助けを得られるかどうかの不安を訴えていたのに，やがて私を非常に称賛するようになりました。（基準1）あなたはこの変化に気づいていますか？（基準2）これはコーピングモードかもしれません。（基準3）

上級レベルのクライアントの発言に対する応答例
エクササイズ6

上級のクライアントの発言1に対する応答例

あなたは，私とのセッションを楽しみにしていると言っていたところから，私に対してかなり怒り，自分がいかに特別な存在であるか，そして自分は特別扱いされる権利があると主張するように変化しました。（基準1）何が起こったか気づいていますか？（基準2）それはコーピングモードだと思いませんか？（基準3）

上級のクライアントの発言2に対する応答例

私があなたの痛みや傷の感情を思い出させるような質問をすると，あなたは私に怒りを向けることがあることに気がつきました。（基準1）あなたはこのことに気づいていますか？（基準2）コーピングモードが引き起こされるようですね。（基準3）

上級のクライアントの発言3に対する応答例

あなたは，人間関係を大切にし，安心感を得始めると，誰かに依存することへの恐怖が活性化し，怖いと感じるようになるようです。（基準1）この変化に気がつきましたか？（基準2）コーピングモードが発動したのだと思います。（基準3）

上級のクライアントの発言4に対する応答例

あなたは，過去の経験に基づく恐れを表現し始めましたが，動揺するにつれて，代わりに行動計画の方に話題を移したようです。（基準1）そのことに気づいていますか？（基準2）私にはコーピングモードが発動しているように見えます。（基準3）

上級のクライアントの発言5に対する応答例

その悪夢は本当に怖かったようですね。しかし，あなたはすぐにその感情を軽視し始めたことにお気づきですか？（基準1，2）コーピングモードが働いたのだと思います。（基準3）

エクササイズ7
要求的／懲罰的内的批判モードの存在を同定する

エクササイズ7のための準備

1. 第2章のインストラクションを読みましょう。
2. オンラインの「臨床家と実践家のリソース」バナー（http://www.iwasaki-ap.co.jp/book/b654579.html）から「確実な実践への反応フォーム」と「確実な実践の記録フォーム」をダウンロードします。それらは付録A，Bにもそれぞれ掲載しています。

スキルの説明

スキルの難易レベル：中級

このスキルが目指すのは，内面化された「批判モード」を反映した自己評価的なコメントをクライアントがするタイミングを特定することです。「批判モード」の活性化は，クライアントの過度な自己批判や，要求的または懲罰的な自己批判を通じて可視化できるようになります。クライアントは，幼少期に養育者から受けた否定的なジャッジメントやメッセージが原因で，非機能的な内的批判を形成することがよくあります。たとえば，子どもが感情や欲求を表現したときに，「泣き言を言うのはやめなさい」「そんなこと言ったってどうにもならない」などと厳しく言われると，子どもは自分の体験を「悪い」とか「間違っている」と思うようになります。「批判モード」は要求的であるときもあれば，懲罰的であるときもあるし，その両方を兼ね備えているときもあります。

「批判モード」に取り組む最初のステップは，セラピストが，クライアントに内在化された「批判モード」の働きを，それが発動したときに指摘することです。次のステップは，「批判モード」の起源について尋ねることで，最終的にはそれが幼少期に内在化された感情的な信念であると，クライアントがみなすことができるようにすることです。

88　パート2　スキーマ療法のスキルのための「確実な実践」エクササイズ

エクササイズ7のためのスキル基準

1．「批判モード」が引き起こされている可能性があることを指摘する。
2．クライアントの過度の自己要求や懲罰的な自己批判について指摘する。
3．幼少期や思春期において「批判モード」が形成された可能性について尋ねる。

「要求的／懲罰的内的批判モードの存在を同定する」の例

例その1

クライアント：［絶望して］なぜ私はデートがうまくいくと期待してしまったのでしょうか。私は誰からも相手にされない負け犬であることを，自分自身で受け入れなければいけません。母でさえ，私のことを特別に好きでもないし，私にがっかりしたと言っていました。

セラピスト：今，あなたの「懲罰的批判モード」が話しているように聞こえます。（基準1）それはあなたにとって非常に不当なジャッジメントです。（基準2）あなたが今聞いているのは，あなたにがっかりしているというお母さんの声ではないでしょうか？（基準3）

例その2

クライアント：［自己批判的に］離婚して以来，ずっと寂しくて悲しいのですが，事を大げさにして愚痴っぽく振る舞っているのは自分でもわかっています。本当は，この件はとっとと終わりにして，次の人生を歩むべきなのです。

セラピスト：最後の発言は，あなたにとってあまりにも厳しく，理不尽ではないでしょうか。（基準2）その発言は，私にはあなたの中の「批判モード」の声のように聞こえます。（基準1）子どもの頃，悲しいことがあったとき，あなたのことを「愚痴ばっかり」と言って批判したのは誰でしたか？（基準3）

例その3

クライアント：［不安そうに］私がこれまでの人生で他の人たちにやったのと同じように，あなたのことも遠ざけてしまうのではないかということをとても恐れています。あなたはさぞかし私にうんざりしていることでしょう。私だって少しは進歩したかもしれませんが，まだまだ努力が足りませんよね。たいして努力せずに，自分の人生について愚痴っているだけなのです。そんな自分にうんざりします。

セラピスト：「批判モード」が発動しているようですね。（基準1）あなたは自分の恐れについて私に話してくれました。そして自分が進歩していることにも気がつきました。しかし最後には自分自身に対して過度に批判的になってしまいました。（基準2）あなたが自分自身を否定的に評価するようになったのは，人生でどのような体験をしたからでしょうか？（基準3）

エクササイズ7のインストラクション

ステップ1：ロールプレイとフィードバック

・クライアント役は初級レベルの最初の発言をする。セラピスト役はスキル基準に基づいて即興で応答する。

・トレーナー（不在の場合はクライアント役）は，スキル基準に基づいて簡単にフィードバックする。

・次に，クライアント役は同じ発言を繰り返し行い，セラピスト役は再び即興で応答する。トレーナー（またはクライアント役）は，再び簡単にフィードバックする。

ステップ2：繰り返し

・現在の難易度レベル（初級，中級，上級）のすべての発言について，ステップ1を繰り返す。

ステップ3：難易度の評価と調整

・セラピストは，「確実な実践への反応フォーム」（付録Aを参照）に記入し，エクササイズをより簡単にするか，またはより難しくするか，あるいは同じ難易度を繰り返すかを決定する。

ステップ4：約15分の繰り返し

・ステップ1～3を少なくとも15分間繰り返す。

・その後，訓練生はセラピスト役とクライアント役を交替し，最初からやり直す。

90　パート2　スキーマ療法のスキルのための「確実な実践」エクササイズ

➡️　**次はあなたの番です！　インストラクションのステップ1と2に従ってください。**

　覚えておこう：ロールプレイの目的は，（a）スキル基準を使用し，（b）訓練生が本物である
と感じられる方法で，クライアント役の発言に対する応答を即興で練習することです。**クライア
ントの各発言に対するセラピストの応答例は，このエクササイズの最後に提示します。訓練生は，
回答例を読む前に，自分自身の応答を即興で試みてください。**

初級レベルのクライアントの発言　エクササイズ7
初級のクライアントの発言1
[悲しそうに] あなたはとても親切で私を気遣ってくれますが，それはあなたがセラピストだからです。そうすることが仕事として求められているから。現実世界の誰かが私のことを本当に知ったら，私と一緒にいたいと思うはずがありません。私は哀れな負け犬なのです。
初級のクライアントの発言2
[おびえて] 委員会の皆の前で，どうやってこのプレゼンテーションをすればよいのかがわかりません。何カ月もかけて準備してきましたが，それでも足りないのはわかっています。私は同僚たちほど面白いプレゼンができません。どうせやっても馬鹿にされるだけなんです。
初級のクライアントの発言3
[悲しそうに] 彼から夕食に誘われるんじゃないかととても期待していました。私たちはよい関係を築けていると思っていたのです。私はなんて馬鹿なんでしょう！　私は一体何を考えていたのでしょう？　私なんて醜くてつまらない人間なのに。あんなにハンサムで，魅力的で，知的な人が，私なんかとつき合いたがるはずがないのです。
初級のクライアントの発言4
[不安そうに] すみません，あなたが私のために最善を尽くしてくれているのはわかっています。私のような人間を相手にしなければならないのは，あなたにとってとても苛立たしいことでしょうね。私は何も言うことに従わないで，愚痴ばかり言っています。私は不幸な人生から抜け出せない運命にあります。それもすべて自分のせいなんです。もう本当に自分に耐えられません！
初級のクライアントの発言5
[自己批判的に] 言いにくいのですが，週末にまたお酒を飲んでしまいました。あなたに怒られるのはわかっています。私は罰を受けるべきです。私はとても弱くて，どんな約束も守れません。父は正しかったんです。私は何の役にも立ちません。

✋　次のレベルに進む前に，難易度を評価し，調整してください（エクササイズのインスト
　　ラクションのステップ3を参照）。

中級レベルのクライアントの発言　エクササイズ 7

中級のクライアントの発言 1

[うんざりして] 私が仕事で昇進したなんて信じられません。私は詐欺師なのです。私が無能であることがバレて，昇進を取り消されるに違いありません。そして大恥をかくんです。

中級のクライアントの発言 2

[悲しくやるせなさそうに] もちろん彼は私を裏切りました。私を見てください。……私は自分のケアもできません。彼への感謝も足りません。いつも文句ばかりです。彼を性的に満足させられません。彼は完全に私に愛想を尽かしています。すべて私のせいなんです。

中級のクライアントの発言 3

[静かに／不安そうに] 私はあなたに依頼された質問紙に記入しませんでした。私は気難しく，注意散漫で，物事を覚えられず，言い訳ばかりしています。あなたはおそらく，私にセラピーをすることに同意したことに後悔することになるでしょう。

中級のクライアントの発言 4

[怒って／うんざりして] 私は今とても怒っていますが，こんなふうに感じる権利は私にはありません。友情を壊すのは私です。人を遠ざけてしまうのです。私は敏感すぎて，要求が多く，欲しがってばかりです。すぐに泣いてしまうし，泣いて皆が同情してくれるのを期待してしまいます。なんて情けないんでしょう！　母は正しかったのです。私は欠陥品です。

中級のクライアントの発言 5

[絶望的に／うんざりして] どうしてうまくいかないのでしょう？　今週もまた売り上げを落としてしまい，上司は明らかにがっかりしていました。でも彼を責めることはできません。私の努力が足りないのです。同僚ならもっとよい仕事をして売り上げを確保できたでしょう。私は彼らほど賢くありません。

🖐 次のレベルに進む前に，難易度を評価し，調整してください（エクササイズのインストラクションのステップ 3 を参照）。

上級レベルのクライアントの発言　エクササイズ7

上級のクライアントの発言1

[怒って] 信じてもらえないかもしれませんが，私はこのセッションをとても楽しみにしていました。私がもっと賢ければ，渋滞を避けるために少し早めに家を出ていたでしょう。でも私は馬鹿なので，時間を気にせずにまた遅刻してしまいました。ここに来るまでの間，ずっと自分を怒鳴りつけていました。そんな自分にもううんざりです。

上級のクライアントの発言2

[悲しそうに] 私には幸せになる資格がありません。母がいつも孤独なのは私のせいです。私は自分勝手です。私は母と一緒に暮らし，母の相手をするべきなんです。もし母に何かあったら，私は自分の行動を後悔することになるだろうと母は言います。彼女の言っていることがたぶん正しいのでしょう。

上級のクライアントの発言3

[イライラして] 私は実力が足りません。また免許試験の一部が不合格になってしまい，再度受け直さなければなりません。私には医師としての資質がないのです。父からは，そんな難しい仕事は私には無理だと言われました。

上級のクライアントの発言4

[残念そうに] 私はセラピーに何年も費やしてきました。私のどこが悪かったのでしょう？　自分が破壊的な関係の中で生きていることに気づくのに，どうしてこんなに時間がかかったのでしょう？　なぜもっと早く気づかなかったのでしょう？　私は虐待されるのが好きだったのかもしれません。おそらく，私は注目を浴びたいだけの悲劇のヒロインなのかもしれません。母は正しかったのです。なんという時間の無駄でしょう。私は決して自分を許すことができません。

上級のクライアントの発言5

[おびえて] 駐車場に着いたところで私は固まってしまいました。とてもレストランに入る気になれませんでした。いつになったら私は大人になって，この馬鹿げた恐怖症を克服できるのでしょうか？　私は幽霊を怖がる弱くて哀れな子どものように振る舞っています。とても恥ずかしいです。

ここでも難易度を評価し，調整してください（エクササイズのインストラクションのステップ3を参照）。必要に応じて，インストラクションに沿ってさらに難易度を上げてください（付録Aを参照）。

セラピストの応答の例：
「要求的／懲罰的内的批判モードの存在を同定する」

　覚えておこう：訓練生は，応答の例を読む前に，まずは即興で自分の応答を試みる必要があります。**自分自身の応答が思いつかない場合を除き，以下の応答例をそのまま読まないようにしてください！**

初級レベルのクライアントの発言に対する応答例 エクササイズ7
初級のクライアントの発言1に対する応答例
これはあなたの「批判モード」のように聞こえます。（基準1）つまり，自分に対して不当に厳しく，辱めるような部分です。（基準2）このような否定的な見方をするようになったのは，幼少期のどのような体験からだと思いますか？（基準3）
初級のクライアントの発言2に対する応答例
あなたの内なる「批判モード」の声に私は気づきました。（基準1）何をやったって，この「批判モード」にとって十分なものにはなりません。（基準1）このような容赦ない基準を，あなたはどこで学んだのでしょうか？
初級のクライアントの発言3に対する応答例
あなたは今，「批判モード」として話しているようですね。（基準1）そのメッセージは辛辣で，ひどく不公平です。（基準2）その声はどこから来たのでしょうか？（基準3）
初級のクライアントの発言4に対する応答例
これは，あなたの「批判モード」の言葉のように聞こえます。（基準1）それは，あなたが完璧でないと，すぐにあなたを貶め，罰を与えようとします。（基準2）これまでのあなたの人生におけるどんな体験が，このような「批判モード」の形成につながったのでしょうか？（基準3）
初級のクライアントの発言5に対する応答例
今，「批判モード」が発動しているようですね。（基準1）これはあなたのお父さんによって形成され，今ではあなた自身の中に存在しているようです。（基準2）しかし，その内なる「批判モード」は実に理不尽で懲罰的ですね。（基準3）

94 パート2 スキーマ療法のスキルのための「確実な実践」エクササイズ

中級レベルのクライアントの発言に対する応答例
エクササイズ7

中級のクライアントの発言1に対する応答例

これらの否定的な発言は，信じられないほど辛辣で批判的です。（基準2）私にはそれらは「批判モード」のように聞こえます。（基準2）人生の早い段階で，あなたが怠け者で愚かで十分な努力ができないというメッセージをあなたに与えたのは一体誰ですか？（基準3）

中級のクライアントの発言2に対する応答例

それはあなたに対する完全に不当な評価です。（基準2）それらの発言はあなたの内なる「批判モード」からのものであり（基準1），正確ではありません。あなたはどこで，うまくいかないことを何でも自分のせいにすることを学んだのですか？（基準3）

中級のクライアントの発言3に対する応答例

あなたの「批判モード」の声が聞こえてきます。（基準1）その声は，あなた自身に対して絶対的な評価をしており，過度に要求しすぎです。（基準2）それはいったい誰の声なんでしょうか？（基準3）

中級のクライアントの発言4に対する応答例

私たちが今，聞いているのはあなたの「批判モード」の声です。（基準1）自分自身を「欠陥品」と呼ぶのは，非常に懲罰的です。（基準2）あなたは今，誰の声を聞いているのでしょうか？（基準3）

中級のクライアントの発言5に対する応答例

ちょっと待ってください。いつもながらあなたの「批判モード」は（基準1），状況を誇張し，否定的な側面だけしか見ていません。（基準2）自分に対してそれほどまでに厳しく要求し，批判的になることを，あなたはどこで覚えたのですか？（基準3）

上級レベルのクライアントの発言に対する応答例
エクササイズ7

上級のクライアントの発言1に対する応答例

交通渋滞に予め気づけなかっただけで，自分を「馬鹿」と呼ぶのは極端すぎますね。（基準2）その発言は，あなたの内なる「批判モード」が機能しているよい例です。（基準1）あなたの幼少期に，誰がそんなにあなたに対して厳しく，恥をかかせていたのですか？（基準3）

上級のクライアントの発言2に対する応答例

ああ，あなたのこの発言には，あなたが幸せになる余地がまったくないようです。このメッセージによれば，あなたの人生はお母さんの世話をするためだけにあるかのようですね。（基準2）このような見解は，あなたの内なる「批判モード」によるもののように私には聞こえます。（基準1）あなたが聞いているのは，お母さんの声ではありませんか？（基準3）

上級のクライアントの発言3に対する応答例

私は今，あなたの「批判モード」を止めなければなりません。（基準1）あなたは試験の一部しか不合格にならなかったのに，「批判モード」はそればかりに注目しています。一部が不合格だからといって医師になれないということではありませんよね。（基準2）あなたに対するお父さんの評価は不公平で過度に否定的ですが，今や，あなたの「批判モード」もお父さんの不当な評価と同じことを言っているようです。（基準3）

上級のクライアントの発言4に対する応答例

なんと！　これらのメッセージから，あなたの「批判モード」の声がはっきりと聞こえてきます。（基準1）「批判モード」の発言は，あなたに対してとても辛辣で不公平です。（基準2）あなたのことを「ドラマの女王」と呼ぶ，あなたのお母さんの声が聞こえてくるようです。（基準3）

上級のクライアントの発言5に対する応答例

私たちは今，あなたの「批判モード」の声を聞いていますが（基準1），それは役に立ちませんし，正確でもありません。（基準2）自分の感情をそれほどまでに厳しく批判することを，あなたはどこで覚えたのですか？（基準3）

エクササイズ8
怒れる／脆弱なチャイルドモードの存在を同定する

エクササイズ8のための準備

1. 第2章のインストラクションを読みましょう。
2. オンラインの「臨床家と実践家のリソース」バナー（http://www.iwasaki-ap.co.jp/book/b654579.html）から「確実な実践への反応フォーム」と「確実な実践の記録フォーム」をダウンロードします。それらは付録A，Bにもそれぞれ掲載しています。

スキルの説明

スキルの難易レベル：中級

　スキーマ療法のセラピストの核となるスキルは，「怒れるチャイルドモード」と「脆弱なチャイルドモード」を同定することです。これらはクライアントが，大人になってからの今この瞬間には強すぎるか，あるいは子どものような無力さを持つ感情状態を経験しているように見えるときで，子どもの頃に満たされなかった，あるいは部分的にしか満たされなかった中核的欲求に関連しています。これらのモードは，幼少期に，無関心であったり不在であったりした養育の結果として発達します。

　「怒れるチャイルドモード」と「脆弱なチャイルドモード」は，セラピーの中で，クライアントの感情の強さ，身体の姿勢，口調，言葉遣いなどの変化を通じて同定することができます。「怒れるチャイルドモード」では，クライアントは癇癪（かんしゃく）に近いような，子どものような怒りを示し，「不公平だ」とか「話を聞いていないでしょう」などと訴えます。「脆弱なチャイルドモード」では，クライアントはしばしば強い恐怖，悲しみ，孤独を経験しており，無力感を示します。

　このエクササイズは，チャイルドモードに取り組む最初のステップに焦点を当てます。つまり，その存在を指摘し，クライアントがそれらの反応を幼少期の養育者との体験が原因で生じていると理解できるようにすることを目的としています。このエクササイズを通じて，セラピストは優しく，温かく，示唆するような口調を用いるよう努め，クライアントがすでに自分の感情状態や活性化されたチャイルドモードに気づいていることを前提としないよう注意します。セラピストはまた，介入を強調するために，時折前傾姿勢になることもあります。

98 パート2 スキーマ療法のスキルのための「確実な実践」エクササイズ

エクササイズ8のためのスキル基準
1．クライアントの感情の強さを優しく指摘する。
2．クライアントが，この感情状態を認識できているかどうかについて尋ねる。
3．この感情状態が，「怒れるチャイルドモード」あるいは「脆弱なチャイルドモード」が引き起こされたことによるものである可能性について提案する。

「怒れる／脆弱なチャイルドモードの存在を同定する」の例

例その1

クライアント：［動揺して］30年来の親友が，来月本当に遠くに引っ越してしまうなんて信じられません。彼女の安定したサポートなしで，私はどうやって生きていけばいいのか想像もつきません。何年も前に，父親が私たちのもとを去ったときと同じ気分です。

セラピスト：私にこのことを話しながら，あなたが動揺していることに気がつきました。（基準1）自分でもこの変化に気づいていますか？（基準2）これは，この状況でスキーマが活性化したために，あなたの「脆弱なチャイルドモード」が引き起こされたのではないでしょうか？（基準3）

例その2

クライアント：［怒って］私のことを気にかけていると言っているのは分かります。でも，どうしたらそれを信じられるのでしょうか？　だって，実の母親が私に対してまったく注意を払ってくれなかったのに，なぜ誰かが私を本当に気にかけてくれるなんて信じられるのでしょう？あなたは私のセラピストに過ぎないのに。

セラピスト：少し怒り，動揺しているようですね。（基準1）今，自分の中の怒っている部分にシフトしていることに気づけますか？（基準2）子どもの頃いかに愛情を受けられなかったかを思い出して，「怒れるチャイルドモード」が引き起こされているのかもしれません。（基準3）

例その3

クライアント：［絶望して］昨日も同僚がオフィスの外で笑っていたのを思い出していました。彼らは私について冗談を言っていたのだと思います。私はいつもジョークや批判の的です。それが私の人生の物語です。けして終わりはないのです。

セラピスト：あなたは，この出来事を思い出すと悲しく絶望的な状態になるようですね。（基準1）今，自分の中のその部分が引き起こされているのを感じることができますか？（基準2）おそらく「小さなあなた」，あなたの「脆弱なチャイルドモード」がこの状況で引き起こされているのではないでしょうか？（基準3）

エクササイズ8　怒れる／脆弱なチャイルドモードの存在を同定する　99

エクササイズ8のインストラクション
ステップ1：ロールプレイとフィードバック
・クライアント役は初級レベルの最初の発言をする。セラピスト役はスキル基準に基づいて即興で応答する。
・トレーナー（不在の場合はクライアント役）は，スキル基準に基づいて簡単にフィードバックする。
・次に，クライアント役は同じ発言を繰り返し行い，セラピスト役は再び即興で応答する。トレーナー（またはクライアント役）は，再び簡単にフィードバックする。
ステップ2：繰り返し
・現在の難易度レベル（初級，中級，上級）のすべての発言について，ステップ1を繰り返す。
ステップ3：難易度の評価と調整
・セラピストは，「確実な実践への反応フォーム」（付録Aを参照）に記入し，エクササイズをより簡単にするか，またはより難しくするか，あるいは同じ難易度を繰り返すかを決定する。
ステップ4：約15分の繰り返し
・ステップ1〜3を少なくとも15分間繰り返す。
・その後，訓練生はセラピスト役とクライアント役を交替し，最初からやり直す。

100 パート2 スキーマ療法のスキルのための「確実な実践」エクササイズ

➡️ **次はあなたの番です！ インストラクションのステップ1と2に従ってください。**

覚えておこう：ロールプレイの目的は，（a）スキル基準を使用し，（b）訓練生が本物である と感じられる方法で，クライアント役の発言に対する応答を即興で練習することです。**クライア ントの各発言に対するセラピストの応答例は，このエクササイズの最後に提示します。訓練生は， 回答例を読む前に，自分自身の応答を即興で試みてください。**

初級レベルのクライアントの発言　エクササイズ8
初級のクライアントの発言1
[絶望して] 私は週末ずっと彼からの電話を待っていました。彼に拒絶されるなんて耐えられません。私を 愛してくれる人なんて決して見つからないでしょう。私は永遠にひとりぼっちなのです。
初級のクライアントの発言2
[打ちのめされて] 夫は毎日いとことは話すのに，私には「おはよう」の挨拶もしてくれません。彼にとっ て，私はどうでもいい存在なのです。私は誰にとっても重要ではないのです。
初級のクライアントの発言3
[不安そうに] あなたも他のみんなと同じように，私にうんざりしてきたようですね。そういうあなたを責め ることはできません。結局，私は自分からみんなを遠ざけてしまうのです。でも私だってあなたを失うのは 耐えられません。
初級のクライアントの発言4
[悲しそうに] 30年来の親友が，来月本当に遠くに引っ越してしまうなんて信じられません。彼女の安定し たサポートなしで，私はどうやって生きていけばいいのか想像もつきません。何年も前に，父親が私たちの もとを去ったときと同じ気分です。
初級のクライアントの発言5
[絶望的に] 昨日も同僚たちがオフィスの外で笑っていたのを思い出していました。彼らは私のことを冗談 にしていたのだと思います。子どもの頃，私はいつも冗談や批判の的でした。それは私の人生のストーリ ーそのものです。けして終わらないのです。

✋ 次のレベルに進む前に，難易度を評価し，調整してください（エクササイズのインスト ラクションのステップ3を参照）。

エクササイズ8　怒れる／脆弱なチャイルドモードの存在を同定する　*101*

中級レベルのクライアントの発言　エクササイズ8

中級のクライアントの発言 1

[**怒って**]「安全な場所」なんてものはありません。私は子どもの頃，保護されたことなど一度もありませんでした。私の扱われ方は犯罪的でした。私が生き延びたのは驚くべきことなのです。とても不公平でした! 私の両親は刑務所に入れるべきです。

中級のクライアントの発言 2

[**絶望的に**] またしても同僚にランチの約束をドタキャンされました。私には友人を作ったり，誰かと親密なつながりを持ったりする望みが全くないことをあなたにはわかってほしいです。そんなの，絶対に無理なのです。私の実の母親は，私に愛情を示すどころか，一緒に遊んでくれたり，話しかけてくれたりすることさえありませんでした。

中級のクライアントの発言 3

[**怒って**] 私がこんなに混乱しているのに，本当に休暇を取るつもりですか?! あなたも他の人と同じですね! 認めなさい，本当は私から離れたいのだと。私は誰にも頼れない。これまでも，そしてこれからも。

中級のクライアントの発言 4

[**圧倒されて**] 私には無理です! このビジネスイベントには参加できません。もし参加したら，私は一人隅の方で立ち尽くすことになるでしょう。誰も私に話しかけようとしないし，私の前を素通りするでしょう。皆で私の悪口を言うかもしれません。小学校の時の繰り返しです。

中級のクライアントの発言 5

[**打ちのめされて**] 私はけして幸せになれないのです。離婚で私の一生は台無しになりました。私は忘れられやすい人間です。それが私の人生のストーリーなのです。幼い頃，父が母と私のもとを去ったときも，同じように感じました。その時とまったく同じです。

✋ 次のレベルに進む前に，難易度を評価し，調整してください（エクササイズのインストラクションのステップ3を参照）。

102　パート 2　スキーマ療法のスキルのための「確実な実践」エクササイズ

上級レベルのクライアントの発言　エクササイズ 8

上級のクライアントの発言 1

[おびえて]　昨夜，私に性的虐待をした従兄が家の玄関に来るという恐ろしい夢を見ました。私はパニックに陥りました。このことがいまだに私を悩ませるなんて信じられません。もう，私は耐えられません。

上級のクライアントの発言 2

[怒って]　彼女はいつまでも約束を守りません！　彼女が出産したばかりで，引っ越しの最中であることも知っていますが，メッセージを送っても 1 時間近く返事がないなんてとんでもないことです。彼女はいつも「輝く子ども」で，私の両親のお気に入りでした。彼女はすべてのことから逃げてしまう。もううんざりなのです，不公平です！　もう彼女とは話さないし，赤ちゃんの世話も手伝いません。

上級のクライアントの発言 3

[絶望的に]　どうすれば私は人生の難しい決断を自分で下せるようになるのでしょうか？　大小問わず，あらゆる決断はすべて母が下していました。今，母はいつも酔っぱらっているか，病気で寝ているかで，私にはどうしたらよいかがわかりません。自分の面倒をどうやってみればいいのかわからないのです。難しすぎます。

上級のクライアントの発言 4

[怒って]　家族からジョークや批判の的にされるのはもううんざりです。私はいつもスケープゴートでした。先週のいとこの結婚式でも，誰かが乾杯の音頭をとって，私が嫌な気持ちになるとわかっている話をして，また同じことをしたのです！　誰も私の気持ちなんて考えてくれないし，気にしてないのです。みんな大嫌いです。

上級のクライアントの発言 5

[悲しみ，怒って]　私を虐待した隣人の名前をあなたが忘れるなんて，信じられません！　どうして忘れられるのですか？　私はあなたにとって重要な存在ではないのですか？　あなたも他の皆と同じで，私の話を聞くふりをして，本当は無視しているのですか？　あなたは私のことを気にかけていると言っていますが，嘘なのではないですか。皆，私に嘘をつくのです。

✋ ここでも難易度を評価し，調整してください（エクササイズのインストラクションのステップ 3 を参照）。必要に応じて，インストラクションに沿ってさらに難易度を上げてください（付録 A を参照）。

セラピストの応答の例：「怒れる／脆弱なチャイルドモード の存在を同定する」

　覚えておこう：訓練生は，応答の例を読む前に，まずは即興で自分の応答を試みる必要があります。**自分自身の応答が思いつかない場合を除き，以下の応答例をそのまま読まないようにしてください！**

初級レベルのクライアントの発言に対する応答例 エクササイズ 8
初級のクライアントの発言 1 に対する応答例
そう言いながら，あなたはとても悲しそうにしています。（基準 1）あなたは，今の自分の変化に気がついていますか？（基準 2）おそらくこれは，孤独への恐れと結びついたスキーマが活性化して，あなたの「脆弱なチャイルドモード」が引き起こされたのでしょう。（基準 3）
初級のクライアントの発言 2 に対する応答例
私は，あなたがとても深く強い悲しみにシフトしているように感じます。（基準 1）あなたはこの自分の変化に気づいているでしょうか？（基準 2）おそらく，これはあなたの「脆弱なチャイルドモード」が出てきているのでしょう。スキーマが活性化され，あなたが小さい頃から感じてきたことを映し出しているのではないでしょうか？（基準 3）
初級のクライアントの発言 3 に対する応答例
私たちのつながりや，あなたに対する私の思いやりについて，強い感情を抱いているようですね。（基準 1）あなたは今，自分自身の中で起きているこの変化に気づいているでしょうか？（基準 2）もしかしたらこれは，小さい頃に最も必要としていた人たちを失ったことによるスキーマによって，あなたの「脆弱なチャイルドモード」が引き起こされているのかもしれません。（基準 3）
初級のクライアントの発言 4 に対する応答例
このことを私に話しているうちに，あなたが悲しくなり，自暴自棄にさえなっていることに気がつきました。（基準 1）あなた自身もこの変化に気づいていますか？（基準 2）これはもしかしたら，この状況でスキーマが活性化したために，あなたの「脆弱なチャイルドモード」が引き起こされたのではないでしょうか？（基準 3）
初級のクライアントの発言 5 に対する応答例
この出来事を思い出すと，あなたは悲しく絶望的な状態にシフトするようですね。（基準 1）今，自分の中のその部分が引き起こされているのを感じることができるでしょうか？（基準 2）もしかしたらこの状況で「小さなあなた」，つまりあなたの「脆弱なチャイルドモード」が引き起こされているのではないでしょうか？（基準 3）

中級レベルのクライアントの発言に対する応答例
エクササイズ 8

中級のクライアントの発言 1 に対する応答例

このことについて話しているうちに，あなたが激しい怒りの状態へと変化したことに気づきました。（基準1）この自分の変化に気がついていますか？（基準2）「小さなあなた」，つまり「怒れるチャイルドモード」が引き起こされたのではないでしょうか？　あなたが無力だったときに感じた不公平を思い出すことで引き金がひかれ，あなたの内なる声が激怒しているのでしょう。（基準3）

中級のクライアントの発言 2 に対する応答例

あなたがこの出来事について話しているとき，私はあなたの中に絶望した状態を感じています。（基準1）今，自分の中にそれを感じられますか？（基準2）おそらく，スキーマの力によって母親のネグレクト的な関わりに引き戻されるのを感じて，あなたの「脆弱なチャイルドモード」が活性化しているのでしょう。（基準3）

中級のクライアントの発言 3 に対する応答例

あなたは今，とても強い感情状態にシフトしています。（基準1）それを感じることができますか？（基準2）あなたの「怒れるチャイルド」はまた責められ，忘れられていると感じています。そして，子どもの頃と同じように不公平を感じています。（基準3）

中級のクライアントの発言 4 に対する応答例

私は，あなたの感情の変化を感じています。（基準1）あなたもそれを感じることができますか？（基準2）おそらくこれは，スキーマが活性化し，昔と同じように扱われることを予期している，あなたの怯えた「脆弱なチャイルドモード」なのでしょう。（基準3）

中級のクライアントの発言 5 に対する応答例

離婚の余波を目の当たりにして，あなたの感情が激しく変化しているように感じます。（基準1）私には，あなたがこの変化に気づいているように思われます。（基準2）なぜなら，あなたは父親との経験や父親の不在をあなたの人生と結び付けているからです。これは，あなたの「脆弱なチャイルドモード」が引き起こされているように感じます。（基準3）

上級レベルのクライアントの発言に対する応答例
エクササイズ 8

上級のクライアントの発言 1 に対する応答例

人生におけるこの恐ろしい出来事を思い出すとき，あなたは激しい感情状態に移行するようです。（基準1）あなたもそれに気づいているのではないでしょうか？（基準2）あなたの「脆弱なチャイルドモード」が発動していませんか？　そしてそうなると，脅威が圧倒的に現実味を帯び，危険が非常に身近に感じられるのです。（基準3）

上級のクライアントの発言 2 に対する応答例

妹に失望させられたと感じて，あなたがどれほど動揺しているかがわかります。あなたは強い怒りの状態に移行しているようです。（基準1）あなたの中でエスカレートしているのを感じられますか？（基準2）これは，妹が優遇されている間，自分はいつもその影に隠れていたことを思い出し，スキーマが活性化することで，あなたの「怒れるチャイルドモード」が発動しているのです。それは，不公平だという強い記憶を持っています。（基準3）

上級のクライアントの発言 3 に対する応答例

あなたの口調や言葉が，絶望や，あるいは自暴自棄のようなものへと変化しているように聞こえます。（基準1）今，自分が変化していることに気づいていますか？（基準2）これはおそらく，人生の重要な意思決定の時期にあることでスキーマが活性化し，あなたの「脆弱なチャイルドモード」が発動しているのでしょう。（基準3）

上級のクライアントの発言 4 に対する応答例

私は，あなたが話をするうちに，強い怒りと，そしておそらく傷ついた気持ちに変化していることに気づきました。（基準1）あなたもその変化を感じますか？（基準2）それは，利用され，屈辱を感じることにうんざりしていることを思い出させるために現れた，あなたの中の小さな部分，すなわち「怒れるチャイルドモード」のように感じます。（基準3）

上級のクライアントの発言 5 に対する応答例

あなたの感情の状態が激しく変化し，怒り，傷つき，非常に動揺しているのがわかります。（基準1）あなたにもこの部分が感じられますか？（基準2）私はこれを，「脆弱な，そして怒れるチャイルドモード」だと考えています。幼い頃と同じように，どうでもいい存在のように扱われると，信じられないほど悲しく，傷つき，怒りがこみあげてくるあなたの小さな部分です。この部分は本当に激怒しているし，このような扱いにうんざりしています。（基準3）

エクササイズ9
怒れる／脆弱なチャイルドモードに
対する治療的再養育法

エクササイズ9のための準備

1. 第2章のインストラクションを読みましょう。
2. オンラインの「臨床家と実践家のリソース」バナー（http://www.iwasaki-ap.co.jp/book/b654579.html）から「確実な実践への反応フォーム」と「確実な実践の記録フォーム」をダウンロードします。それらは付録A，Bにもそれぞれ掲載しています。

スキルの説明

スキルの難易レベル：上級

スキーマ療法の考え方は，クライアントは多くの場合，幼少期の中核欲求が満たされなかった体験によって，当然のことながら「欲求不満」になっているというものです。「治療的再養育法」では，セラピストが「良い親」の役割を担い，顔の表情，身体の姿勢，声の出し方，言葉の選び方などにおいて共感を示し，受容，つながり，フラストレーションの許容，ガイダンス，安全，自律といったサポートと癒しのメッセージを伝えていきます。これは，チャイルドモードの中にある満たされない欲求を，セラピーの関係性の範囲内で満たすことで修正感情体験をもたらすために採用される，スキーマ療法の核となる介入のひとつです。治療的再養育法を通じてスキーマ療法が取り組む幼少期の中核的欲求は以下の通りです。

- 安全，安定，養育，受容など，他者との確実なアタッチメント
- 自律性，能力，アイデンティティ
- 正当な欲求や感情を表現する自由
- 自発性と遊び
- 現実的な制約とセルフコントロール

スキーマ療法における治療的再養育法には，セラピストの行動だけでなく，セラピストの全体的なスタイルも含まれます。このエクササイズでは，セラピストはそれぞれのクライアントの発言に対して，以下のスキル基準に従って即興で応答します。

1. クライアントの感情を承認し，幼少期や思春期に満たされなかった欲求についてノーマライズします。クライアントは，幼少期や思春期に満たされなかった欲求について明確に述べないことがよくあります。このような場合，セラピストはクライアントの発言から確実に推測される，満たされなかった欲求について暫定的に提案します。
2. クライアントの現在の欲求を満たすためのアクションをします。スキーマ療法のセラピストが取り得る行動はたくさんありますが，このエクササイズでは限られた数のアクションに焦点を当てます。
   • クライアントとセラピストとのつながりとサポートを想起してもらう。
   • クライアントの感情表出を促す。
   • 欲求に合ったイメージエクササイズを提案する（「安全な場所」のイメージなど）

それぞれの介入に際して，セラピストはあたたかい口調で，これらのアクションを注意深く示します。

エクササイズ9のためのスキル基準

1．クライアントの感情表出や「チャイルドモード」の発動は，幼少期の満たされない欲求を考慮すれば理解できることだと承認する。
2．専門家としての境界線を保ったうえで，欲求を満たすために次のいずれかのアクションを実行する。
　アクション1：クライアントにつながりとサポートを想起してもらう。
　アクション2：クライアントの感情表出を促す。
　アクション3：欲求を満たすためのイメージエクササイズを提案する

「怒れる／脆弱なチャイルドモードに対する治療的再養育法」の例

例その1

クライアント：［動転して］30年来の親友が来月，本当に遠くに引っ越してしまうなんて信じられません。彼女の安定したサポートなしで，私はどうやって生きていけばよいのか想像もつきません。何年も前に父親が私たちのもとを去ったときと同じ気分です。

セラピスト：かつてお父さんを失ったことを思い出して，あなたの「脆弱なチャイルドモード」がここで自分の気持ちを表現するのは，ある意味当然のことです。あなたが子どもの頃，感情を表現するためのサポートをほとんど受けられなかったことを考えれば，そのモードの痛みや恐怖は十分理解できます。（基準1）私たちは，あなたの中のこの部分に，優しく，そして忍耐強く接する必要があります。今，私たちのつながりに気持ちを向けられますか？　ここは，「小さなあなた」に必要なサポートを与える場所です。（基準2，アクション1）

例その2

クライアント：［怒って］あなたが私のことを気にかけていると言っているのはわかっていま

す。でも，どうしたらそれを信じられるのでしょうか？　実の母親が私に対して全く注意を払ってくれなかったというのに，なぜ誰かが本当に気にかけてくれるなんて信じられるのでしょう？　私が怒りを表した瞬間に，母は私を黙らせるか，さもなくば私を置いて去っていきました。

　セラピスト：もちろん今のあなたには私の言葉を信じられないことでしょう。あなたの「脆弱な部分」には頼れる人がいなかったのだから，それは当然のことです。一貫してあなたを気にかけてくれる人はいなかったし，あなたは「小さな子ども」として怒りを安全に表現することもできませんでした。だから私からのケアを信じられるようになるには時間がかかるでしょう。（基準1）私はあなたの怒りの表現を歓迎します。もっと他に怒りを表現したいことはありますか？（基準2，アクション2）

例その3

　クライアント：［悲しそうに］昨日も同僚たちがオフィスの外で笑っていたのを思い出していました。彼らは私のことを冗談にしていたのだと思います。子どもの頃，私はいつも冗談や批判の的でした。それは私の人生のストーリーそのものです。決して終わらないのです。

　セラピスト：自分が再びいじめの標的になっていることを察知したら，あなたの中の「脆弱な部分」はとてもつらく感じるに違いありません。子どもの頃，その部分には何の保護も安全もありませんでした。（基準1）今，安全なイメージを使って，あなたの中のその部分に保護と安らぎをもたらすことができるか見てみましょう。目を閉じて，その部分を見たり感じたりしてみてください。私があなたをガイドします。（基準2，アクション3）

110　パート2　スキーマ療法のスキルのための「確実な実践」エクササイズ

エクササイズ 9 のインストラクション
ステップ 1 ：ロールプレイとフィードバック
・クライアント役は初級レベルの最初の発言をする。セラピスト役はスキル基準に基づいて即興で応答する。
・トレーナー（不在の場合はクライアント役）は，スキル基準に基づいて簡単にフィードバックする。
・次に，クライアント役は同じ発言を繰り返し行い，セラピスト役は再び即興で応答する。トレーナー（またはクライアント役）は，再び簡単にフィードバックする。
ステップ 2 ：繰り返し
・現在の難易度レベル（初級，中級，上級）のすべての発言について，ステップ 1 を繰り返す。
ステップ 3 ：難易度の評価と調整
・セラピストは，「確実な実践への反応フォーム」（付録Aを参照）に記入し，エクササイズをより簡単にするか，またはより難しくするか，あるいは同じ難易度を繰り返すかを決定する。
ステップ 4 ：約15分の繰り返し
・ステップ 1 ～ 3 を少なくとも15分間繰り返す。
・その後，訓練生はセラピスト役とクライアント役を交替し，最初からやり直す。

次はあなたの番です！ インストラクションのステップ1と2に従ってください。

覚えておこう：ロールプレイの目的は，（a）スキル基準を使用し，（b）訓練生が本物であると感じられる方法で，クライアント役の発言に対する応答を即興で練習することです。**クライアントの各発言に対するセラピストの応答例は，このエクササイズの最後に提示します。訓練生は，回答例を読む前に，自分自身の応答を即興で試みてください。**

初級レベルのクライアントの発言　エクササイズ9
初級のクライアントの発言1
[悲しそうに] 私は週末ずっと彼からの電話を待っていました。彼に拒絶されるなんて耐えられません。私を愛してくれる人なんて決して見つからないでしょう。私は永遠にひとりぼっちなのです。
初級のクライアントの発言2
[打ちのめされて] パートナーは毎日いとこと話すのに，私には「おはよう」の挨拶もしてくれません。彼にとって私はどうでもいい存在です。私は誰にとっても重要ではありません。誰の目にも見えない存在なんです。私が地球から落っこちても，誰もそれに気づかないでしょう。
初級のクライアントの発言3
[ナーバスになって] あなたも他の皆と同じように，私にうんざりしてきたようですね。そういうあなたを責めることはできません。私は結局，自分から皆を遠ざけてしまうのです。でも私だってあなたを失うのは耐えられません。
初級のクライアントの発言4
[動転して] 30年来の親友が来月，本当に遠くに引っ越してしまうなんて信じられません。彼女の安定したサポートなしで，私はどうやって生きていけばよいのか想像もつきません。何年も前に父親が私たちのもとを去ったときと同じ気分です。
初級のクライアントの発言5
[絶望的に] 昨日も同僚たちがオフィスの外で笑っていたのを思い出していました。彼らは私のことを冗談にしていたのだと思います。子どもの頃，私はいつも冗談や批判の的でした。それは私の人生のストーリーそのものです。決して終わらないのです。

🛑 次のレベルに進む前に，難易度を評価し，調整してください（エクササイズのインストラクションのステップ3を参照）。

112 パート2　スキーマ療法のスキルのための「確実な実践」エクササイズ

中級レベルのクライアントの発言　エクササイズ9

中級のクライアントの発言1

[怒って]「安全な場所」なんてものはありません。私は子どもの頃，保護されたことなど一度もありませんでした。私の扱われ方は犯罪的でした。私が生き延びたのは驚くべきことなんです。とても不公平でした！私の両親は刑務所に入るべきです。

中級のクライアントの発言2

[絶望的に] またしても同僚にランチの約束をドタキャンされました。私には友だちを作ったり誰かと親密なつながりを持ったりする望みが全くないことを，あなたにはわかってほしいです。そんなの，絶対に無理なのです。私の実の母親は，私に愛情を示すどころか，一緒に遊んでくれたり，話しかけてくれたりすることさえありませんでした。

中級のクライアントの発言3

[怒って] あなたが私のことを気にかけていると言っているのはわかっています。でも，どうしたらそれを信じられるのでしょうか？　実の母親が私に対して全く注意を払ってくれなかったというのに，なぜ誰かが本当に気にかけてくれるなんて信じられるのでしょう？　私が怒りを表した瞬間に，母は私を黙らせるか，さもなくば私を置いて去っていきました。

中級のクライアントの発言4

[圧倒されて] 私には無理です！　このビジネスイベントには参加できません。もし参加したら，私は一人で隅っこに立ち尽くすことになるでしょう。誰も私に話しかけようとしないし，私の前を素通りするでしょう。皆で私の悪口を言うかもしれません。小学校のときの繰り返しです。

中級のクライアントの発言5

[打ちのめされて] 私は決して幸せになれません。離婚で私の一生は台無しになりました。私は人から忘れられやすい人間です。それが私の人生のストーリーなのです。幼い頃，父が母と私のもとを去ったときにも，同じように感じました。そのときと全く同じです。

✋ 次のレベルに進む前に，難易度を評価し，調整してください（エクササイズのインストラクションのステップ3を参照）。

上級レベルのクライアントの発言　エクササイズ9

上級のクライアントの発言 1

［おびえて］ 昨晩，私に性的虐待をした従兄が家の玄関に来るという恐ろしい夢を見ました。私はパニック状態に陥りました。このことが今でも私を悩ませているなんて信じられません。もう私は耐えられません。

上級のクライアントの発言 2

［怒って］ 彼女はいつまでも約束を守りません！　彼女が出産したばかりで，引っ越しの最中であることも知っていますが，メッセージを送っても1時間近く返事がないなんて，とんでもないことです！　彼女はいつも「輝く子ども」で，私の両親のお気に入りでした。彼女はすべてのことから逃げてしまう。もううんざりなのです，不公平です！　私はもう彼女とは話さないし，赤ちゃんの世話も手伝いません。

上級のクライアントの発言 3

［絶望的に］ どうすれば私は人生の難しい決断を自分で下せるようになるのでしょうか？　大小問わず，あらゆる決断はすべて母が下していました。今，母はいつも酔っぱらっているか，病気で寝ているかで，私にはどうしたらよいかがわかりません。自分の面倒をどうやってみればいいのかわからないのです。難しすぎます。

上級のクライアントの発言 4

［怒って］ あなたがなぜ私に感情を表現することを求めるのか，私にはわかりません。感情は後悔と罰をもたらすだけです。私が悲しみや恐怖の表情を見せると，父は私に屈辱的な罰を与えました。父はいつも，「そんなに弱い人間だということを悔いて生きていくことになるだろう」と言っていました。父は正しかったんだと思います。

上級のクライアントの発言 5

［怒って］ 私を虐待した隣人の名前をあなたが忘れるなんて信じられません！　どうして忘れられるのですか？　私はあなたにとって重要な存在ではないのですか？　あなたも他の皆と同じで，私の話を聞くふりをして，本当は無視しているのですか？　あなたは私のことを気にかけていると言っていますが，嘘なのではないですか。皆，私に嘘をつくのです。

🛑 ここでも難易度を評価し，調整してください（エクササイズのインストラクションのステップ3を参照）。必要に応じて，インストラクションに沿ってさらに難易度を上げてください（付録Aを参照）。

セラピストの応答の例：
「怒れる／脆弱なチャイルドモードに対する治療的再養育法」

　覚えておこう：訓練生は，応答の例を読む前に，まずは即興で自分の応答を試みる必要があります。**自分自身の応答が思いつかない場合を除き，以下の応答例をそのまま読まないようにしてください！**

初級レベルのクライアントの発言に対する応答例 エクササイズ9
初級のクライアントの発言1に対する応答例
あなたが幼少期に孤独だったことを考えると，今回のことはもちろんあなたにとって非常につらいことだったでしょう。あなたの中の「脆弱な子ども」の部分が，あなたの人生の早い段階から絶望感をもたらしているのです。（基準1）でも今は，私たちのつながりに集中してみましょう。今ここで，私と一緒にいて，寂しいと感じますか？　ここは，「小さなあなた」が必要とするつながりを与えるための場所です。（基準2，アクション1）
初級のクライアントの発言2に対する応答例
自分が誰にとっても重要でないと感じることは，非常に苦痛なことでしょう。あなたが「脆弱なチャイルドモード」に入ると，子どもの頃のつらい感情がよみがえってくるのです。（基準1）一方，今，私にはあなたが見えますし，あなたがいなくなったら私はそれに気づくでしょう。そう言っている私の言葉を受け止めてくれますか？　あなたは私にとって大切な存在です。あなたの「脆弱な部分」をあなたの中に受け入れてみてください。（基準2，アクション1）
初級のクライアントの発言3に対する応答例
あなたが子どものときに体験した喪失を考えれば，誰かを失うような気がしたときにあなたが反応するのは当然のことです。そのとき，あなたのなかの「小さくて脆弱な部分」は恐怖を感じるのでしょう。（基準1）私はあなたにうんざりなんかしていませんし，このような恐怖を表現してくれる勇気に感謝しています。今，私たちのつながりを，あなたが感じられるようにするには，どうしたらいいでしょうか？（基準2，アクション1）
初級のクライアントの発言4に対する応答例
かつてお父さんを失ったことを思い出して，あなたの「脆弱なチャイルドモード」がここで自分の気持ちを表現するのは，ある意味当然のことです。あなたが子どもの頃，感情を表現するためのサポートをほとんど受けられなかったことを考えれば，そのモードの痛みや恐怖は十分理解できます。（基準1）私たちは，あなたの中のこの部分に，優しく，そして忍耐強く接する必要があります。今，私たちのつながりに気持ちを向けられますか？　ここは，「小さなあなた」に必要なサポートを与える場所です。（基準2，アクション1）
初級のクライアントの発言5に対する応答例
自分が再びいじめの標的になっていることを察知したら，あなたの中の「脆弱な部分」はとてもつらく感じるに違いありません。子どもの頃，その部分には何の保護も安全もありませんでした。（基準1）今，安全なイメージを使って，あなたの中のその部分に保護と安らぎをもたらすことができるか見てみましょう。目を閉じて，その部分を見たり感じたりしてみてください。私があなたをガイドします。（基準2，アクション3）

中級レベルのクライアントの発言に対する応答例
エクササイズ9

中級のクライアントの発言1に対する応答例

あなたが怒るのも当然です。よくわかります。あなたの中の「怒っている小さな部分」が活性化され，以前体験した不公平を深く感じているのですね。（基準1）今，あなたがそれを表現してくれて，私は嬉しいです。「怒れるチャイルドモード」に，好きなだけ大きな声で，その怒りを表現させてあげましょう。チャイルドはここでは歓迎されています。（基準2，アクション2）

中級のクライアントの発言2に対する応答例

お母さんからのネグレクトを思い出すと，どれほど絶望的な気持ちになるか，理解できます。あなたの中の「脆弱なチャイルドモード」は，すべての子どもが必要とする安全なつながりと愛への切望を感じています。（基準1）今，どうすれば私たちのつながりをあなたがしっかりと感じられるか，考えてみましょう。あなたの椅子を私の椅子に近づけて，私があなたと一緒にここにいることを感じたり，もっと目を合わせたりするのはどうでしょうか?……やってみてどう感じますか?（基準2，アクション1）

中級のクライアントの発言3に対する応答例

もちろん今のあなたには私の言葉を信じられないことでしょう。あなたの「脆弱な部分」には頼れる人がいなかったのだから，それは当然のことです。一貫してあなたを気にかけてくれる人はいなかったし，あなたは「小さな子ども」として怒りを安全に表現することもできませんでした。だから私からのケアを信じられるようになるには時間がかかるでしょう。（基準1）私はあなたの怒りの表現を歓迎します。もっと他に怒りを表現したいことはありますか?（基準2，アクション2）

中級のクライアントの発言4に対する応答例

社交的な場面に身を置くことを思うと，パニック的な感情がよみがえってくるのですね。それはよく理解できます。あなたの「脆弱なチャイルドモード」が，小学校でのあの苦痛な光景を体験するだろうと想像するのでしょう。このモードが発動すると，当時と同じように扱われてしまうと予想してしまうのです。（基準1）目を閉じて，イメージの中で，安全な場所に戻ることをお勧めします。あなたがそこで一人にならないように，私も一緒に行きましょう。（基準2，アクション3）

中級のクライアントの発言5に対する応答例

離婚は誰にとってもつらい体験ですが，特にあなたの場合，小さい頃にお父さんが出て行ったという体験があるので，なおさらつらいのでしょう。今日のように，「脆弱なチャイルドモード」が発動すると，そのときの記憶や感情がすべて蘇ってきます。（基準1）でもここは，あなたが長い間抱えてきたつらい気持ちをすべて分かち合える安全な場所です。（基準2，アクション2）

116　パート2　スキーマ療法のスキルのための「確実な実践」エクササイズ

上級レベルのクライアントの発言に対する応答例
エクササイズ9

上級のクライアントの発言1に対する応答例

もちろん，それは誰にとっても恐ろしいことです。あなたの「アダルトモード」にとってもそれは十分に悪いことですが，「脆弱なチャイルドモード」にとってはなおさら，守ってもらえなかった頃に戻って，脅威を感じ，危険が存在すると感じるでしょう。（基準1）ここ，私のオフィスで，私と一緒にいる自分自身を感じてください。ここでは私があなたを守り，誰もあなたのことを傷つけることは許されません。あなたと私の周りには，誰も侵入できないように安全なシャボン玉があって，それが私たちを守っていることを想像してください。怖い記憶が出てきたときはいつでも，安全なシャボン玉のイメージを使ってください。（基準2，アクション3）

上級のクライアントの発言2に対する応答例

あなたがこの件について感じている怒りを表現してくれて私は嬉しいです。それはフェアなじゃなかったのです。無視されたことは，あなたにとって大きな引き金になります。あなたの「怒れるチャイルドモード」は，お母さんが妹さんにすべての注意を注いでいたことを覚えています。すべての子どもが「自分は大切な存在だ」と感じる必要がありますが，あなたにはそのような注意や時間が与えられませんでした。（基準1）この件について感じていることをすべて声に出して表現してみましょう。それができて初めて，あなたが今回本当に取りたい行動を理解することができます。（基準2，アクション2）

上級のクライアントの発言3に対する応答例

このような決断を下す練習をしたことのないあなたには，これを非常に難しく感じるのは当然のことです。重要な決断を迫られると，スキーマが活性化し，「不安で脆弱なチャイルドモード」が発動します。誰もあなたに意思決定の仕方を教えてくれず，彼らはあなたの代わりに決断してしまったのです。子どもの頃のあなたは，自分の能力に対する自信を育むための指導やサポートを必要としていました。（基準1）幸いなことに，これを学ぶのに遅すぎるということはありません。あなたは一人ではありません。私と一緒に取り組んでいきましょう。（基準2，アクション1）

上級のクライアントの発言4に対する応答例

このことの必要性をあなたが理解できないのはよくわかります。というのも，あなたが苦痛の感情を示すたびに，お父さんは，あなたの「脆弱なチャイルドモード」を辱めたり脅したりしたからです。あなたは自分がまるで弱い存在であるかのように感じさせられ，それは将来悪いことを引き起こすだけだと思わされました。（基準1）でも，自分の感情を表現することは，「チャイルドモード」としての自分の欲求を伝える自然な方法です。すべての子どもには，感情を表現できる安全な場所が必要です。実際，これは人生においてポジティブな結果にもつながります。私は，あなたが時間をかけてこれを体験できるように手助けします。（基準2，アクション2）

上級のクライアントの発言5に対する応答例

私は今，私がどれほどあなたを失望させてしまったかを理解しています。私が隣人の名前を憶えていなかったことが，あなたの「怒れるチャイルドモード」を発動させました。あなたは今，子どもの頃にお父さんがあなたを愛していると言いながら，あなたをどうでもいいように扱ったときのように感じているのではないでしょうか。「怒れるチャイルドモード」は本当に激怒しており，このように扱われることにうんざりしているのでしょう。（基準1）名前を憶えていなかったことについては本当に申し訳ありませんでした。でもそれは，私があなたのことを気にかけていないからでも，あなたが私にとって重要でないからでもありません。それは私が完璧ではなく，名前を覚えるのが苦手だから起こりました。あなたがそういう私を信頼してくれるようになるには時間がかかるでしょうし，私は思いやりのある行動をあなたに対して取る必要があることも理解しています。そうなれるよう，私はあなたと時間を共にするつもりです。（基準2，アクション1）

エクササイズ10
要求的／懲罰的内的批判モードに
対する治療的再養育法

エクササイズ10への準備

1. 第2章のインストラクションを読みましょう。
2. オンラインの「臨床家と実践家のリソース」バナー（http://www.iwasaki-ap.co.jp/book/b654579.html）から「確実な実践への反応フォーム」と「確実な実践の記録フォーム」をダウンロードします。それらは付録A，Bにもそれぞれ掲載しています。

スキルの説明

スキルの難易レベル：上級

　このスキルは，「内的批判モード」のメッセージを同定し，それに挑戦します。「内的批判モード」とは，一般的には，子どもの人生において親や他の重要な養育者から受け継がれた，あるいは内面化された批判的，懲罰的，または要求的な声のことです。「内的批判モード」はまた，クライアントの幼少期から思春期のいじめやひどいからかいに由来することもあります。状況によっては，内的批判は，自分自身に対して要求的であったり，厳しく批判的なメッセージを投げかけている親や養育者を真似ることから発展する場合もあります。セラピストは，時間をかけて，要求的で批判的なメッセージを思いやりのある支持的なものに変え，批判的な声を健全で，養育的で，支持的な「良い親」の声に置き換えていくことをめざします。

　このエクササイズでは，セラピストは，それぞれのクライアントの発言に対する応答力を高めていきます。まずは，クライアントに対して「内的批判モード」の存在を指摘し，その幼少期の起源について推測します。続いて，セラピストは，この批判に対し，不正確である，真実ではない，偏っている，不公平である，あるいは単に伝え方が下手である，などのレッテルを貼り，直接的に異議を唱えます。最後に，セラピストはクライアントの発言に存在する欲求を満たす，代替となる「よい親」からのメッセージを提案することで，治療的再養育法となる応答を提供します。このスキルでは，批判モードに対して説得力を持って「立ち向かい」，クライアントが受け取ったかもしれない厳しいメッセージを打ち消すような，支持的で矯正的な経験を提供するために，セラピストには一定水準の思いやりと自信を持った行動が求められます。

118　パート2　スキーマ療法のスキルのための「確実な実践」エクササイズ

エクササイズ10のためのスキル基準
1. 「内的批判モード」について指摘し，その幼少期の起源を推測する。
2. 批判モードのメッセージに対し，不正確ではない，真実ではない，偏っている，あるいは不公平だと異議を唱える。
3. クライアントの欲求を満たす，代替となる「よい親」からのメッセージを提案する。

「要求的／懲罰的内的批判モードに対する治療的再養育法」の例

例その1

　クライアント：［悲しそうに］離婚して以来，ずっと寂しくて悲しいのですが，自分がいつものように事を大げさにして，愚痴っぽく振舞っていることは分かっています。本当はこの件はとっとと終わりにして，次の人生を歩むべきなのです。

　セラピスト：あなたは子どもの頃，悲しんだり，悲嘆にくれたり，傷ついたりすることは，「弱虫」や「泣き虫」のレッテルを貼られる，というメッセージを受け取ったようですね。それが今，あなたが傷ついたときに「内的な批判」として現れるようです。（基準1）どんな状況であれ，喪失はとてもつらいものです。それについて，この批判的な部分があなたに厳しく当たるのは不公平です。（基準2）悲しみを認め，あなたの喪失の悲しみや痛みを受け入れる余裕を作ることが大切です。あなたはただ悲しいだけで，それは理にかなっています。あなたにはその感情を感じる権利があります。（基準3）

例その2

　クライアント：［絶望して］なぜ私はデートがうまくいくと期待してしまったのでしょうか。私は誰からも相手にされない負け犬であることを，自分自身で受け入れなければいけません。母でさえ，私のことを特別に好きでもないし，私にがっかりしたと言っていました。

　セラピスト：あなたの母親は明らかに問題を抱えていて，あなたに自分が誰からも注目される価値のない人間だと感じさせていました。あなたがこのように自分に対して厳しい「内的批判モード」を身につけたのも不思議ではありません。あなたは今でもその厳しいメッセージを骨身に染みて感じているのです。（基準1）母親の意図がどうであれ，無邪気な幼い子どもにそんなことを言うのは間違っています。（基準2）拒絶されたり，無視されたりする感覚を味わうことはつらい経験です。しかし，私とあなたなら，デートで実際に何が起こったのかを理解し，あなたのこの気持ちを救うための合理的な方法を見つけることができると思います。（基準3）

例その3

　クライアント：［不安そうに］私がこれまでの人生でほかの人たちにやったのと同じように，あなたのことも遠ざけてしまうのではないかということをとても恐れています。あなたはさぞか

し私にうんざりしていることでしょう。私はたいした努力もせずに自分の人生について愚痴っているだけなのです。そんな自分にうんざりします。

セラピスト：これはあなたの「内的批判モード」で，せっかちで厳しく，要求の多い部分です。あなたはおそらく，過去に何らかの形で，こうした批判的なメッセージを耳にし，それがこびりついてしまったのでしょう。（基準1）これらの批判的なメッセージは，実に不公平であり，あなたの役には立ちません。（基準2）私はあなたのことをとても大切に思っています。新しい課題に直面するのは恐ろしいことです。あなたは私にあなたのことを知ってもらうために，大きな勇気を示してくれました。あなたのことを知ることができて光栄です。あなたは，新しいメッセージを試してみる必要があるかもしれません。たとえば，「私はこのままでいい。私はこれからも，私なりのペースで，私なりのやり方で，成長し，学び，健康的な選択をしていく」というような。そして，「内的批判モード」に対しては，「私に構わないで！」と伝えましょう。（基準3）

120 パート2 スキーマ療法のスキルのための「確実な実践」エクササイズ

エクササイズ10のインストラクション
ステップ1：ロールプレイとフィードバック
・クライアント役は初級レベルの最初の発言をする。セラピスト役はスキル基準に基づいて即興で応答する。
・トレーナー（不在の場合はクライアント役）は，スキル基準に基づいて簡単にフィードバックする。
・次に，クライアント役は同じ発言を繰り返し行い，セラピスト役は再び即興で応答する。トレーナー（またはクライアント役）は，再び簡単にフィードバックする。
ステップ2：繰り返し
・現在の難易度レベル（初級，中級，上級）のすべての発言について，ステップ1を繰り返す。
ステップ3：難易度の評価と調整
・セラピストは，「確実な実践への反応フォーム」（付録Aを参照）に記入し，エクササイズをより簡単にするか，またはより難しくするか，あるいは同じ難易度を繰り返すかを決定する。
ステップ4：約15分の繰り返し
・ステップ1〜3を少なくとも15分間繰り返す。
・その後，訓練生はセラピスト役とクライアント役を交替し，最初からやり直す。

エクササイズ10　要求的／懲罰的内的批判モードに対する治療的再養育法　121

次はあなたの番です！　インストラクションのステップ1と2に従ってください。

覚えておこう：ロールプレイの目的は，(a) スキル基準を使用し，(b) 訓練生が本物であると感じられる方法で，クライアント役の発言に対する応答を即興で練習することです。**クライアントの各発言に対するセラピストの応答例は，このエクササイズの最後に提示します。**訓練生は，回答例を読む前に，自分自身の応答を即興で試みてください。

初級レベルのクライアントの発言　エクササイズ10
初級のクライアントの発言1
[**悲しそうに**] あなたはとても親切で私を気遣ってくれますが，それはあなたがセラピストだからです。そうすることが仕事として求められているから。[**うんざりして**] 現実世界の誰かが私のことを本当に知ったら，私と一緒にいたいと思うはずがありません。私はずっと前に，自分がただの哀れな負け犬であることを学びました。私の電話が一度も鳴らず，イベントにもけして誘われることがないとしても，なにも驚くことではないのです。
初級のクライアントの発言2
[**怖がって**] 委員会の皆の前で，どうやってこのプレゼンテーションをすればよいのかわかりません。[**イライラして**] 何カ月もかけて準備してきましたが，それだけでは不十分だとわかっています。私は，同僚たちほど面白くプレゼンをすることができません。私の父は正しかったのです。私に予測できるのは，本当の自分の姿を他人に見せたら，私は馬鹿にされるだろう，ということです。
初級のクライアントの発言3
[**悲しそうに**] 彼から夕食に誘われるのではないかと期待していました。私たちはよい関係を築けていると思っていたのです。私はなんて愚かなのでしょう！　私は一体何を考えていたのでしょう？　母の警告が脳裏をよぎります。私はとても醜くてつまらない人間なのです。あんなにハンサムで，魅力的で，知的な人が，私なんかと付き合いたがるはずがないのです。
初級のクライアントの発言4
[**激昂して**] すみません。あなたが私のために最善を尽くしてくれているのは分かっています。私のような人間を相手にしなければならないのは，あなたにとってとても苛立たしいことでしょうね。それが私の人生の物語で，ずっとそうだったのです。私は何事にも従いません。不平不満ばかりで，不幸な人生から抜け出せない。それはすべて自分のせいなのです。もう本当に自分に耐えられません！
初級のクライアントの発言5
[**悲しそうに**] 離婚してからずっと，寂しくて悲しいのですが，自分が大騒ぎして，愚痴っぽく振舞っていることは分かっています。この章の幕を閉じて，自分の人生を歩むべきなのです。

🛑 **次のレベルに進む前に，難易度を評価し，調整してください（エクササイズのインストラクションのステップ3を参照）。**

122　パート2　スキーマ療法のスキルのための「確実な実践」エクササイズ

エクササイズ10の中級クライアントの発言

中級のクライアントの発言1

[心配して]　私が仕事で昇進したなんて信じられません。私は詐欺師なのです。私がどれだけ怠け者で，バカで，締め切りに遅れないようにするために夜も週末も，家でどれだけ仕事に時間を費やしているか，彼らは知らないだけなのです。もうすぐ彼らは，私の両親がいつも知っていたこと，すなわち私が無能だということに気づくでしょう。おそらく昇進は取り消されるでしょう。そして大恥をかくのです。

中級のクライアントの発言2

[絶望して]　なぜデートがうまくいくと思ったのか，自分でもわかりません。私は誰からも相手にされない，ただの負け犬なのです。それを受け入れなければいけません。母でさえ，私のことを特に好きではなく，期待外れだと言っていました。

中級のクライアントの発言3

[不安そうに]　私がこれまでの人生でほかの人たちにやったのと同じように，あなたのことも遠ざけてしまうのではないかということをとても恐れています。あなたはさぞかし私にうんざりしていることでしょう。私だって少しは進歩したかもしれませんが，まだまだ努力が足りません。私は常に，自分が不快になるもののすべてを避けてしまいます。たいして努力もせずに，自分の人生について愚痴を言っているだけなのです。そんな自分にうんざりします。

中級のクライアントの発言4

[怒って]　私は今とても腹が立っていますが，こんな風に感じる権利は私にはありません。友情を壊すのは私です。私は人を遠ざけてしまうのです。私は敏感すぎて，要求が多く，欲しがってばかりです。すぐに泣いてしまうし，泣いてみんなが同情してくれるのを期待してしまいます！　母は正しかったのです。私は欠陥品です。

中級のクライアントの発言5

[絶望して]　どうしてうまくいかないのでしょう？　今週もまた売り上げを落としてしまい，上司は明らかにがっかりしていました。でも，彼を責めることはできません。私の努力が足りないのです。同僚ならもっといい仕事をして売り上げを確保できたでしょう。私は彼らほど賢くありません。これではまるで，兄と競争しているようなものです。父はいつも言っていました。兄は成功し，私は路頭に迷うことになるだろうと。

✋ 次のレベルに進む前に，難易度を評価し，調整してください（エクササイズのインストラクションのステップ3を参照）。

エクササイズ10　要求的／懲罰的内的批判モードに対する治療的再養育法　*123*

エクササイズ10の上級クライアントの発言

上級のクライアントの発言1

[怒って]　信じてもらえないかもしれませんが，今日のセッションを本当に楽しみにしていたのです。私がもっと賢ければ，渋滞を避けるために少し早めに家を出ていたでしょう。でも，愚かな私は，時間を気にせずにまた遅刻してしまいました。ここに来るまでの間，ずっと自分を怒鳴りつけていました。こんな自分にもううんざりです。

上級のクライアントの発言2

[悲しそうに]　私には幸せになる資格はありません。母がいつも孤独なのは私のせいです。電話もろくにしないし，母が与えてくれたものすべてに対して，私は十分な感謝を示せていません。私は自分勝手です。私は母と同居して，母の相手をするべきなのです。つまり，いずれにしても私には自分の人生がないのです。もし母に何かあったら，私は自分の行動を後悔することになるだろうと母は言います。おそらく彼女が正しいのでしょう。

上級のクライアントの発言3

[絶望して]　私は実力が足りません。また免許試験の一部が不合格になってしまい，再度受け直さなければなりません。私には医師としての資質がないのです。父からは，そんな難しい仕事は私には無理だと言われました。

上級のクライアントの発言4

[残念そうに]　私はセラピーに何年も費やしてきました。私のどこが悪かったのでしょう？　自分が破壊的な関係の中で生きていることに気づくのに，どうしてこんなに時間がかかったのでしょう？　なぜもっと早く気づかなかったのでしょう？　もしかしたら，私は虐待されるのが好きだったのかもしれません。おそらく，私は注目を浴びたいだけの悲劇のヒロインなのかもしれません。母は正しかったのです。なんという時間の無駄でしょう。私はけして自分を許すことができません。

上級のクライアントの発言5

[怯えて]　駐車場に着いたところで，私は固まってしまいました。とてもレストランに入る気になれませんでした。私はいつになったら成長し，このばかげた恐怖症を克服できるのでしょう？　私はもう45歳の女性なのに，まるで幽霊を怖がる弱くて哀れな子どものように振る舞っています。とても恥ずかしいです。

ここでも難易度を評価し，調整してください（エクササイズのインストラクションのステップ3を参照）。必要に応じて，インストラクションに沿ってさらに難易度を上げてください（付録Aを参照）。

124　パート2　スキーマ療法のスキルのための「確実な実践」エクササイズ

セラピストの応答の例：
「要求的／懲罰的内的批判モードに対する治療的再養育法」

　覚えておこう：訓練生は，応答の例を読む前に，まずは即興で自分の応答を試みる必要があります。自分自身の応答が思いつかない場合を除き，以下の応答例をそのまま読まないようにしてください！

初級レベルのクライアントの発言に対する応答例 エクササイズ10
初級のクライアントの発言1に対する応答例
これは，あなたの「内的批判モード」が発動したようですね。それは，あなたの中の，自分に対して不当に厳しく，辱めるようになる部分です。幼い頃，あなたは自分が愛情を注がれる価値がない人間だと感じさせられてきました。（基準1）このメッセージは傷つけるだけでなく，間違っています。（基準2）あなたを含めすべての子どもは，愛され，世話をされる価値があります。私があなたに心を配るのは，あなたにその価値があるからです。あなたはいい人です。私は，あなたの人生に欠けている大切で意味のあるつながりを作る手助けをするつもりです。（基準3）
初級のクライアントの発言2に対する応答例
私は，あなたの「内的批判モード」の声を感じ取っています。それは，大切なわが子の善良さや美しさを見ることができなかった，あなたの父親の声です。（基準1）このモードにとっては何一つ十分なものはなく，常に悪い結果を予測します。そして，彼を黙らせなければなりません。なぜなら，彼がたとえあなたを守ろうとしていたのだとしても，この間違ったメッセージはあなたを傷つけたからです。（基準2）完璧な人間などいません。私たちは，それぞれのやり方で十分素晴らしいのです。あなたは十分準備をしたし，完璧である必要はないのです。あなたはあなたでいればいい。それで十分なのです。（基準3）
初級のクライアントの発言3に対する応答例
すべての子どもは，養育者に大切にされ，受け入れられていると感じる必要があります。あなたが気づいているように，今，「内的批判モード」として母親の声が出てきているのです。（基準1）このメッセージは辛辣で，ひどく不公平で，しかも真実ではありません。（基準2）あなたは素敵な人です。ジョンがあなたを招待しなかった別の理由があるに違いありません。私は，あなたがこの「内的批判モード」を黙らせるための代替案を考える手助けをします。（基準3）
初級のクライアントの発言4に対する応答例
これは今，あなたの「内的批判モード」が話しているように聞こえます。苦しんでいるときに，厳しいことを言われるのはつらいものです。あなたが幼かった頃，あなたには子どもなら誰でも必要とするような，導き支えてくれる人がいなかったのです。（基準1）あなたの「内的批判モード」は，あなたがうまくいかないとすぐにあなたを貶め，罰を与えます。これは止めなければなりません。私たちは一緒に，このような誤ったメッセージと闘わなければなりません。（基準2）私の目の前に，苦悩し，癒しと困難な選択に懸命に取り組んでいる人がいます。その過程はゆっくりでも，彼女は善良であり，成長しています。（基準3）
初級のクライアントの発言5に対する応答例
あなたは子どもの頃，悲しんだり，悲嘆にくれたり，傷ついたりすることは，「弱虫」や「泣き虫」のレッテルを貼られる，というメッセージを受け取ったようですね。それが今，あなたが傷ついたときに「内的な批判」として現れるようです。（基準1）どんな状況であれ，喪失はとてもつらいものです。それについて，この批判的な部分があなたに厳しく当たるのは不公平です。悲しみを認め，あなたの喪失の悲しみや痛みを受け入れる余裕を作ることが大切です。（基準2）あなたはただ悲しいだけで，それは理にかなっています。あなたにはその感情を感じる権利があります。（基準3）

中級レベルのクライアントの発言に対する応答例
エクササイズ 10

中級のクライアントの発言 1 に対する応答例

自分の能力を信じることができないと教えられたのは，なんと悲しいことでしょう。すべての子どもは，その努力を褒められ，認められ，頑張りをサポートされる必要があります。これは明らかに，幼い頃の両親のメッセージが基となって，あなたの「内的批判モード」が活性化しているのです。（基準 1）そのような否定的な発言は不当です。この批判モードは，あなたが恥ずかしい結果に驚くのを防ごうとしているのかもしれませんが，その伝え方は不正確で，辛辣で，容認できません。（基準 2）あなたがこの昇進を勝ち得たのは，あなたが自分自身に対して公正である以上に，懸命に努力してきたからです。あなたはよくやっていて，この勝利を祝う権利があります。（基準 3）

中級のクライアントの発言 2 に対する応答例

あなたの母親は明らかに問題を抱えていて，あなたに自分が誰からも注目される価値のない人間だと感じさせていました。あなたがこのように自分に対して厳しい「内的批判モード」を身につけたのも不思議ではありません。あなたは今でもその厳しいメッセージを骨身に染みて感じているのです。（基準 1）母親の意図がどうであれ，大切な，無邪気で幼い子どもにそんなことを言うのは間違っています。（基準 2）拒絶されたり，無視されたりする感覚を味わうことはつらい経験です。しかし，私とあなたなら，デートで実際に何が起こったのかを理解し，あなたのこの気持ちを救うための合理的な方法を見つけることができると思います。（基準 3）

中級のクライアントの発言 3 に対する応答例

これはあなたの「内的批判モード」で，せっかちで厳しく，要求の多い部分です。あなたはおそらく，過去に何らかの形で，このような批判的なメッセージを耳にし，それがこびりついてしまったのでしょう。（基準 1）結局のところ，こうした批判的なメッセージは実に不公平であり，あなたの役に立ちません。（基準 2）私はあなたのことをとても大切に思っています。新しい課題に直面するのは恐ろしいことです。あなたは私にあなたのことを知ってもらうために，大きな勇気を示してくれました。あなたのことを知ることができて光栄です。あなたは，新しいメッセージを試してみる必要があるかもしれません。たとえば，「私はこのままでいい。私はこれからも，私なりのペースで，私なりのやり方で，成長し，学び，健康的な選択をしていく」というような。そして，「内的批判モード」に対しては，「私に構わないで！」と伝えましょう。（基準 3）

中級のクライアントの発言 4 に対する応答例

今話しているのは，あなたの「批判モード」です。それは母親からの内なるメッセージで，母親はあなたが幼い頃，愛情や注目といったあなたの正当な欲求を満たすことができませんでした。（基準 1）それどころか，あなたを「欠陥品」と呼んで責め立てました。これは懲罰的であり，容認できません。欠陥品である子どもなど一人もいません。（基準 2）あなたは他の子どもと同じように，生まれつき甘えん坊で，繊細で，愛らしく，無邪気なのです。私たちは，あなたを傷つけるだけの厳しい非難や批判をすることなく，あなたの友人関係で起こっていることをもっと注意深く見ていくことができます。（基準 3）

中級のクライアントの発言 5 に対する応答例

あなたはとても幼い頃から，父親から「決してうまくいかない」と教えられてきました。これは「内的批判モード」であり，物事が完璧でないときに発動して，あなたをひどく傷つけます。（基準 1）あなたの父親が，あなたをお兄さんと比べ，あなたがあなたであることを評価せず理不尽な競争を強いるというのは，なんと不公平なことでしょう。それはよくない，けしてあってはならないことです。（基準 2）私たちは皆，仕事で嫌なことがあったり，辛い時期を経験したりするのは当然です。いつもうまくいくとは限りません。あなたは大丈夫だし，父親に認められようと競う必要はありません。このことについて，私たちで一緒に考えていきましょう。（基準 3）

上級レベルのクライアントの発言に対する応答例
エクササイズ10

上級のクライアントの発言1に対する応答例

すべての子どもは，頼りになる大人からの導きやサポート，賞賛，そして受容を必要としています。これは，あなたの祖父があなたに抱いていた非現実的な期待から発展した，厳しいメッセージに満ちた「内的批判モード」のようです。（基準1）自分を愚かだと言うのは極端すぎます。あなたの祖父は間違っていました。期待しすぎて過剰反応していました。（基準2）交通の混み具合はわからないものです。ミスをしたり，障害に直面したりしたとしても，あなたは愚かではありません。人生にはそういう時もあるのです。もちろん，あなたがここに来たかったのは本当でしょうし，渋滞にもかかわらず来てくれて，私はとても嬉しいです。（基準3）

上級のクライアントの発言2に対する応答例

おやまあ，それらのメッセージは，まるであなたが母親の面倒をみるためだけにこの世に生を受けたかのようで，あなたが幸せになるための余地を全く残していませんね。これは，とても強い「内的批判モード」が作動しているように聞こえます。（基準1）母親の役割は，子どもを愛し，守ること，子どもを励まし，成長させ，自分らしさを発見させることです。あなたの自主性をサポートするのが母親の仕事です。自己中心的だったのはあなたではありません。（基準2）あなたは幸せになる価値があります。あなたは，自分の権利や欲求を放棄してでも，お母さんに尽くしてきました。あなたはとても思いやりがあり，自分自身の人生を歩む権利があります。（基準3）

上級のクライアントの発言3に対する応答例

この瞬間，あなたの「批判モード」が活性化しています。そして，あなたはすぐに父親からのメッセージを思い出します。彼は，失敗によって自信を失わせ，挑戦を避けるようあなたに教えていたようですね。（基準1）あなたは試験の一部分しか失敗していないのに，批判モードはそればかりに注目しています。それは公平ではありません。それは，医師になれないということを意味しているのではありません。あなたの父親の評価は不当で，過度に否定的でした。そして今，あなたの批判モードも同じことを言っています。これを受け入れることはできません。（基準2）あなたは十分優秀です。しかし，時には誰しも困難に直面するものですし，またそうしたければ，再び挑戦することができます。あなたは再試験を受けることもできるのです。（基準3）

上級のクライアントの発言4に対する応答例

まあ！ これらのメッセージには，あなたの「批判モード」の大声がはっきりと聞こえてきます！ すべての子どもは，混乱しているときに慰めてくれたり，気にかけてくれたりする大人を必要としています。（基準1）あなたの母親は，あなたの自然な欲求を満たすことができず，代わりに，あなた自身について非常に偏ったメッセージを与えました。そのメッセージは完全に間違っており，不公平です。（基準2）虐待されることを好む人など一人もいないし，あなたも嫌だったはずです。母親からも，そして今はパートナーからも。あなたは今，物事をより明確に理解し，癒されています。人間関係は，とても複雑なものです。あなたは大丈夫です。（基準3）

上級のクライアントの発言5に対する応答例

どの子どもにも恐怖を感じる時期があり，保護者に慰めてもらい，安心感を得る必要があります。これは明らかに，「内的批判モード」が活性化し，あなたが怯えているときに厳しい批判的なメッセージを送っているのです。（基準1）5歳の子どもが恐怖を感じているときにそのようなメッセージを送るとは，なんと悲しく不公平なことでしょう。彼女が必要としているのは，なだめるような慰めや優しい励ましの声であって，批判や意地悪ではありません。（基準2）私は，あなたの中の小さな子どものためだけでなく，大人になったあなたのためにも，的確なメッセージを作るお手伝いをします。あなたは今回，駐車場までたどり着きました。それはあなたにとって大きな一歩でした。私たちは一歩一歩前進していますし，私はあなたを誇りに思います。（基準3）

エクササイズ11
不適応的コーピングモードに対する
治療的再養育法，すなわち共感的直面化

エクササイズ11のための準備

1. 第2章のインストラクションを読みましょう。
2. オンラインの「臨床家と実践家のリソース」バナー（http://www.iwasaki-ap.co.jp/book/b654579.html）から「確実な実践への反応フォーム」と「確実な実践の記録フォーム」をダウンロードします。それらは付録A，Bにもそれぞれ掲載しています。

スキルの説明

スキルの難易レベル：上級

　「共感的直面化」は，不適応的コーピングモードに対応するために用いられる「治療的再養育法」の一環です。セラピストは，コーピングモードとして現れる問題行動を，それがいかにクライアントの欲求を満たしていないか，という観点から指摘します。たとえば，「いじめ・攻撃モード」に基づく行動で人々を遠ざけると，クライアントが必要とする親密な関係によるつながりが築けなくなります。セラピストの共感は，幼少期の体験と対処のために構築されたパターン（モード）に基づき，これらのコーピングモードの行動の理由を明確に理解していることを示すために使われます。同時に，これらのパターンがいかに自滅的で，クライアントの欲求を満たすことを妨げているか，ということも指摘します。対象となる行動がクライアントの健全な対人関係や実行機能を妨げている場合，その行動に直面することは不可欠です。というのも，その行動はパーソナリティ障害の重要な構成要素であるためです。

　このエクササイズでは，セラピストはまず，クライアントの問題のあるコーピングモードの行動とその結果を，温かく批判的でない口調で強調します。各クライアントの発言には，クライアントがどの不適応的コーピングモード（例：回避・防衛モード。コーピングモードのリストは付録Cを参照）にいるかが示されていますが，実際にはセラピストは，クライアントの反応における特定のコーピングモードを同定する必要はありません。次にセラピストは，このような行動パターンは幼少期における生き延びるための反応の名残りであることを共感的に伝えます。最後にセラピストは，クライアントの欲求を満たすにあたって役立つ可能性の高い具体的な代替行動を提案します。全体として，このような介入は，問題のあるパターンを身につけたことにおいてクライアントに落ち度はなく，クライアントの欲求には価値があり，その欲求を満たすための新た

128 パート2　スキーマ療法のスキルのための「確実な実践」エクササイズ

な，そしてより適応的な方法を見つけることができることを伝えています。

エクササイズ11のためのスキル基準

1．コーピングモードの行動はクライアントの欲求を満たすことがないゆえに問題があることを，温かく批判的でない方法で指摘する。
2．コーピングモードは，幼少期において中核的な欲求が満たされなかった際，生き延びるために示した反応の名残りであるという理解を伝える。
3．クライアントの欲求を満たすためには，別の代替行動が必要であることを提案する。

「不適応的コーピングモードに対する治療的再養育法，すなわち共感的直面化」の例

例その1

クライアント：[ムッとして，回避・防衛モード]私は物事を感じたりしません。私はどちらかというと考えるタイプで，感情的ではありません。感情を持ち出すことに価値があるとも思いません。妻は私が自分の気持ちを彼女に少しも伝えないことに文句を言い続けています。でもそんなのは苦しいだけだし，そこから何も生まれはしないんです。機能不全で狂った家族の中で育った私が，すべての感情に反応していたら，とても生き延びることはできなかったでしょう。父はよくこう言っていました。「知ったことか」。

セラピスト：「壁」が立ちはだかると，すべての感情が遮断されるのはわかります。でも，そうなるとあなた自身の欲求が満たされることも妨げられてしまいます。これが，あなたが人間関係で苦労している理由の一つです。（基準1）こういったことをあなたは学習してしまいましたが，これはあなたの落ち度ではありません。あなたは，幼少期の非常に混沌とした厳しい環境の中で，自分を守るためにこのようなモードを身につけざるをえなかったのです。感情は容認されず，幼い頃に感情を表に出すと，弱くて恥ずかしいと感じさせられました。（基準2）私たちは，感情に関するこのような偏ったメッセージを学び直すことで，あなたが必要としている，深くて意味のあるつながりを人と持つことができるようになります。それこそがあなたの真の欲求ですよね。（基準3）

例その2

クライアント：[恥じて，自己犠牲スキーマに対する従順・服従モード]先週は2回も電話してしまって，本当に申し訳ありませんでした。私一人であの状況に対処することができたはずなのに。あなたは毎日忙しいでしょうし，クライアントから離れて過ごす権利があることはわかっています。私は小さいとき，家で何でも一人でできるように学びました。家では，母は酒を飲み，父はいつも激怒しており，小さな私には手におえないほどの大きな問題が起きていました。

セラピスト：なんて思いやりがあるのでしょう。あなたの優しさに感謝します。でも，その発言はあなたのコーピングモードを反映していると思います。あなたは常に相手の欲求を気にして，自分自身の欲求を全く気にかけることがありませんでした。大人になっても，人間関係において自分の欲求が満たされることがないのでしょう。それに対して声を上げることもできず，フラストレーションが溜まり続けているのではないでしょうか。（基準1）特に幼い頃，お母さんが酒を飲み，お父さんが激怒するような怖い家にいるときに，相手の要求に屈し，自分の欲求や考えを犠牲にするようなやり方で対処することを学んだのではないかと思います。（基準2）危機的な状況の中，あなたが電話をくれて手助けができたことを私は嬉しく思っています。あなたは私にとって重荷ではありません。私のためにあなた自身の欲求を犠牲にする必要はありません。私はあなたのためにここにいるのですから。ここはあなたのためのスペースなんですよ。（基準3）

例その3

クライアント：［怒って，自己誇大化モード］セッションをフルに受けられない理由がわかりません。理事会があって，さらに交通渋滞もあって，セッションに遅れました。なのに，こんなのは馬鹿げています。あなたは私の仕事の重要性をわかっていません。父は私に，とてつもない達成者こそが重要な人物であると教えてくれました。そういう人は，普通と異なるルールと特権が与えられます。私は会社の社長なんです。あなたは単なるセラピストだから，こういったことを理解できないのでしょう。

セラピスト：他のクライアントにも私にとってもフェアではないため，時間の延長はすることができません。自分には特別なルールがあるべきだというあなたの期待は，同僚との関係や結婚生活においてあなたが抱えている問題の一因になっていると思います。（基準1）お父さんが，あなたには特別な特権やルールが与えられているのだと，そして結果に関わらずやりたいことは何でもできるのだと教えたのだろうと私は理解しています。（基準2）だからこうなったのはあなたのせいではありませんが，結婚やその他の人間関係をうまくいかせたいのであれば，そのような考えを改める必要があるのではないでしょうか。人間関係に必要なのは，ギブアンドテイクと制約と結果なのです。（基準3）

130 パート 2 スキーマ療法のスキルのための「確実な実践」エクササイズ

エクササイズ11のインストラクション

ステップ 1：ロールプレイとフィードバック

・クライアント役は初級レベルの最初の発言をする。セラピスト役はスキル基準に基づいて即興で応答する。

・トレーナー（不在の場合はクライアント役）は，スキル基準に基づいて簡単にフィードバックする。

・次に，クライアント役は同じ発言を繰り返し行い，セラピスト役は再び即興で応答する。トレーナー（またはクライアント役）は，再び簡単にフィードバックする。

ステップ 2：繰り返し

・現在の難易度レベル（初級，中級，上級）のすべての発言について，ステップ 1 を繰り返す。

ステップ 3：難易度の評価と調整

・セラピストは，「確実な実践への反応フォーム」（付録Aを参照）に記入し，エクササイズをより簡単にするか，またはより難しくするか，あるいは同じ難易度を繰り返すかを決定する。

ステップ 4：約15分の繰り返し

・ステップ 1 ～ 3 を少なくとも15分間繰り返す。

・その後，訓練生はセラピスト役とクライアント役を交替し，最初からやり直す。

次はあなたの番です！　インストラクションのステップ1と2に従ってください。

　覚えておこう：ロールプレイの目的は，(a) スキル基準を使用し，(b) 訓練生が本物であると感じられる方法で，クライアント役の発言に対する応答を即興で練習することです。**クライアントの各発言に対するセラピストの応答例は，このエクササイズの最後に提示します。訓練生は，回答例を読む前に，自分自身の応答を即興で試みてください。**

初級レベルのクライアントの発言　エクササイズ11
初級のクライアントの発言1
[悲しそうに，回避・防衛モード] 友人が直前に電話をしてきて予定をドタキャンしたとき，本当に悲しくて涙が出ました。**[明るい口調で]** でも，自分でもなぜこんなに反応しているのかわかりません。だってそれは実際には全然大したことではありませんから。
初級のクライアントの発言2
[怒って，怒り・防衛モード] 父親のことを本当に知る機会がなかったので，私はだまされました。私は本当に何も見逃しませんでした。彼はとんでもない嫌な奴だったのです。
初級のクライアントの発言3
[悲しそうに，遮断・防衛モード] 私は子どもの頃，愛されていると感じたことはありませんし，自分が誰かにとって大切な存在だと思ったこともありませんでした。**[うろたえて]** それが，あなたが私に質問したことでしょうか？　何だか頭が真っ白になってしまいました。
初級のクライアントの発言4
[悲しそうに，自己誇大化モード] 今日もまた，誰も私をランチに誘ってくれませんでした。同僚たちは，ランチの計画を立てながら，私をまるで透明人間かのように扱います。でもね！　誰が彼らを必要とするものですか！　どうせ皆つまらないし，ランチなんかしても面白くもありません。彼らは私に嫉妬しているのでしょう。
初級のクライアントの発言5
[怒って，遮断・防衛モード] 子どもの頃，どれだけ安全ではなかったか考えると，今はとても腹がたちます。私が受けた扱いは犯罪的でした。でもそう感じるのは，私があまりにも繊細過ぎるからなのでしょうね。逆境は私たちを強くしてくれるはずですから。

　次のレベルに進む前に，難易度を評価し，調整してください（エクササイズのインストラクションのステップ3を参照）。

132　パート2　スキーマ療法のスキルのための「確実な実践」エクササイズ

中級レベルのクライアントの発言　エクササイズ11

中級のクライアントの発言1

［心配そうに，自己犠牲スキーマに対する従順・服従モード］明日の上司のプレゼンテーションのための準備を終わらせるためには時間が必要です。だから今日のセッションは，本当はキャンセルすべきでした。これは彼女にとって重要な仕事であり，私が今夜食事抜きで徹夜しても，彼女が私に求めている仕事をするには時間が足りません。子どもの頃，母は重い病気を患っており，私たちが母の世話に専念しなければなりませんでした。睡眠や食事をほとんど取れないことも多くありましたが，生きるか死ぬかの状況だったんです。今日は20分でセッションを終わりにして，仕事に戻ってもいいですか？

中級のクライアントの発言2

［淡々と，見捨てられスキーマに対する従順・服従モード］誰もが私から去っていきます。あなたも例外ではありません。誰にも頼ることができないのです。昔からずっとそうでした。父は私が生まれる前に亡くなり，母は私が生後6カ月のときに自殺しました。それ以外の関係が私に可能だとは思うはずがありません。だから私は結婚しなかったし，恋愛は気軽なセックスに限っています。人と関わり合うことなんかしません。

中級のクライアントの発言3

［不安そうに，服従スキーマに対する従順・服従モード］些細なことでも妻と意見が合わないと，とても怖くなります。子どもの頃，父と一緒にいたときのような気分です。私が何か気に入らないことを言うと，父は怒鳴り始め，時には私を殴ることさえありました。父に対して私がリスクを冒す価値はありませんでした。今でもそう思います。問題は，妻が提案しない限り，私たち夫婦が私の考えるやり方で物事を進めるということが全くないということです。

中級のクライアントの発言4

［悲しそうに，自己犠牲スキーマに対する従順・服従モード］祖母の死は，これまで体験した中で最もつらい喪失の一つでした。他の誰もが，私が少しでも感情を表すと，私に多大な罪悪感を負わせるばかりでしたが，祖母は，私のためだけに私を本当に愛してくれた唯一の人でした。でも今は，もっと重要なことに目を向けなければなりません。弟の次の就職面接に向けて，彼をどうサポートするかを考える必要があります。このポジションには多くの応募者がいるだろうし，弟にとって厳しい競争になるだろうからです。

中級のクライアントの発言5

［心配そうに，自己犠牲スキーマに対する従順・服従モード］今私が抱えているすべての問題に対処するのに，今日のセッションの時間では足りないのではないかということが心配です。あなたにセッションの延長をお願いするべきではないこともわかっています。あなたが私のことを気にかけてくれ，たくさんのことをしてくれているのはわかっています。だから私があなたに感謝していないと思われたくないのです。こう言っている間にも，「わがままはやめなさい」という母の声が聞こえてきます。本当にごめんなさい。私があまりにも恩知らずで，要求がましいから，あなたを怒らせてしまったとしか思えなくなってきてしまいました。

🛑 次のレベルに進む前に，難易度を評価し，調整してください（エクササイズのインストラクションのステップ3を参照）。

エクササイズ11　不適応的コーピングモードに対する治療的再養育法　*133*

上級レベルのクライアントの発言　エクササイズ11

上級のクライアントの発言1

[怒って，自己誇大化モード] セッションをフルに受けられない理由がわかりません。重要な会合があって，さらに交通渋滞もあって，セッションに遅れました。なのに，こんなのは馬鹿げています。あなたは私の仕事の重要性をわかっていません。私は会社の社長なんです。あなたは単なるセラピストだから，こういったことを理解できないのでしょう。懸命に働き，大きな成功を収めれば，特権を得る権利があることを，あなたは知らないのですね。

上級のクライアントの発言2

[不満げに，怒り・防衛モード] まあ，私にとってはいつもこうでした。兄と妹は子どもらしく，失敗したり，遊んだり，怖がったりすることが許されました。でも私は違います。私は，タフな男，勇敢な男，完璧な男として「選ばれた」んです。だからこんなことは馬鹿げています。なぜあなたはこんなくだらない質問ばかりするのですか？　それらはすべて過去のことで，変えることができません。あなたは私のパートナーと同じで，いつも私に「感情」を求めます。でも感情なんて時間の無駄です。一銭にもなりません。

上級のクライアントの発言3

[不満げに，いじめ・攻撃モード] ええ，私はまだ睡眠がうまくとれないですし，仕事もうまくいっていません。結婚が終わったことは悲しいですが，なぜ元夫が私のもとを去ったときの気持ちを話さなければならないのかがわかりません。それはずっと昔のことだし，今と何の関係があるのかもわかりません。あなたはまるでテレビに出てくる二流心理学者のようです。あなたと話していることを父が知ったら，こんなふうに笑って言うかもしれません。「自己憐憫からは何もいいことは生まれない。そのセラピストはただお前を泣かせて，自分がうまくやったと思いたいだけなんだ」

上級のクライアントの発言4

[明るい様子で，自己誇大化モード] まあ，人間関係の問題については後で話しましょう。週末にあったイベントのことが気になりますよね。まあ，イベントのために最も素敵で高価なスーツを購入しましたが，それだけでなく，最も有名な教授の隣の席に座ったんです。これは意図的なものでした。というのも，このイベントの委員長は，私の大学での成功や，学部への多額の寄付のことをすべて知っているからです。自慢するつもりはありませんが，あなたにも興味を持ってもらえるのではないかと思います。母が生きていたら，このことをとても面白がってくれるでしょう。子どものことといったら，本当にこれがすべてでした。何があっても良く見せること！　これに尽きます。

上級のクライアントの発言5

[疑いつつ怒って，いじめ・攻撃モード] それで，あなたは私と私の家族のことを気にかけていると言います。でもはっきり言って，これはビジネスにおける取引です。私はあなたにお金を払い，あなたは何か良いことを私に言います。本当にそれだけです。私はずいぶん前に，人が私に良いことを言うときは，その人が私に何かを求めているだけだということを学びました。私の母は，友だちの前で私にいい顔をして欲しいときには，私にとても優しくしてくれました。

🖐 ここでも難易度を評価し，調整してください（エクササイズのインストラクションのステップ3を参照）。必要に応じて，インストラクションに沿ってさらに難易度を上げてください（付録Aを参照）。

134 パート 2 スキーマ療法のスキルのための「確実な実践」エクササイズ

セラピストの応答の例：「不適応的コーピングモードに対する 治療的再養育法，すなわち共感的直面化」

覚えておこう：訓練生は，応答の例を読む前に，まずは即興で自分の応答を試みる必要があります。**自分自身の応答が思いつかない場合を除き，以下の応答例をそのまま読まないようにしてください！**

初級レベルのクライアントの発言に対する応答例 エクササイズ11
初級のクライアントの発言 1 に対する応答例
悲しみのようなつらい気持ちを感じた直後に，その感情を疑って最小限に抑えてしまうと，ご自分の欲求についての重要な情報が遮断されてしまいます。（基準 1 ）これは，自分の感情を批判されたり軽視されたりした幼少期からのコーピング反応であることがわかっています。（基準 2 ）でも，あなたに必要なのは，自分の悲しみを真剣に受け止め，それがあなたに何を求めているのかを探ることです。（基準 3 ）
初級のクライアントの発言 2 に対する応答例
あなたの怒りは正当なものであり，あなたが幼少期に満たされなかった基本的な欲求について重要な情報を与えてくれます。今，あなたがそれを否定すると，人とつながることへの欲求まで否定してしまうことになりかねません。（基準 1 ）子どもの頃は，お父さんの状態を変えるためのことが何もできず，怒りを押し殺すしかなかったのでしょう。（基準 2 ）今のあなたに必要なのは，人間関係における自分の感情に気づきを向け，あなたにとってその人が必要かどうか，その人との健全なつながりへの欲求が満たされるかどうかを知ることです。（基準 3 ）
初級のクライアントの発言 3 に対する応答例
あなたは今，自分が「愛されない」「大切でない」と感じることがとてもつらいので，その気持ちを遮断したのでしょう。でもそうすることで残るのは，空虚さや無感覚だけです。（基準 1 ）愛情やケアのない環境のなかで子どもが生き延びるには，圧倒的な感情的痛みを感じないことが重要でした。（基準 2 ）でも今日からあなたにできることがあります。自分にふさわしい愛と関心を得るには，感情を麻痺させたり消したりすることをせずに，現在に留まるのです。（基準 3 ）
初級のクライアントの発言 4 に対する応答例
あなたは私たちのつながりが安全であると感じ始めたのですが，次にリスクを冒すことに不安を感じ，不安を断ち切りました。（基準 1 ）子どもの頃，あなたには頼りになったり助けてくれたりする大人がいなかったのですから，誰かに頼ることを恐れ，避けようとするのは当然のことです。（基準 2 ）でも，今もあなたは人とつながることを欲しているし，それは小さい頃もそうだったんです。私たちの関係は，あなたが人との関係性に頼るというリスクを冒すための安全な場所になり得るでしょう。（基準 3 ）
初級のクライアントの発言 5 に対する応答例
怒りを感じるのは当然です！　すべての子どもたちにとって安全は必要であり，それに値します。あなたの中の「良い親」の部分が，「小さなあなた」が必要とする安全に対して決して妥協せずに，その怒りを手放さないでください。（基準 1 ）子どもの頃のあなたは安全ではありませんでしたし，自分の感情を切り離す方法を見つけなければ殺されていたかもしれません。（基準 2 ）でも，今は自分が安全でない状況にいるとき，自分の安全をそれ以上脅かしたり，自分をさらに危険な目に遭わせたりしないように，この怒りに気づく必要があります。（基準 3 ）

中級レベルのクライアントの発言に対する応答例
エクササイズ11

中級のクライアントの発言１に対する応答例

わあ，上司に対するあなたの献身は無限のようですね。でもあなた自身のことはどうでしょうか？　あなたにとっては今日のセッションも必要ですし，睡眠と栄養も必要ですよね。（基準１）あなたは，お母さんの大きな欲求ばかりが家族の中で最優先される環境で育ちました。あなたの欲求のための余地はほとんど残されておらず，あなたは自分の欲求を否定し，ただやり過ごすことを学んだのです。（基準２）でも，あなたの欲求は，あなたが子どもだった頃と同じように今も重要であり，他の誰かの欲求のためにそれを脇にどかし続けるべきではありません。（基準３）

中級のクライアントの発言２に対する応答例

私は，「小さなあなた」には誰もおらず，セラピストさえも含めて誰もあなたのそばに留まることなく，あなたが常に一人であることを受け入れていることを思うととても悲しく感じます。（基準１）あなたの悲しい経歴を考えれば，あなたがそのようなメッセージを抱くようになることは不思議ではありません。（基準２）でも，「誰も留まることがない」という信念が真実であるかのように振る舞っていると，あなたが望んでいる，そして私たち全員が必要としている大切な人間関係を築くために必要な，つながりを持つことに伴う感情的なリスクを取ることを遠ざけてしまいます。（基準３）

中級のクライアントの発言３に対する応答例

つまり，家族の中で自律的でありたい，家族の意思決定に参加したい，というあなたの欲求は満たされておらず，妻もそのことに気づいていない可能性があるということですね。（基準１）欲求を持つことに恐怖を感じ，罰さえ受けた幼少期の体験が，今のあなたの沈黙につがなっていることは理解できます。（基準２）でも大人であるあなたには今，自分が何を望み，何を必要としているのか聞いてもらい，意思決定において対等である権利があります。これは，あなたが古いメッセージを克服し，より安全だと感じられる人間関係のなかでチャンスをつかむことができた場合のみにおいて実現します。（基準３）

中級のクライアントの発言４に対する応答例

あなたは，あなたを無条件に愛してくれた唯一の人であるお祖母さんを喪った悲しみを感じ始めると，その直後に，自分自身と自分の欲求に集中するときに罪悪感を抱くというあなたの別の一部に切り替わってしまうようです。私はそれに気づきました。（基準１）あなたはそのような罪悪感を課せられて，弟のことに集中する必要性を感じているのでしょう。なぜなら，あなたが自分の気持ちを表現することを許してくれたのは，お祖母さんだけだったのですから。（基準２）でも，あなたが自分の感情を切り離すたびに，あなたの「脆弱な部分」は無視され，罪悪感を課され，あなたの欲求は満たされることがありません。私とのこの空間で重要なのは，あなた自身の感情と欲求です。私はあなたの悲しみについてもっと聞きたいです。あなたは悲しみを感じる権利があるのです。（基準３）

中級のクライアントの発言５に対する応答例

あなたの中には２つの部分があるのですね。１つは，私に助けを求めるためにセッションを延長してほしいと思っているのですが，そうすることがとても難しいという部分です。もう１つは，あなたが私を怒らせてしまったと想像して私に謝り始めようとする部分です。（基準１）お母さんの声に従うことで，罪悪感や自分が利己的であるという思いがやわらぐかもしれませんが，そうすると，必要なサポートやふさわしいケアを求める機会を閉ざしてしまうことにもなってしまいますね。（基準２）あなたはケアを受けることを必要としているし，もちろんそれに値する人です。実際，私はあなたが勇気を出してセッションの延長について言い出してくれたことをとても誇りに思います。あなたは自分自身を擁護し，私を怒らせるようなことはしませんでした。（基準３）

136　パート2　スキーマ療法のスキルのための「確実な実践」エクササイズ

上級レベルのクライアントの発言に対する応答例
エクササイズ11

上級のクライアントの発言1に対する応答例

他のクライアントにも私にとってもフェアではないため，時間の延長はすることができません。自分には特別なルールがあるべきだというあなたの期待は，同僚との関係や結婚生活においてあなたが抱えている問題の一因になっていると思います。（基準1）お父さんが，あなたはものすごく達成しなければならないのだと，そしてあなたには特別な特権やルールが与えられているのだと，さらに結果に関わらずやりたいことは何でもできるのだと教えたのだろうと私は理解しています。（基準2）だからこうなったのはあなたのせいではありませんが，結婚やその他の人間関係をうまくいかせたいのであれば，そのような考えを改める必要があるのではないでしょうか。人間関係に必要なのは，ギブアンドテイクと制約と結果なのです。（基準3）

上級のクライアントの発言2に対する応答例

セラピーや私たちのつながりを批判することで，私があなたに近づくことを妨げる「部分」がまた登場しましたね。（基準1）これはあなたのせいではありません。あなたが教えられてきたことです。あなたが期待されたのは，子どもであることをやめ，非現実的な要求に応えることでした。でも，私の助けを借りて，このメッセージに立ち向かい，自分の気持ちを感じ，私と共有することが今のあなたの責任なんです。（基準2）これは満たされていない欲求であり，あなたのパートナーが傷つき，あなたとの関係が苦しくなっている理由の一部です。私はあなたを手助けすることができますが，その場合，この「タフな男」の部分には引き下がってもらう必要があります。（基準3）

上級のクライアントの発言3に対する応答例

それはあなたの中の「厳しい部分」ですね。それは，意味のある悲しみとのつながりを遮断し，セラピーやセラピストの動機に対して疑いを持ち，批判的になる部分です。（基準1）明らかにお父さんが，困難な感情を抱くのは時間の無駄であり，あなたのことをこのように深く個人的に知ろうとする人を信用すべきではないとあなたに思わせました。でも，そのせいで，あなたは依然としてうまく眠れず，同僚との関係に苦労しています。離別による悲しみは正当なものであり，それをつらく感じたり悲しんだりするスペースが必要です。（基準2）私はあなたを手助けすることができますが，あなたのお父さんのメッセージは間違っていたと考える必要があります。（基準3）

上級のクライアントの発言4に対する応答例

お母さんもきっと喜んでくれることでしょう。あなたは多くのことを成し遂げてきたし，大学もあなたの貢献に感謝しているはずですよね。これはとても素晴らしいことではありますが，あなたの中のある「部分」が，切実に承認を必要としているように感じます。私からのケアやサポートを得るために，あなたが自分自身を証明する必要はありません。そのことを知っておいて欲しいと思います。（基準1）これは批判を意味するのではありません。私がどれほどあなたの成功を賞賛しているか，あなたは知っていますね。でも，成功によって，あなたが愛すべき人間，ケアに値する人間になるわけではありません。そして私が思うに，人間関係におけるあなたの正常な失望や葛藤を私と共有することを考えると，あなたは「承認希求モード」に移行してしまうのではないでしょうか。（基準2）私はあなたの業績を喜んで承認しますが，一方で，傷つきや葛藤を表現する必要があるあなたの「部分」の欲求を満たすことにも，少し注意を払いたいと思います。（基準3）

上級のクライアントの発言5に対する応答例

私があなたに対してケアや気遣いを示すと必ず，「私は誰も必要としないし，私のほうが優位だ」というあなたの部分が登場するようです。（基準1）特別感の代用としてあなたを利用したお母さんとの体験を考えると，あなたが誰かの思いやりを簡単に信じられないのは当然です。お母さんのケアは条件つきで，あなたは彼女のニーズに合わせて演技をするように仕向けられました。あなたが優しさやケアを見聞きしたとき，それがあなたのお母さんではなく，セラピストの「私」からのものであることを見分けるのが難しいのでしょう。演技をしなくてもあなたは私からケアされるということを想像するのも難しいのですね。でもこれは，幼い頃からあなたがいつも必要としていたものです。（基準2）確かにあなたはサービスの対価を支払いますが，ケアする気持ちを感じたり感じなかったりするのは私自身です。だからそれは無料ですし，本物なのです。（基準3）

エクササイズ12
ホームワーク課題を通じて，
行動的パターン変容を実行する

エクササイズ12のための準備

1. 第2章のインストラクションを読みましょう。
2. オンラインの「臨床家と実践家のリソース」バナー（http://www.iwasaki-ap.co.jp/book/b654579.html）から「確実な実践への反応フォーム」と「確実な実践の記録フォーム」をダウンロードします。それらは付録A，Bにもそれぞれ掲載しています。

スキルの説明

スキルの難易レベル：上級

　行動パターンの変容はスキーマ療法の不可欠な要素です。この要素では，クライアントはセッションで獲得した気づきと自己理解を用いて，健康的な大人のやり方で自分の欲求をよりよく満たせるような，行動の変化に取り組んでいきます。これは，スキーマ療法のヘルシーアダルトモードを強化することに重点を置いた段階です。行動パターンの変容は，セッション中に行われたセラピーの作業を統合したり前進させたりするように，セラピストが適切なスキーマやモードに基づいて，クライアントがセッション以外の週に試すことのできる「宿題」を提案したり割り当てたりすることによって促進されます。スキーマ療法では，さまざまな自助的課題を行うことができ，クライアント独自の欲求に合うよう調整されます。

　このエクササイズでは，スキーマ療法で最も広く使用されている4つの行動パターンの変容課題に焦点を当てます。それぞれのクライアントの発言に対して，セラピストはクライアントが1週間の間にセッションの外で試せるよう，次の課題のうち1つを提案します。

- 課題1：書かれた，または音声／ビデオのフラッシュカード
- 課題2：筆記課題（日記など）
- 課題3：スキーマまたはモードのモニタリング
- 課題4：イメージワーク（安全な場所のイメージなど）

　この後，セラピストは，クライアントの発言に示された背景を考慮しながら，なぜこの課題がクライアントにとって役に立つのか，その理由を簡単に説明します。これらの介入の全体的なメ

138　パート2　スキーマ療法のスキルのための「確実な実践」エクササイズ

ッセージとしては，繰り返し練習することで，クライアントがヘルシーアダルトの部分を強化し，
セッションで行われた作業を定着させることができるということです。

エクササイズ12のためのスキル基準

１．次の行動的パターン変容のための課題の中から，クライアントがその週に試せるものを一つ提案する。
　　・課題１：書かれた，または音声/ビデオのフラッシュカード
　　・課題２：筆記課題（日記など）
　　・課題３：スキーマまたはモードのモニタリング
　　・課題４：イメージワーク（安全な場所のイメージなど）
２．その課題が，セッション中に行われた作業の継続にどのように役立つかを説明する。

「ホームワーク課題を通じて，行動的パターン変容を実行する」の例

例その１

クライアント：［穏やかに］今日，私が「批判モード」から受け取るメッセージの正確さについて話し合えてよかったです。今，私は自分が「批判モード」より強いと感じています。でも，どうすればこの強さを保ち続けることができるでしょうか？

セラピスト：「批判モード」が間違っていることを思い出させる音声フラッシュカードを作りましょう。「批判モード」の声が聞こえたら，いつでもそれを聞くことができます。（基準１，課題１）今日のセッションで，私があなたの「ヘルシーアダルトモード」を演じて「批判モード」に挑んだとき，あなたは「批判モード」の力の限界を痛感しましたね。そのチャレンジを繰り返すことで，あなたの「ヘルシーアダルトモード」が強化されるでしょう。（基準２）

例その２

クライアント：［ナーバスになって］今日はロールプレイで父に立ち向かうことができて，とても気分がよかったです。でも，これを自分だけでできるほど強くなれるかどうかはわかりません。

セラピスト：今週は，お父さんに言いたいことを，思いついたままに書き出してください。実際にお父さんに言う必要はありません。ただ記録しておいてください。（基準１，課題２）今日，あなたはお父さんに立ち向かいました。練習すれば，その能力はさらに高まるでしょう。それは，自分の気持ちや必要なものを表現する言葉を見つけることから始まります。（基準２）

例その３

クライアント：［ナーバスになって］今日やったワークのおかげで，「服従スキーマ」が活性化すると，自分にとって重要な人が下した決断に，たとえそれが自分の本当に望んでいることでも

必要としていることでもないとしても，降伏して従ってしまうことに気づきました。スキーマが活性化したときにそれに気づいて，よりよい選択をするためにはどうしたらいいでしょうか？

　セラピスト：その行動を変えるために始めるのは，スキーマが発動されたサインをモニタリングすることです。そうすることで，服従させようと引っぱる力を意識し続けることができます。（基準1，課題3）今日のセッションのように，立ち止まって，自分の欲求を満たしているかどうかを検討するのに役立つでしょう。（基準2）

例その4

　クライアント：［穏やかに］本当に役に立つセッションでした。成長期に，感情を表現するためのサポートがあればよかったと今は思います。私たちが行ったイメージの書き換えによって，そのようなサポートがあったらどうだっただろう，今の自分自身や他者に対してどれほど今とは違った考え方ができただろうと感じるようになりました。

　セラピスト：素晴らしいですね！　今週は，自分の気持ちを表現することをサポートされた経験を強化するために，そのイメージを何度か想起してみることが大切でしょう。（基準1，課題4）そうすることで，私たちが今日行ったイメージの書き換えであなたが感じた，「感情表現をサポートされている」という体験が強化されるでしょう。（基準2）

エクササイズ12のインストラクション

ステップ1：ロールプレイとフィードバック

・クライアント役は初級レベルの最初の発言をする。セラピスト役はスキル基準に基づいて即興で応答する。

・トレーナー（不在の場合はクライアント役）は，スキル基準に基づいて簡単にフィードバックする。

・次に，クライアント役は同じ発言を繰り返し行い，セラピスト役は再び即興で応答する。トレーナー（またはクライアント役）は，再び簡単にフィードバックする。

ステップ2：繰り返し

・現在の難易度レベル（初級，中級，上級）のすべての発言について，ステップ1を繰り返す。

ステップ3：難易度の評価と調整

・セラピストは，「確実な実践への反応フォーム」（付録Aを参照）に記入し，エクササイズをより簡単にするか，またはより難しくするか，あるいは同じ難易度を繰り返すかを決定する。

ステップ4：約15分の繰り返し

・ステップ1〜3を少なくとも15分間繰り返す。

・その後，訓練生はセラピスト役とクライアント役を交替し，最初からやり直す。

次はあなたの番です！　インストラクションのステップ1と2に従ってください。

　覚えておこう：ロールプレイの目的は，（a）スキル基準を使用し，（b）訓練生が本物であると感じられる方法で，クライアント役の発言に対する応答を即興で練習することです。**クライアントの各発言に対するセラピストの応答例は，このエクササイズの最後に提示します。訓練生は，回答例を読む前に，自分自身の応答を即興で試みてください。**

初級レベルのクライアントの発言　エクササイズ12
初級のクライアントの発言 1
［自信なさげに］ 今日はロールプレイで父に立ち向かうことができて，とても気分がよかったです。でも，これを自分だけでできるほど強くなれるかどうかはわかりません。
初級のクライアントの発言 2
［嬉しそうに］ 今日やったイメージワークで，あなたが「小さな私」に言ってくれたことがとても気に入っています。怖いと感じるときに，それらの言葉を聞けたら，どんなに助かるでしょう。
初級のクライアントの発言 3
［心配そうに］ 今日行ったヤングスキーマ質問票の結果で理解しました。私は幼い頃の扱われ方から「欠陥／恥スキーマ」を持っていて，そのスキーマが活性化すると，羞恥心ばかりが意識されます。
初級のクライアントの発言 4
［嬉しそうに］ 今日，私が「批判モード」から受け取るメッセージの正確さについて話し合えてよかったです。今，私は自分が「批判モード」より強いと感じています。でも，どうすればこの強さを保ち続けることができるでしょうか？
初級のクライアントの発言 5
［自信なさげに］ 今日練習したように，上司に立ち向かう勇気を持てたらと思います。ご存知のように，私は対立を避ける傾向があります。私の家では，失望や不満を表現することは許されませんでした。それはあまりにも危険なことだったのです。

🛑 **次のレベルに進む前に，難易度を評価し，調整してください（エクササイズのインストラクションのステップ3を参照）。**

142　パート 2　スキーマ療法のスキルのための「確実な実践」エクササイズ

中級レベルのクライアントの発言　エクササイズ12

中級のクライアントの発言 1

[期待を込めて] 今日，あなたと一緒に居ながら，私は愛すべき存在であり，母に言われたような厄介者ではないかもしれないと感じています。本当にいい気分です。どうすればこの気持ちをとどめることができるでしょうか？

中級のクライアントの発言 2

[興味深げに] 今日，あなたに「気を引くために演技をしたり，完璧である必要はない」と言われ，安心しました。でも，母が私に気づいてくれる唯一の方法がそれだったのです。だから今も，自分の大切な人たちといると自動的に役者になってしまいます。この欠点は，自分のことが偽物のように感じられ，私のことを本当に知っている人は誰もいないということです。あなたは，注目されたいと思うのは普通のことだとも言いました。セラピー以外の時に，どうやってこれらのことを思い出せばいいのでしょうか？

中級のクライアントの発言 3

[心配そうに] 今日，私の「虐待されたチャイルドモード」が発動したとき，私はあなたのことを怖いと感じて，あなたが「私を見て，私はママのようにあなたを傷つけたりしないわ」と言うのを聞くのに少し時間がかかりました。でも，あなたの言葉を聞いたら，自分の「ヘルシーアダルトモード」とつながることができました。家で妻に怒られるときは，「大人になりなさい，私はあなたの母親じゃないのよ。あなたは身長180cmの屈強な男性なのだから」と言われます。その時私はどうすればいいですか？

中級のクライアントの発言 4

[心配そうに] あなたが私に伝えてくれているこの重要なメッセージを持ち続けるのは，本当に難しいです。あなたが，自分には自分の選択，意見，考えを持つ権利があることを思い出させてくれると，とても気分がいいです。でも，外に出てパートナーとの関係の中にいると，私は簡単に引き金を引かれてしまい，自分を服従させ，自分の欲求を犠牲にしてしまいます。

中級のクライアントの発言 5

[嬉しそうに] ようやくこの不健全な関係から離れる可能性を考えられるようになったので，自分自身の気分が良くなっているのがわかります。おそらく，私たちがやってきた対話のワークおかげで，私の中の「健全な擁護者」の部分が自分の権利を主張し，拒絶的で批判的なナルシシストの両親に対して，私の「怒れるチャイルドモード」と「健全な擁護者モード」が立ち向かったのでしょう。私は今，いくつかの選択肢があると感じています。私はもう，恐怖と絶望のためにこの関係にとどまるつもりはありません。

✋ 次のレベルに進む前に，難易度を評価し，調整してください（エクササイズのインストラクションのステップ 3 を参照）。

エクササイズ 12 ホームワーク課題を通じて，行動的パターン変容を実行する 143

上級レベルのクライアントの発言 エクササイズ12

上級のクライアントの発言 1

[嬉しそうに] はい，自分にはひどい「欠陥／恥スキーマ」があることも，厳しい「要求的批判モード」があることも知っています。私はすぐに「いじめ・攻撃モード」にエスカレートして，父がいつもしていたのと同じように怒ってしまいます。私はただ，自分がどれほど努力しているか，そしてこれまで傷つけてきたことに対してどれほど申し訳なく思っているか，それを認めてくれない妻を怒鳴りつけたいだけなのです。まだ，それを制止するのに十分なほど早くは「いじめ・攻撃モード」の活性化に気づけないようです。でも，首の張りに気づくことが早期警告のサインになるというあなたの提案は，本当に役に立ちます。

上級のクライアントの発言 2

[決意して] 私を愛してくれる甥っ子たちと，そんな関係を築きたいです。でも，甥たちに優しくしようと思うと，支配的な姉に屈しているような気がします。またもや姉の勝ち，みたいになってしまうのです。私は，私たちで行った，姉の反応を気にすることなく甥っ子たちと一緒に過ごし，彼らの大好きなおばちゃんでいられることを想像するようなイメージワークが大好きです。でも，私は，あたかも姉に私の人生が任されていて，私は哀れな敗者であるかのような，姉の皮肉な笑顔を予想し続けています。私はもう，姉に虐待される生活には戻れません。

上級のクライアントの発言 3

[希望に満ちて] 娘の心の葛藤に対する私の不安と，私が幼い頃，母を自殺から守ることを余儀なくされたときに感じた恐怖がリンクしていることがわかり，とても参考になりました。娘は，私が耐えなければならなかったようなスキーマを持たずに成長してきたと思います。どうすれば，このことを忘れないでいられるでしょうか？

上級のクライアントの発言 4

[期待を込めて] 他人とのやりとりを日記に書くことは本当に役立っています。今は，自分の「遮断・防衛モード」により気づきやすくなってきました。実は先週，彼女から自分が言ったことについてどう思うか尋ねられたとき，私は自分がとても知的な返答，つまり「なにも」と答えたことに気づきました。彼女ががっかりしているのがわかり，私は訂正することができました。そして，どうなったと思います？ 自分の感情を表現するのは気持ちのいいことだったのです。他の時，他の人たちとの間でも，このようなことが起こる瞬間を見つけられたらと思います。

上級のクライアントの発言 5

[興味深げに] 大きな社交の場に参加する前に，一緒に安全な場所のイメージワークをするのは本当に心地よかったです。私のヘルシーアダルトの部分が，仕事仲間でいっぱいのその会場に行く間，自分の脆弱なチャイルドの部分をしっかりしまっておけるような気がしました。それでもまだ怖かったけれど，私ならできると感じました。私の人生はずっと，批判者である母から「人前でバカをやってはいけない」と言われ続け，そうならないよう避けてばかりでした。その声が消えることはあるのでしょうか？

✋ ここでも難易度を評価し，調整してください（エクササイズのインストラクションのステップ3を参照）。必要に応じて，インストラクションに沿ってさらに難易度を上げてください（付録Aを参照）。

セラピストの応答の例：
「ホームワーク課題を通じて，行動的パターン変容を実行する」

　覚えておこう：訓練生は，応答の例を読む前に，まずは即興で自分の応答を試みる必要があります。**自分自身の応答が思いつかない場合を除き，以下の応答例をそのまま読まないようにしてください！**

初級レベルのクライアントの発言に対する応答例
エクササイズ12

初級のクライアントの発言1に対する応答例

今週は，お父さんに言いたいことを，思いつくままに書き出してください。実際に言う必要はなく，ただ記録しておくだけで構いません。（基準1，課題2）今日，あなたはお父さんに立ち向かいました。練習を重ねることで，その力はもっと強くなるでしょう。それは，自分が感じていることや必要としていることを表現する言葉を見つけることから始まります。（基準2）

初級のクライアントの発言2に対する応答例

もちろんそうでしょう，他の子どもたちと同じように，「小さなあなた」も承認される必要があるのですから。幸い，私は今日「小さなあなた」との会話を録音していました。あなたにそのファイルを送るので，必要なときはいつでも携帯電話で再生できます。（基準1，課題1）今週は，「小さなあなた」が「良い親」のメッセージを再び聞くことができるよう，それを好きな時に再生しましょう。そうすることで，今日のセッションで行ったことがより強化され，新しいメッセージがあなたの生活の中に取り込まれます。（基準2）

初級のクライアントの発言3に対する応答例

そのような名前は活性化された批判モードから来ていて，あなたがそのような名前で呼ばれた幼少期の体験にあなたを引き戻します。私たちは，その批判モードに対して，あなたのヘルシーアダルトモードが闘う方法を見つける必要があります。スキーマ・フラッシュ・カードを書くことを提案します。（基準1，課題1）あなたが羞恥心を感じたと気づいたときは，いつでもフラッシュカードを読み返して，私たちが今日話したことを思い出してください。そうすることであなたのヘルシーアダルトモードが強化されます。（基準2）

初級のクライアントの発言4に対する応答例

私たちは，批判モードが間違っていることを思い出させる，音声版のフラッシュカードを作成することができます。あなたはその批判を聞くたびに，その録音を聴くことができます。（基準1，課題1）今日のセッションで私がヘルシーアダルトモードから批判モードに挑戦したとき，あなたは批判モードの力の限界を痛感しました。その挑戦を繰り返すことで，あなたのヘルシーアダルトモードが強化されるでしょう。（基準2）

初級のクライアントの発言5に対する応答例

その時にどう伝えるかを思い出すための，フラッシュカードを作ることができます。上司と会う前にそれを読んでください。（基準1，課題1）目の前に言葉があることは，あなたのヘルシーアダルトモードのサポートになります。（基準2）

中級レベルのクライアントの発言に対する応答例
エクササイズ12

中級のクライアントの発言 1 に対する応答例

今日，私の承認を伝える発言を聞いて感じたことを，イメージワークをして振り返るとよいでしょう。私のオフィスにいるイメージ，オフィスの外観，香りや景色を思い浮かべ，私の声を聞くことを想像してください。（基準1，課題4）この体験のイメージを繰り返し確認し，私の言葉，つまり，私はあなたを，ありのままのあなたで，愛すべき存在であり，関心を持っているのだという私の言葉を聞くことで，関連するスキーマの力をさらに弱めることができます。（基準2）

中級のクライアントの発言 2 に対する応答例

一つの方法は，フラッシュカードにメッセージを書くことです：「あなたは，ただありのままで注目され，関心を持たれるに値する」，そして「注目されることを望み，求めても構わない」それを洗面所の鏡に貼っておけば，いつでも見ることができます。（基準1，課題1）そうすることで，今日のセッションで感じた安心と平穏を思い出し，ネガティブなメッセージと闘うことができます。（基準2）

中級のクライアントの発言 3 に対する応答例

ヘルシーアダルトモードにアクセスするために必要なメッセージを録音して，音声版のフラッシュカードを作りましょう。奥さんと大切な話し合いを始める前に，それを聞くことができます。（基準1，課題1）今日のセッションでやったように，自分のヘルシーアダルトモードにつながる練習をすることで，あなたのその部分が強化され，「小さなあなた」を守りやすくなります。（基準2）

中級のクライアントの発言 4 に対する応答例

今日やったことを繰り返し聞いてもらえるよう，音声版のフラッシュカードを作ろうと思います。（基準1，課題1）セッション以外の時間にも，私の声を聴いて，あなたのヘルシーアダルトモードがきっかけを同定し，脆弱なチャイルドを守り，自分の選択や感情，意見を主張するための道筋を作ることができるでしょう。（基準2）

中級のクライアントの発言 5 に対する応答例

私にもそれがわかります，そしてあなたをとても誇りに思います！　今週は，パートナーとの話し合いで厳しい決断を迫られることになるでしょうから，このモードのモニターを続けましょう。自信を失い，自己犠牲するような「服従モード」に陥るサインが見えたら介入し，一呼吸置いて，ヘルシーアダルトモードに移行できるよう，注意深く見守りましょう。（基準1，課題3）ナルシシストの両親を持つ小さな子どもとして，あなたには選択の余地はありませんでした。悲しいことに，あなたは彼らの要求と情緒的なネグレクトに捕らわれていました。あなたは今日のセッションで，自分で選択し，自分自身に基づいて自分の欲求を満たすことができることに気づいたのです。（基準2）

上級レベルのクライアントの発言に対する応答例
エクササイズ12

上級のクライアントの発言 1 に対する応答例

ゆっくりとしたペースを保つよう心掛け，この感覚を身体のどこで感じているか，観察することが大切です。今週は，毎日自分のモードをモニターしてください。自分の体をスキャンして，その感覚を感じる瞬間に気づきましょう。（基準 1，課題 3）これは，今日のセッションで行ったように，少しの間，傷つき恥じている小さな少年と一緒にいるための時間をとるよう，あなたに警告してくれるでしょう。このような時には，あなたの「闘争」モードへの移行を防ぐために，彼には慰めと共感が必要なのです。（基準 2）

上級のクライアントの発言 2 に対する応答例

イメージワークのエクササイズを録音するので，週の間に聴いてください。ヘルシーアダルトとして甥っ子たちと一緒にいるときに感じる強さと力に，これからも注目し続けて欲しいのです。（基準 1，課題 4）「小さなあなた」は，お姉さんに対して無力でした。しかし，今日私たちが行ったイメージワークは，あなたが力を持ち，機知に富む大人の女性であることを思い出させてくれました。あなたはもうお姉さんの言いなりではありません。そしてあなたの甥っ子たちも，大好きなおばちゃんとの関わりを待ち望んでいる若者たちなのです。（基準 2）

上級クライアントの発言 3 に対する応答例

まずは，日記や，イメージの中や，呼吸練習の中で，日々「小さなあなた」とつながるようにして欲しいです。彼女は今安全で，彼女には責任がなく，そして彼女には，そのようなひどい立場に置かれたことに対して怒る権利があることを思い出させてください。（基準 1，課題 2）あなたの中にいる，子どもの頃に不公平で非現実的な役割を与えられた少女の重荷を下ろすために，私たちが今日行ったワークを続けます。あなたの娘さんは，多くの10代の若者がそうであるように悩んでいますが，彼女には，彼女を愛し守ってくれるママがいるのです。（基準 2）

上級のクライアントの発言 4 に対する応答例

ブラボー！　よかったですね。では，あなたの日記から，あなたの遮断モードを意識するきっかけとなった言葉，フレーズ，体験を同定してみましょう。そして，日記を書き続ける中で，この気づきにフォーカスし続けてください。（基準 1，課題 2）不快や遮断につながるような，スキーマの活性化する瞬間が明らかにあります。あなたは今日，これらのつながりを明確にし始めました。そして日記は，それを続ける手段になります。（基準 2）

上級のクライアントの発言 5 に対する応答例

そう，あなたはあなたの脆弱なチャイルドを守るために素晴らしい取り組みをしました。この練習を毎日やってみてはどうでしょうか？（基準 1，課題 4）そうすることで，あなたが今日やったように，あなたのヘルシーアダルトが脆弱なチャイルドを守りつつ，社会的な場面にさらに参加していくことで，時間が経つにつれて，あなたに内面化された母親の批判の声が弱まるでしょう。やがてあなたはこのような交流のいくつかに，あなたの遊び心溢れるチャイルドを連れていくことができるかもしれません。これはあなたの素敵な部分です。（基準 2）

エクササイズ13
注釈付きのスキーマ療法
実践セッション記録

　学んだスキルをすべてまとめてみることにしましょう！　このエクササイズでは，著者の一人であるウェンディ・ビヘイリーの典型的なセラピーセッションの記録を紹介します。セラピストの発言には，スキーマ療法のエクササイズ1から12のどのスキルが使われたかを示す注釈がついています。このセッション記録は，セラピストがクライアントに対応する際に，どのように多くのスキーマ療法のスキルを織り交ぜることができるかの一例を示しています。

インストラクション

　これまでのエクササイズと同様に，一人の訓練生がクライアント役を演じ，もう一人がセラピストを演じます。クライアント役の訓練生は，本物のクライアントであるかのように，真実味のある声のトーンで演じてください。1回目は，二人とも記録における逐語をそのまま読みます。次に2回目に入ります。2回目は，クライアントは逐語を読み，セラピストは心地よいと感じる程度に即興で発言します。この時点で，スーパーバイザーと一緒に振り返り，さらにもう一度やってみてもいいでしょう。エクササイズを始める前に，セラピストとクライアントの両方が，この記録を最後まで読み通しておくことをお勧めします。このような実践記録をサンプルとして示す目的は，実際のセラピーセッションを模倣する一連の流れの中で，セラピストがスキーマ療法の応答を示すことがどのようなものなのかを試す機会を訓練生に提供することです。

注釈付きのスキーマ療法の記録

　セラピスト1：今日はお会いできて嬉しいです。前回お会いして以来，いかがお過ごしでしたか？

　クライアント1：こんにちは。そうですね……未だによく眠れませんし，同僚が親切にしてくれるにもかかわらず口論してしまいます。離婚して以来，ずっとそうなんです。どんなに努力しても，誰かに僕をケアしてもらうというのは無理なんだと気づきました。それが僕のパターンです。

　セラピスト2：それは私にもしっくりきます。というのもこれは私たちが一緒に取り組んできた主な取り組みの一つですから。あなたがこのパターンに気づけるようになったことは素晴ら

しいことです。さらに私たちはこれに取り組んでいくことができますね。（スキル1：理解と調律）

クライアント2：ええ，確かにそうですね。

セラピスト3：それに，あなたは前回，かなり厳しい環境で育ったことを話してくれました。このことがこのパターンを説明するのに助けになりそうです。

クライアント3：そうでした。……最初から大人であることを期待されて僕は生まれたようなものなんです。僕は私自身と弟の面倒をみるために，自分の欲求を葬り去ることを学ばなければなりませんでした。僕は小さい頃から，自分は強くあるべきで，人に負けてはならないと言い聞かせられていました。

セラピスト4：そうですね。あなたはご自身の欲求を葬り去ったり無視したりするようにというメッセージを受けて育ちました。

クライアント4：［不安そうに］正直なところ，ここでその話をすることさえ，おかしなことのように感じます。僕は「自分」のことに焦点を当てたことが全くないものですから。わかりますか？　それって馬鹿みたいでしょう？

セラピスト5：全くそんなことはありません！　あなたがご自分の心の痛みを私と共有することを考えると，動揺したり，場合によっては怖く感じたりすることは想像できます。でもここではどんな感情も歓迎されます。（スキル1：理解と調律）

クライアント5：［リラックスして］わかりました，ありがとう。でも，もし僕がこの世界で何らかの価値を持とうとするなら，どんな欲求も弱さの表れとしてみなされてきました。もし誰かが僕の世話をするのであれば，私も弱いことになってしまいます。つまり欲求なんてないほうがよかったんです。

セラピスト6：そうですね。……でも，たとえ無視するように言われても，すべての子どもには欲求があります。あなたが話してくれているこのパターンは，私たちが「スキーマ」と呼んでいるものです。スキーマは，幼少期の体験や満たされなかった欲求が原因で形成されます。あなたのスキーマは「誰かが自分の世話をするのであれば，それは自分が弱いことを意味する」といったもので，それが大人になってからも維持される強い信念や予想につながっています。（スキル3：スキーマの心理教育：現在の問題をスキーマ療法の視点から理解することを始める）

クライアント6：スキーマですか？　前回のセッションでもスキーマについて話したような気がします。

セラピスト7：その通りです。スキーマとは，通常，幼少期や思春期に形成され，私たちの人生に浸透しているテーマやパターンだと考えてください。たとえば，セッションでは，あなたが自分の欲求を無視し，他人に自分の世話をさせないというパターンを繰り返しているといった話が出てきています。あなたの生い立ちは，このパターンにどのように影響したと思いますか？あなたのご両親は，このパターンに一役買っていたと思いますか？（スキル3：スキーマの心理教育）

クライアント7：そうですね，両親は僕にとても大きな期待を寄せていました。母は僕の学業成績に全神経を集中させ，父は僕の運動能力に注目していました。その結果，父は僕を物笑いの種にし，母は僕を無視するようになりました。私が怖がったりミスしたりすると，両親はすぐに僕と兄を比較し，兄を「スーパーヒーロー」と呼びました。

セラピスト8：そうでしたか……すべての子どもたちは，自分の感情が大切なものだと知る必要があります。喜んだり，怖がったり，怒ったり，悲しんだりしたとき，あるいは失敗したときに，それらが受け入れられ，愛されることが必要です。それなのにあなたは，怖がったり不安を感じたりすると，あたかも自分が悪者であるかのように感じさせられました。（スキル4：満たされなかった欲求，スキーマ，現在の問題を関連づける）そうですか？

クライアント8：その通りです。何も言わずに物事に勝つこと以外のことは否定されました。正直なところ，両親がなぜ2人目の子どもを作ったのだろうと疑問に思うことさえあります。僕は子どもの頃，自分が何を言うか，どのように言うか，いつ言うかについて，いつも本当に気をつけていたことを覚えています。

セラピスト9：薄氷を踏むような思いをしていたのでしょうか？

クライアント9：全くその通りです。数秒先には両親にとって自分がどれほどつまらない子どもであるかを再び証明されるような気がしていました。だから，あなたの言う通り，両親のところに行って感情や欲求を表現することは当然できませんでした。小さい頃，親に頼るなどという考えは，思いつきもしなかったです。「うまくやるか，さもなくば黙っているか」というものでした。

セラピスト10：そのような中で，あなたは「自分にはどこか欠陥がある。自分は十分ではない」という基本的な感覚を持ち，育っていったと考えてもよろしいでしょうか？

クライアント10：その通りです。

セラピスト11：つまりあなたの幼少期の育ちの中で，このような否定的な自己意識が強められ，私たちが「欠陥／恥スキーマ」と呼ぶものが形成されることにつながりました。あなたの幼少期の体験を考えると，このスキーマが活性化されたとき，あなたは自分の感情を表現したり，誰かに慰めてもらったりすることができないと感じてしまいます。繰り返しになりますが，スキーマとは非常に強力な感情的信念であり，人生の初期に形成され，今もなお私たちを強力に支配するものです。（スキル4：満たされなかった欲求，スキーマ，現在の問題を関連づける）

クライアント11：そうですね，とても納得できます。でも……それは過去のことです。変えられないことに愚痴を言うのをやめて，乗り越えなければなりません。僕はすでに結婚生活を駄目にしました。それを乗り越えるべきです。なのに僕は負け犬のように振る舞い続け，何事にも大騒ぎし続けています。自分を憐れむのは情けないことなのに。自分の人生をただただ歩んでいくべきなのです。

セラピスト12：うわー，せっかく重要な感情や洞察を分かち合おうとし始めたその矢先に，それはたいそう厳しい自己批判ですね。スキーマが活性化されている間に，あなたのモードが変化したようです。この「内的な批判の声」がどこから出てくるのか，疑問に思う余地はないようですね。（スキル5：不適応的スキーマモードの心理教育）

クライアント12：僕はもっとタフになって，重要なこと，自分の仕事，自分の成功に集中できるようにならなければなりません。父はたぶん正しかったんです。くだらない心配ばかりして，自分のキャリアと人生を危険にさらすのはやめなければなりません。でないと，負け犬になってしまいます。負け犬，負け犬……

セラピスト13：あなたの内なる批判の声がはっきりと聞こえます。あなたの「批判モード」の発言はとても辛辣で，不公平です。あなたを「負け犬」と呼ぶお父さんの声が聞こえてくるよ

うです。（スキル7：要求的／懲罰的内的批判モードの存在を同定する）

クライアント13：はい，僕にもその声が聞こえます。実際，父は僕のことをよくそのように呼んでいました。……ただ，僕は本当に父のことを愛していて，だから父が僕にひどいことをしたときのことを思い出すと……そのひどいことを理解するのが難しいのです。

セラピスト14：ええ，相反する感情が出てくると，とても混乱しますよね。あなたはお父さんを愛していますが，同時にひどく傷つけられたのです。簡単なことではありませんが，あなたには私のサポートがあることを知っていただきたいと思います。起きたことの詳細を一緒にみて，この複雑な感情を処理することを手助けさせてください。（スキル1：理解と調律）

クライアント14：僕が最も混乱するのは，「普通」の子ども時代とはどんなものなのか，ということです。父が僕にとって良い人ではなかったことは知っていますが，長年ひどい扱いを受けてきたので，それとは違う何かを想像するのが難しいのです。そして結局，自分をまた「負け犬」のように感じてしまうのです。……

セラピスト15：すべての子どもが，養育者に大切にされ，受け入れられていると感じる必要があります。あなたのお父さんの声や幼少期におけるメッセージとして現れたこの「内的批判モード」は，辛辣でひどく不公平ですし，真実でもありません。（スキル10：要求的／懲罰的内的批判モードに対する治療的再養育法）

クライアント15：僕は，自分の心のある部分では，……父が不公平であったと信じているのを知っています。……

セラピスト16：というのは？

クライアント16：一度だけ，父に言い返したことがあったのを覚えています。それはたった一度のことで，僕が15歳ぐらいのときでした。父は，僕がいかに残念な存在か，僕がいかに欲しがり屋か，僕がいかに人生の恩恵に値しないか，といったことを言い続けていました。僕の中で何かがひっくり返りました。僕は父に，「あなたが私を辱めたことで得たものは何もない。嫌なことしか言えないのなら放っておいてほしい」と言いました。それを言う間，震えが止まらなくなったのを覚えています。

セラピスト17：おお，それはよかった！　あなたの「ヘルシーアダルトモード」が自分の権利を主張できたのですね。お父さんのような人に対して，それをするのは大変だったに違いないと思います。あなたの両親がそれを支持しなかったとしても，私は今あなたが話してくれたような「部分」を心から賞賛したいです。ありのままの自分が尊重されること，自分の欲求のために闘うことは，あなたの権利です。（スキル2：ヘルシーアダルトモードを支持し，強める）

クライアント17：［悲しそうに］ありがとう……そうですね……［突然，フラットで遮断されたように］でもね，聞いてください。あなたの言っていることはよくわかります。でも，僕は結婚生活を失い，同僚と口論し，自分を失敗者のように感じて動揺しています。なぜこんなことばかりをあなたに話さなければならないのか，理解できません。それがどのように僕の気分を良くし，生産性を高めるのに役立つのかがわかりません。繰り返しになりますが，僕がセラピストに話をしていることを父が知ったらどうなるか，想像することができます。彼は僕を見て笑ってこう言うでしょう。「自己憐憫から何も良いことは生まれない。セラピストはただお前を泣かせたいだけだ。だってそのように訓練されているのだから」

セラピスト18：また，あなたの中の「タフな部分」が出て来ましたね。その部分は，感情と

の意味のあるつながりをすべて遮断し，セラピーやセラピストの動機に批判的になる部分です。あなたは一瞬悲しそうな声を出して，それからすぐに切り替わって，私たちが共有できたかもしれない感情を無視しました。コーピングモードが発動したのです。この変化に気づいていますか？（スキル6：不適応的コーピングモードへのモードチェンジに気づく）

クライアント18：ええ，そうですね……［やわらいで］これを乗り越えるために何ができるのか，僕にはわからないのです。

セラピスト19：それはあなたのせいではありません。あなたが話してくれたように，お父さんは，困難な感情を体験することは時間の無駄であり，このように深く個人的な方法であなたのことを知ろうとする人を信用すべきではないと，あなたに信じ込ませたのですから。これが，あなたが未だに睡眠に苦労し，同僚との関係に悩んでいる理由かもしれません。離婚の悲しみは正当かつつらいものであり，お父さんの承認を得るために放棄せざるを得なかったすべての感情と同じように，それを感じて悲しむためのスペースが必要です。私はこの件についてあなたを手助けすることができますが，お父さんのメッセージは間違っていたと考えなければなりません。（スキル11：不適応的コーピングモードに対する治療的再養育法，すなわち共感的直面化）

クライアント19：ありがとう……あなたが率直に話してくれるのが好きです！［笑って］おっしゃる通り，すべてはつながっているんですね。

［この後，セラピストとクライアントはセッションの大部分を費やして，クライアントの「欠陥／恥スキーマ」と「内的批判モード」に焦点を当てたイメージワークに取り組む。そのワークが終わった後のやりとりを次に示す］

クライアント58：ああ……そうですね，僕はこのひどいスキーマと厳しい内的批判モードが自分にあることをはっきりと自覚しました。僕はすぐにエスカレートして，父がいつもしていたのと同じように怒ってしまうのです。今日，それに取り組むまで，そのつながりにこんなにはっきりと気づいたことはありませんでした。

セラピスト59：本当にそうですね。今後，このスキーマを修復し，より良い人間関係を築いていくために，あなたと一緒にさらに取り組んでいけると嬉しいです。

クライアント59：僕の主な問題の一つは，エスカレーションを止めるために，十分に早い段階でそれをキャッチできないことだと思います。だから，首の緊張感を早期警告サインとして使えるというあなたの提案は本当に助けになります。

セラピスト60：気づきの速度を落として，身体のどこにこの感覚が生じているのか気づくことが重要です。これからの一週間は，毎日，自分のモードを観察してみましょう。身体をスキャンして，その感覚が生じる瞬間に気づきましょう。そうすることで，今日のセッションのように，「傷つき，恥じている男の子」と一緒にいるようにとの教示が得られるでしょう。ここでその男の子が必要としているのは，慰めと共感です。それが「闘いモード」へと移行するのを防いでくれます。（スキル12：ホームワーク課題を通じて，行動的パターン変容を実行する）

クライアント60：ありがとう。おっしゃる通りだと思います。試してみます。

エクササイズ14
スキーマ療法の模擬セッション

　高度に構造化され反復可能な確実な実践とは対照的に，スキーマ療法の模擬セッションは，非構造的で即興的なロールプレイ・セラピーです。模擬セッションでは，ジャズのリハーサルのように，適切な応答性（appropriate responsiveness; Hatcher, 2015; Stiles & Horvath, 2017）の技術と科学を練習することができ，あなたの心理療法のスキルを，模擬クライアントに役立つようにまとめていきます。このエクササイズでは，スキーマ療法の模擬セッションを実施するための手順について概説します。クライアントを演じる際に選択できるよう，さまざまなクライアントのプロフィールを用意しました。

　模擬セッションは，訓練生が以下を実践する機会になります。

- 心理療法のスキルを臨機応変に使用する
- セラピーにおける困難な選択を乗り越える
- どの介入を用いるか選択する
- セラピーのセッションの進展をたどり，全体的なセラピーの流れを把握する
- クライアントの嗜好を考慮しながら治療を導く
- クライアントの能力を考慮し，現実的な治療目標を決定する
- セラピストが確信を持てなかったり，迷ったり，混乱したりしたときに，どのように対処すべきかを知る
- 治療上の誤りを認識し，そこから回復する
- 自分の治療スタイルを発見する
- 実際のクライアントと取り組むための忍耐力を養う

スキーマ療法の模擬セッションの概要

　模擬セッションでは，**セラピーの初回セッションのロールプレイを行います**。個人のスキルを高めるエクササイズと同様に，このロールプレイには３人が参加します。一人の訓練生がセラピスト役を演じ，もう一人の訓練生がクライアント役を演じます。そしてトレーナー（教授またはスーパーバイザー）がそれを観察し，フィードバックを行います。これは，トレーニングでよく行われるオープンエンドなロールプレイです。しかし，伝統的なトレーニングで用いられるものとは２つの重要な点で異なります。第一に，セラピスト役は，手を使ってロールプレイがいかに難しく感じるかを示します。第二に，クライアント役は，セラピスト役が適切な難易度で練習できるよう，ロールプレイをより簡単にしたり難しくしたりするようにします。

準　備

1. オンラインの「臨床家と実践家のリソース」バナー（http://www.iwasaki-ap.co.jp/book/b654579.html）から「確実な実践への反応フォーム」と「確実な実践の記録フォーム」をダウンロードします（それらは付録A，Bにもそれぞれ掲載しています）。すぐに「確実な実践への反応フォーム」を使えるよう，訓練生は各自用紙を別々の紙にコピーします。
2. セラピスト役とクライアント役の訓練生を一人ずつ指名します。トレーナーはその様子を観察し，修正的なフィードバックを行います。

スキーマ療法の模擬セッションの手順

1. 訓練生は，セラピーの初回（最初の）セッションをロールプレイします。クライアント役の訓練生は，このエクササイズの最後にあるプロフィールからクライアントを選択します。
2. ロールプレイを始める前に，セラピスト役は手を椅子の座面の高さに挙げます（図E14.1参照）。ロールプレイの間中，セラピスト役はこの手を使って，クライアントの支援が自分にとってどれほど困難であるかを示します。開始時の手の高さ（椅子の座面）は，ロールプレイが簡単に感じられることを示します。手を上げることで，セラピストは難易度が上がっていることを示します。もし手が首の高さより上に上がったら，それはロールプレイが難しすぎることを示します。

図E14.1　手の高さによる継続的な難易度評価

注．左：ロールプレイ開始時。右：ロールプレイ困難時。R. N. Goldman, A. Vaz, and T. Rousmaniere 著『Deliberate Practice in Emotion-Focused Therapy』（p. 156）より，2021，米国心理学会（https://doi.org/10.1037/0000227-000）．著作権 2021 年米国心理学会。

3. セラピスト役はロールプレイを始めます。セラピスト役とクライアント役は，実際のセラピーのセッションと同じように，即興的にロールプレイに参加します。セラピスト役は，このプロセスの間中手を横に出しておきます。（これは，最初は奇妙に感じるかもしれません！）

4. セラピストは，ロールプレイの難易度が大きく変化したと感じたら，その都度，より難しいと感じたら上へ，簡単だと感じたら下へ手を動かしてください。セラピストの手が椅子の座面より下がったら，クライアントはロールプレイをより難易度の高いものにしなければなりません；セラピストの手が首の高さより上に上がった場合，クライアントはロールプレイをより簡単にする必要があります。ロールプレイの難易度を調整する方法は，「取り組む難易度を変更する」のセクションを参照してください。

5. ロールプレイは少なくとも15分間続けます。トレーナーは，セラピスト役が大きく脱線した場合この最中に修正的フィードバックを行うことができます。しかし，セラピスト役の体験的なトレーニングの機会を減らすことにならないように，トレーナーは自制心を働かせ，フィードバックはできるだけ短く簡潔に行うようにしてください。

6. ロールプレイが終わったら，セラピスト役とクライアント役は役割を交代し，新しい模擬セッションを開始します。

7. 両方の訓練生がセラピスト役として模擬セッションを終えた後，訓練生とトレーナーでその体験について話し合います。

セラピストの皆さんへ

自分の声の質を意識することを忘れないでください。クライアントの表出に自分のトーンを合わせます。クライアントが脆弱で，言葉の裏に繊細な感情を表している場合は，あなたのトーンを和らげ，なだめるように穏やかにします。一方，クライアントが攻撃的で怒っている場合は，毅然としてしっかりとしたトーンにします。満たされていない欲求やスキーマと提示されている問題を結びつけるなど，クライアントの探求を促すような応答を行う場合は，より尋ねるような，探索的なトーンにすることを忘れないでください。

取り組む難易度を変更する

セラピスト役が，模擬セッションが簡単すぎると指摘した場合，クライアント役を演じる人は，以下のような修正を加えることで，より難易度を高めたセッションにすることができます。（付録Aも参照してください）

- クライアント役は，現在抱いている強い感情を表現するなど，セラピストをより喚起させ

156 パート2 スキーマ療法のスキルのための「確実な実践」エクササイズ

たり不快にさせたりする話題を即興的に提供することができる（図A.2参照）。
- クライアント役は，苦痛に満ちた声（たとえば，怒り，悲しみ，皮肉など）を出したり，不快な表情を見せたりすることができる。これにより，感情的なトーンが高まる。
- 相反する感情を複雑に混ぜ合わせる（たとえば，愛と怒り）。
- 対立的になり，セラピーの目的やセラピストの適性を問う。

セラピスト役が，模擬セッションが難しすぎると指摘した場合：

- 図A.2を参考に，クライアント役は次のようなことができる。
  - あまり喚起的でない話題を提示する，
  - どのような話題だとしても，あまり感情を表現せずに話す，あるいは
  - 未来や過去やセラピー以外の出来事に関する話題を話す。
- クライアント役は，柔らかい声や笑顔で質問する。そうすることにより，感情刺激が和らぐ。
- セラピスト役は，ロールプレイ中に短い休憩をとることができる。
- トレーナーは，スキーマ療法の理論的な側面について伝えることで，フィードバックの段階を広げることができる。

模擬セッション用クライアントプロフィール

　以下は，訓練生が模擬セッションで使用する6つのクライアントプロフィールを，難易度順に示したものです。クライアントプロフィールの選択は，セラピスト役あるいはクライアント役の訓練生が決めるか，またはトレーナーが指定します。
　ロールプレイで最も重要なことは，訓練生がクライアントプロフィールの示す感情的なトーン（たとえば，怒りや悲しみ）を伝えることです。クライアントの属性（年齢，性別など）や，クライアントプロフィールの具体的な内容は重要ではありません。したがって訓練生は，訓練生にとって最も心地よく，ロールプレイしやすいように，クライアントプロフィールを調整してください。たとえば，ある訓練生の場合はクライアントプロフィールを女性から男性に変更したり，45歳から22歳に変えたりする，といった具合です。

初級プロフィール：受容的なクライアントの悲嘆を処理する

　ローラは28歳のラテン系ウェイトレスで，半年ほど前に母親をがんで亡くしました。ローラは，母親を失った悲しみを経験しています。彼女の悲嘆は，母親が幼少期にあまり彼女に配慮せず，愛情を注いでいなかったことに対する怒りの感情のために複雑になっています。ローラの母親は，彼女が成長する過程でとても忙しく，複数の仕事を掛け持ちしながら家族の世話をしていました。しかし，ローラは母親から厳しくされたと今でも感じています。彼女はまた，不法滞在のためにメキシコに戻ることを余儀なくされた二人のきょうだいのことも恋しく思っています。ローラは，

母親に対する悲嘆と怒りを処理する助けを求めています。

- **提示されている問題**：悲しみ，怒り，孤独
- **クライアントの治療目標**：ローラは，母親に対する複雑な感情を処理し，きょうだいとの絆を取り戻したいと考えている。
- **セラピーに対する姿勢**：ローラは以前，高校時代に受けたセラピーでよい経験をしており，今回もセラピーが役に立つと楽観的に考えている。
- **強み**：ローラはセラピーに非常に意欲的で，セラピストに対して感情的にオープンである。

初級プロフィール：熱心なクライアントの孤独を扱う

スーザンは25歳のアフリカ系アメリカ人の会計士で，最近新しい仕事のために，国境を越えて引っ越しをしました。彼女は，新しい仕事は気に入っていますが，友だちを作るのに苦労していました。彼女は孤独を感じ，セラピーを受けに来ました。彼女は最近デートにも出かけたのですが，うまくいかなくてがっかりしています。彼女は，自分が意欲をなくして，新しい友人を作ろうとしなくなるのではないかと心配しています。

- **提示されている問題**：孤独感，悲しみ，意欲の低下
- **クライアントの治療目標**：スーザンは，もっと友だちを作り，もっとデートに行く意欲を高めたい。
- **セラピーに対する姿勢**：スーザンは，以前受けたセラピーでポジティブな経験をしている。彼女はこのセラピーも助けになると期待している。
- **強み**：スーザンは感情的にオープンで，セラピーの課題に取り組む意欲がある。

中級プロフィール：神経質なクライアントの不安を扱う

ボブは35歳の白人電気技師で，強い不安とパニック発作と羞恥心に苦しんでいます。彼は，自分がずっと「負け犬」であったように感じています。高校時代にいじめを受け，今でも人から批判されていると思っています。彼は，オンラインのゲーム以外は人との接触を避けようとしています。ボブは，彼が時々仕事に来なかったり早退したりすることに気づいた上司から，セラピーを紹介されました。ボブは，不安以外の感情を同定するのが困難です。

- **提示されている問題**：不安，パニック発作，社会的孤立
- **クライアントの治療目標**：ボブは社会的に自信を持ち，より確実に仕事に取り組めるようになりたいと考えている。
- **セラピーに対する姿勢**：ボブはセラピーに来たがらなかった。なぜなら，彼は神経質になり，セラピストに批判されると考えていたためである。ボブの上司は，セラピーを受けてみるよう彼を説得した。
- **強み**：不安と羞恥心を抱えながらも，ボブはセラピストも含めて他の人たちとのつながり

158 パート2 スキーマ療法のスキルのための「確実な実践」エクササイズ

を強く望んでいる。

中級プロフィール：皮肉屋で疑い深いクライアントを援助する

ジェフは45歳のアジア系アメリカ人のエンジニアで，職場で怒りっぽくなったため，雇用主からセラピーを紹介されました。彼はとても頭が良く，同僚が自分の決定を理解しないとすぐにイライラしてしまい，皮肉や意地悪を言ってしまいます。ジェフ自身，これを問題だと理解していて，もっと友好的になりたいと思っていますが，行動を変えることができないでいます。ジェフは同僚から嫌われていることを知っていて，職場で孤立していると感じています。

- **提示されている問題**：孤独や社会的孤立を覆い隠す皮肉や意地悪の爆発
- **クライアントの治療目標**：ジェフはもっと忍耐強くなる方法を学び，同僚ともっとうまく付き合えるようになりたいと考えている。
- **セラピーに対する姿勢**：ジェフはセラピーを受けたことがなく，セラピーが役に立つかどうかについては懐疑的である。彼がセラピーを受けにきたのは，雇用主に求められたためである。
- **強み**：ジェフは正直なところ，もっと向社会的になりたいと思っている。

上級プロフィール：非常に不信感の強いクライアントを援助する

ベティは，27歳のアフリカ系アメリカ人のロースクール生です。卒業後は，公選弁護人になりたいと考えています。ベティは4人きょうだいの長女です。彼女と彼女のきょうだいは，幼い頃父親から性的・身体的虐待を受けていました。父親は，母親も頻繁に殴っていました。（父親は現在，身体的・性的虐待の罪で服役中。）彼女はまた，歴史的な人種差別や差別的待遇によって，非常に傷つき，トラウマを負ったと感じています。彼女は現在の地位を得るために懸命に闘ってきました。彼女は概して政府や組織を信頼しておらず，自分の利益は優先されず守られていないと感じています。ベティは，父親に対して強い怒りを感じており，母親に対しても，自分ときょうだいたちを守ってくれなかった怒りを感じています。ベティの一番下の妹は，最近虐待が原因で自殺しました。ベティは父親からきょうだいたちを守れなかったことに，強い罪悪感を抱いています。

- **提示されている問題**：両親への怒り，きょうだいたちを守れなかったことに対する罪悪感，妹の自殺への悲嘆
- **クライアントの治療目標**：ベティは妹に対する罪悪感を解消したいと考えている。
- **セラピーに対する姿勢**：ベティは小学生のときにセラピーを受けたが，嫌な経験をした：父親の虐待についてセラピストに話したところ，セラピストは彼女を信じず，ベティが話したことを父親に話してしまった。（ベティは後に，そのセラピストが父親の友人だったことを知った。）このため，ベティはセラピスト，特にアフリカ系アメリカ人以外のセラピストに対して強い不信感を抱いている。

- **強み**：ベティは自分のメンタルヘルスを改善することに力を注ぎ，献身的に取り組んでいる。ベティはレジリエンスが極めて高い。社会的正義に対して強い信念を持っている。彼女は友人や家族に対して非常に忠実である。

上級プロフィール：気分の不安定と自傷行為のあるクライアントを援助する

ジェーンは，20歳のヨーロッパ系アメリカ人の大学生で，人間関係に問題を抱えています。彼女はボーイフレンドを深く愛している一方で，ボーイフレンドが誕生日を忘れるなど，彼女を失望させるようなことをしたときには彼を憎むというサイクルを繰り返しています。ボーイフレンドに失望させられると，ジェーンは裏切られた，見捨てられたと感じ，怒り，落ち込み，自傷行為をします。ジェーンは家族や友人に対しても同じようなパターンをとり，彼らのことをとても好きな一方で，失望させられたときに裏切られた，見捨てられたと感じるサイクルを繰り返しています。

- **提示されている問題**：気分の不安定，自傷行為（カッティング），不安定な対人関係
- **クライアントの治療目標**：ジェーンは自分自身と対人関係の安定を望んでいる。
- **セラピーに対する姿勢**：ジェーンは以前にもセラピーを受けており，その時は役に立ったが，セラピストがセッションを欠席したことで彼女が失望し，裏切られ見捨てられたと感じてセラピーを止めてしまった。ジェーンは，あなた（新しいセラピスト）が彼女を裏切ったり見捨てたりするのではないかと心配している。
- **強み**：ジェーンはセラピストの言うことをとても素直に受け入れる（セラピーの中で安心しているときは）。

パート3

「確実な実践」のエクササイズを
強化するための戦略

パート3は第3章の1章から成り，トレーナーや訓練生がパート2で示した「確実な実践」の
エクササイズからより多くの利益を得ることができるよう，追加の助言や教示を提供しています。
第3章では，「確実な実践」を最大限に活用するための6つのキーポイント，適切に反応する治
療を実践するためのガイドライン，評価戦略，訓練生のウェルビーイングを確保しプライバシー
を尊重するための方法，そしてトレーナーと訓練生の関係をモニタリングするためのアドバイス
などを提示します。

第3章
「確実な実践」を最大限に活用する方法：
トレーナーと訓練生への追加のガイダンス

　第2章とそれぞれのエクササイズに，「確実な実践」を適切に遂行するための教示があります。本章では，トレーナーが「確実な実践」を研修プログラムにうまく取り入れるために必要な，より全体的な事柄についてのガイダンスを示します。このガイダンスは，関連する研究と，本書に書かれている「確実な実践」のエクササイズのテストにボランティアで志願した，12以上の心理療法のトレーニングプログラムのトレーナーの経験とフィードバックに基づいています。ここでは，評価，「確実な実践」から最大限の成果を得ること，訓練生のウェルビーイング，訓練生のプライバシーの尊重，トレーナーの自己評価，反応性の高い治療，トレーナーと訓練生の同盟などの事柄を取り上げています。

「確実な実践」から最大限の成果を得るための6つのポイント

　以下は，スキーマ療法の「確実な実践」のエクササイズから最大限の成果を得るために，トレーナーや訓練生に助言したい6つのポイントです。以下の助言は，さまざまな国の多くの訓練生と，時には異なる言語を用いて，エクササイズを吟味し実践した経験から集められたものです。

キーポイント1：現実的な感情刺激を作り出す

　「確実な実践」の重要な構成要素の一つは，現実の厳しい仕事環境に似た反応を引き起こす刺激を用いることです。たとえば，パイロットは機械の故障や危険な気象条件を想定したフライトシミュレーターで訓練します。外科医は，わずか数秒の間に対応しなければならない医療的合併症を想定した手術シミュレーターで練習します。困難な刺激を与えて訓練することで，訓練生はストレス下——たとえば，関係性に難しさを感じるクライアント——で効果的に治療を行う能力を高めることができます。スキーマ療法の「確実な実践」で使用される刺激は，セラピーにおけるクライアントの困難な発言のロールプレイです。**クライアント役の訓練生は，適切な感情表現で台本を実践し，セラピスト役とのアイコンタクトを維持することが重要です。**たとえば，クライアントの発言が悲しい感情を表現している場合，クライアント役の訓練生は，セラピスト役の訓練生と目と目を合わせて悲しみを表現するようにしてください。感情表現に関して，私たちは以下のように提案します。

1. ロールプレイにおける感情表現のトーンは，各台本の台詞の正確さよりも重要です。クライアント役をする訓練生は，より感情的な表現になるのであれば，自由にアドリブで台詞を変えて構いません。訓練生は，台本に100%忠実である必要はありません。実際，練習中に台本を読むと平坦に聞こえ，アイコンタクトが妨げられることがあります。むしろ，クライアント役の訓練生は，まずクライアントの発言を黙読し，準備ができたら，セラピスト役の訓練生をしっかりと直視し，感情を込めてそれを表現します。そうすることで，セラピスト役にとってよりリアルで感情移入した体験となるでしょう。

2. 特に，英語を母国語としない訓練生は，ロールプレイの前に台本にあるクライアントの発言の台詞を見直し，適宜変更することが効果的です。そうすることで，もっと適切で，感情を表現しやすい言葉を見つけることができるでしょう。

3. ロールプレイでクライアント役を演じる訓練生は，声のトーンや非言語表現を使って感情を表現するようにしましょう。たとえば，台本に怒りの表現があれば，訓練生は怒った声で話し，手でこぶしを作ることができます。もし台本が羞恥心や罪悪感を表現しているのであれば，訓練生は前かがみになり，うずくまるようにします。また，悲しみを表す台本であれば，訓練生は弱々しく元気のない声で話すことができます。

4. 訓練生が，特定の台本に従ってクライアント役を演じる際に自然な演技をすることが困難な場合は，まずは紙を直接読み上げて「デモ・ラウンド」を行い，その直後に，紙を下ろしてアイコンタクトをとり，記憶をもとに同じクライアントの発言を繰り返すとよいでしょう。訓練生の中には，こうすることで「実際のクライアントとして振る舞えるようになり」，ロールプレイが不自然でなくなったと報告しています。訓練生の中には，「デモ・ラウンド」を3，4回実施して，クライアントとしての役割を十分に身に着けるようにした人もいます。

キーポイント2：独自のトレーニング状況に合わせてエクササイズをカスタマイズする

「確実な実践」は，特定のルールに従うというよりは「トレーニングの原則」を活用するものです。トレーナーにはそれぞれの教え方があり，訓練生にはそれぞれの学習プロセスがあります。したがって，本書のエクササイズは，異なる文化圏における異なるトレーニングの文脈の中で，トレーナーが柔軟にカスタマイズできるようにデザインされています。訓練生とトレーナーは，自分たちの実践を最適化するために，エクササイズを継続的に調整することが奨励されます。最も効果的なトレーニングは，「確実な実践」のエクササイズが各訓練生の学習ニーズと各研修場所の文化に合うようにカスタマイズされたときに生まれます。多くのトレーナーや訓練生と接してきた経験から，私たちは，誰もが自発的に，それぞれの研修状況に合わせて練習問題をカスタマイズしていることを知りました。まったく同じ手順を踏むトレーナーは2人といませんでした。たとえば：

- あるスーパーバイザーは，ある訓練生にこのエクササイズを行いましたが，その訓練生は，「初級」レベルを含むすべてのクライアントの発言が難しすぎると感じ，吐き気，強い

差恥心，自信喪失などさまざまな反応を示しました。訓練生はスーパーバイザーに，以前とても過酷な学習環境を経験したことがあり，ロールプレイがそれを強く思い起こさせることを打ち明けました。そのためスーパーバイザーは，付録Aに示されている提案に従って，訓練生が「確実な実践への反応フォーム」に「よいチャレンジだった」と回答できるようになるレベルまで，刺激を徐々に簡単にしていきました。何週間も練習を重ねるうちに，その訓練生は安全の感覚を身につけ，より難しいクライアントの発言を練習できるようになりました。（もしスーパーバイザーが難しすぎる難易度のまま進めていたら，訓練生は否定的な反応を隠しながらそれに取り組み続け，感情に圧倒されて尻込みするようになり，その結果スキルの向上が阻害され，訓練から脱落する危険があったかもしれません。）

- 英語が母国語ではない訓練生のスーパーバイザーは，クライアントの発言を彼らの言語に翻訳しました。
- あるスーパーバイザーは，ある訓練生にこのエクササイズを行いましたが，その訓練生は上級のクライアントの発言を含め，すべての刺激を簡単すぎると感じていました。このスーパーバイザーは，すぐに付録Aにある「クライアントの発言の難易度を上げる」に従って，より難易度の高いクライアントの発言を一から即興で行う形に変更しました。

キーポイント３：自分だけの治療スタイルを見つける

　心理療法における「確実な実践」は，ジャズの演奏を学ぶ過程に例えることができます。ジャズミュージシャンは皆，自らの巧みな即興演奏を誇りにしており，「自分自身の声を見つける」プロセスは，ジャズミュージシャンとしての熟練の技の前提条件です。しかし即興演奏はランダムな音符の集まりではなく，長い時間をかけて確実に実践された集大成なのです。実際，即興演奏の能力は，何時間にも及ぶ音階やメロディー，ハーモニーなどのひたむきな練習の上に成り立っています。それと同じように，心理療法の訓練生には，本書の台本による介入を，それ自体を目的としてではなく，体系的な方法でスキルを向上するための手段として取り組むことを奨励します。時が経つにつれて，これらの治療的な「メロディー」のひたむきな練習によって，効果的な治療の創造性は，束縛されるのではなくむしろ促進されるようになるのです。

キーポイント４：十分な練習を行う

　「確実な実践」は，練習によってスキルを手続き的記憶へと移行させます。これにより訓練生は，困難なクライアントに対応する際もスキルへのアクセスを維持しやすくなります。これは，訓練生がエクササイズを何度も反復して練習する場合にのみ有効です。難しいスポーツや楽器を習う場合を思い浮かべてください。プロが新しい技術を自信をもって披露するためには，何回の練習が必要でしょうか？　心理療法は，けして他の分野に比べて簡単なものではありません！

キーポイント５：継続的に難易度を調整する

　「確実な実践」の重要な要素は，最適な難易度でのトレーニングです。つまり，簡単すぎても

難しすぎてもいけません。これを達成するために，付録Aの「確実な実践への反応フォーム」を使って難易度の評価と調整を行ってください。このステップを省略してはおいけません！　訓練生が「確実な実践への反応フォーム」の一番下にある「よいチャレンジ」を一つも感じられない場合は，その練習はおそらく簡単すぎる可能性があります。また，いずれかの「難しすぎる」に回答した場合，その練習は訓練生にとって難しすぎるかもしれません。上級の訓練生やセラピストは，すべてのクライアントの発言が簡単すぎると感じるかもしれません。その場合は付録Aの指示に従って，クライアントの発言を難しくし，ロールプレイを十分にやりがいのあるものにしてください。

キーポイント6：練習記録と模擬治療セッションを統合する

　訓練生によっては，実際の治療セッションを模倣したシミュレーションを行うことで，各スキルに関連する個々の治療反応により文脈を持たせ，トレーニングのバラバラな断片をより一貫した形に統合する必要性を感じる人もいるかもしれません。エクササイズ13の注釈付きの記録とエクササイズ14のセラピーの模擬セッションは，より現実的なセラピーの場でのさまざまな対応を次々と行う練習をすることができるため，その機会を与えてくれます。

反応性の高い治療

　本書のエクササイズは，訓練生がスキーマ療法の具体的なスキルを身につけるだけでなく，個々のクライアントに対応した形でそれを使用できるようデザインされています。心理療法の文献では，このスタンスは「適切な反応性（appropriate responsiveness）」と呼ばれていて，セラピストは，クライアントの感情状態，ニーズ，目標を認識した上で柔軟な判断を下し，技法やその他の対人スキルを統合して，クライアントにとって最適な結果を追求していきます（Hatcher, 2015; Stiles et al.）。効果的なセラピストは，新たな状況に対応します。Stiles と Horvath（2017）が主張するように，セラピストが効果的であるのは，適切に対応しているからです。「正しいことをする」ということはその都度異なるかもしれませんし，それぞれのクライアントに合わせた対応を提供することを意味します。

　適切な反応性は，「確実な実践」がセラピーの技法の機械的な反復を促進するために設計されたものである，という誤解に抗うものです。心理療法の研究者たちは，クライアントの嗜好を無視して特定のモデルに固執しすぎると，セラピーの効果が低下することを明らかにしてきました（たとえば，Castonguay et al., 1996; Hwnry et al., 1993; Owen & Hilsenroth, 2014）。一方，セラピストの柔軟性は，治療成績を改善することが示されています（たとえば，Bugatti & Boswell, 2016; Kendall & Beidas, 2007; Kendall & Frank, 2018）。したがって，訓練生は，新しく学んだスキルを多様なクライアント独自のニーズに柔軟に対応できる形で実践することが重要です（Hatcher, 2015; Hill & Knox, 2013）。したがって，訓練生にとっては，クライアントがその瞬間に体験していることに同調し，クライアントの瞬間々々の状況に基づいて自分の反応を形成できるようになるために，必要な知覚スキルを身につけることがきわめて重要なのです。

スーパーバイザーは，スーパーバイジーがセッション中にクライアント独自の具体的なニーズに同調できるよう，手助けしなければなりません。スーパーバイジーとともに反応性に取り組むことによって，スーパーバイザーはその価値を示し，より明確にすることができます。そうすることで，適切な反応性の全体像に注意を向けることができます。ここでは，訓練生とスーパーバイザーが協力して，単に技法を習得するだけでなく，セラピストが肯定的な変化を促すためにどのように技法を組み合わせればよいか，その判断力を身に着けることができます。訓練生が，この包括的な目標を念頭に置きながらセラピーのセッションを見直せるようにすることは，他ではなかなか得られないスーパービジョンの貴重な特徴です（Hatcher, 2015）。

また，「確実な実践」はより幅広いスキーマ療法の学習の文脈の中で行われることが重要です。第1章で述べたように，トレーニングは，実際のセラピーの記録，理論的な学習，有能なスキーマ・セラピストの観察，個人的な治療作業と組み合わせるべきでしょう。トレーナーや訓練生が，訓練生のスキーマ療法のスキルの習得が困難であると判断した場合は，何が欠けているのか，何が必要なのかを注意深くアセスメントすることが重要です。トレーナーと訓練生が必要なものは何かを共同で判断していけば，アセスメントは適切な改善策につながるはずです。

訓練生のウェルビーイングに配慮する

心理療法において一部のクライアントが経験する否定的な影響はよく知られていますが（Barlow, 2010），訓練やスーパービジョンが訓練生に及ぼす悪影響はあまり注目されていません（Ellis et al., 2014）。強い自己効力感をサポートするために，トレーナーは訓練生が適切な難易度で練習していることを確認しなければなりません。本書のエクササイズには，難易度を頻繁に評価・調整するためのガイダンスが記載されています。そのため，訓練生は自分のスキルの閾値を的確に狙ったレベルで練習することができます。トレーナーやスーパーバイザーは，適切な課題を提供するよう心がけなければなりません。訓練生にとってのリスクとして特に本書に関連するのは，難しすぎるロールプレイを用いた場合です。付録Aの「確実な実践への反応フォーム」は，トレーナーがロールプレイを行う際に適切な難易度で行われるようにするためのものです。トレーナーや訓練生は，練習に集中して早く上達し，早くスキルを身につけたいがゆえに，難易度の評価や調整を省略したくなるかもしれません。しかし，試験されたすべての場で，難易度の評価と調整を省略することは，他のどのミスよりも多くの問題を引き起こし，技能習得の妨げになることが明らかになりました。したがって，**トレーナーの最も重要な責務のひとつは，難易度の評価と調整を行うことを訓練生に思い出させること**なのだということを覚えておいてください。

さらに，「確実な実践への反応フォーム」は，訓練生が自己観察と自己認識の重要なスキルを身につけるのを助けるという二重の目的を果たします（Bennett-Levy, 2019）。このことは，訓練生が自分自身のセルフケアに関して，積極的で自信に満ちた姿勢を身に着けるのに役立ち，キャリアを通じた専門的な能力の開発を促進することでしょう。

訓練生のプライバシーの尊重

　本書の「確実な実践」のエクササイズは，たとえば過去のトラウマ記憶など，訓練生の複雑で不快な反応を呼び起こすかもしれません。心理的・感情的な反応を探究することで，脆弱になる訓練生もいるかもしれません。訓練生から何十年も経験を積んだベテランのセラピストまで，あらゆるキャリアの段階のセラピストが，このプロセスにおいて一般的に恥，困惑，自信喪失を経験します。このような経験は，訓練生の自己認識を深める上で貴重なものとなりえますが，トレーニングは専門的なスキルの開発に焦点を当て，個人的なセラピーになだれ込まないことが重要です（たとえば，Ellis et al.）。したがって，トレーナーの役割のひとつは，訓練生に適切なバウンダリーを維持することを思い出させることです。

　トレーナーに何を開示するか，あるいはしないか，最終的な決定権は訓練生にあります。訓練生は，自分にとっての目標が，不快な反応を経験しながらも，能動的に役に立ち続けるために，自らの自己認識と心理学的な能力を拡大することであることを心にとめ続けなければなりません。トレーナーは，そのために訓練生の内面世界の具体的な詳細を知る必要はありません。

　訓練生には，本人が安心して共有できる個人情報のみを共有するよう指導すべきです。「確実な実践への反応フォーム」と難易度の評価のプロセスは，訓練生がプライバシーの保持を管理しながら自己認識を築くことができるように設計されています。訓練生は，自分の内面について学ぶことが目的であることを再認識することができますし，その情報を必ずしもトレーナーや同僚と共有する必要はありません（Bennett-Levy & Finlay-Jones, 2018）。同様に，訓練生は，仲間の秘密を尊重するよう指導されなければなりません。

トレーナーの自己評価

　本書のエクササイズは，大学院課程，実習機関，個人開業施設など，世界中のさまざまなトレーニング機関で試験されたものです。トレーナーたちは，エクササイズがトレーニングに非常に効果的であることを報告しましたが，一方で，従来の臨床教育の方法と比較して，「確実な実践」がいかに異なって感じられるかに戸惑いを感じたという声もありました。多くのトレーナーは，訓練生のパフォーマンスを評価することには抵抗はなかったものの，トレーナーとしての自分自身のパフォーマンスについてはあまり自信がないようでした。私たちがトレーナーから聞いた最も一般的な懸念は，「私の訓練生はよくやっていますが，私は自分自身のやり方が正しいのかどうかがわかりません！」というものでした。この懸念に対処するために，トレーナーは，以下の5つの基準に沿って定期的に自己評価を行うことをお勧めします。

1. 訓練生の仕事ぶりを観察する。
2. 継続的に修正のためのフィードバックを行う。
3. 特定のスキルの練習が，訓練生の現在の能力を少しだけ超えた程度にあることを確認する。
4. 訓練生が，適切な難易度（簡単すぎず，難しすぎない）で練習していることを確認する。

5. 実際のクライアントを用いて，訓練生のパフォーマンスを継続的に評価する。

基準 1：訓練生の仕事ぶりを観察する

トレーナーとしてどの程度うまくいっているかを判断するには，まず，訓練生がトレーニングにどの程度反応しているかについて，有効な情報を得る必要があります。そのためには，訓練生がスキルを練習しているところを直接観察し，修正のためのフィードバックと評価を行う必要があります。「確実な実践」のリスクの 1 つは，訓練生が，ロールプレイの中では治療技法を実行する能力を獲得しても，そのスキルが実際のクライアントとの作業に反映されないことです。したがって，トレーナーは，訓練生が実際のクライアントと行った作業のサンプルを，生で，あるいは録画ビデオで観察する機会も持つことが理想的です。スーパーバイザーやコンサルタントは，クライアントとの作業に関して，訓練生や相談者の語りに大きく依存し，またそれだけに頼ることがあまりにも多いものです（Goodyear & Nelson, 1997）。Haggerty and Hilsenroth（2011）は，この課題について次のように述べています。

> 愛する人が手術を受けなければならなくなり，あなたが 2 人の外科医のどちらかを選ばなければならなくなったとしよう。外科医のうちの 1 人は，経験豊富な外科医から一度も手術を直接観察してもらったことがない。その外科医は手術を行い，上級医のところに戻ると，今行ったばかりの手術の複雑な手順を，時には不完全に，あるいは不正確に思い出そうとする。このような選択を迫られた場合，日常的に技術の実践を観察されている外科医よりも，こちらの外科医を選ぶ人がいることは想像しがたい。(p. 193)

基準 2：継続的に修正のためのフィードバックを行う

訓練生は，何がうまくできていて，何がうまくできていないのか，そしてどのようにスキルを向上させることができるのかを学ぶために，修正のためのフィードバックを必要としています。フィードバックは，できるだけ具体的かつ段階的であるべきです。具体的なフィードバックの例としては，「あなたの声は急いでいるように聞こえます。クライアントへの発言と発言の間に数秒の間を置いて，スピードを落としてみてください」とか，「クライアントとのアイコンタクトが素晴らしいですね」などです。曖昧で具体的でないフィードバックの例としては，「クライアントともっと良いラポールを築くようにしてください」や「クライアントの感情に対してもっとオープンになってみてください」などです。

基準 3：訓練生の現在の能力を少しだけ超えた，特定のスキルを練習する（発達の最近接領域）

「確実な実践」は，行動リハーサルによるスキルの習得を重視します。トレーナーはクライアントの概念化にとらわれ，スキルに焦点を当てることを犠牲にしないよう努めなければなりません。多くのトレーナーにとって，これはかなりの規律と自制を必要とします。それは単に心理療

法の理論（例：ケース概念化，治療計画，心理療法のモデルの相違，スーパーバイザーが経験した類似の事例など）について話す方が，訓練生がスキルの練習をするのを見るよりも楽しいからです。訓練生には多くの質問があり，スーパーバイザーには豊富な経験があるため，割り当てられたスーパービジョンの時間は，知識を共有することで簡単に埋めることができてしまいます。スーパーバイザーは有能さを感じられ，訓練生は学習の最近接領域ギリギリでのスキルの習得に苦労する必要がありません。質問に答えることは重要ですが，心理療法に関する訓練生の理論的知識は，心理療法を行うための手続き的能力をすぐに上回ってしまいます。特に，彼らが困難だと感じるクライアントに対してそれは顕著なのです。ここに簡単な経験則があります。「トレーナーは知識を提供するが，行動リハーサルはスキルを提供する」（Rousmaniere, 2019）。

基準4：適切な難易度で練習する（簡単すぎず，難しすぎない）

「確実な実践」には，「最適な緊張」を伴います。訓練生の現在のスキルの閾値を少しだけ超えたところでスキルを練習することによって，圧倒されることなく段階的に学習することができます（Ericsson, 2006）。

トレーナーは，訓練生が適切な難易度で練習していることを確認するために，「確実な実践」全体を通じて難易度の評価と調整を行わなければなりません。中には，練習に対する自らの不快な反応（例：解離，吐き気，ぼんやりするなど）に驚いたり，難しすぎる練習を「押し通す」誘惑に駆られたりする訓練生もいることに注意しましょう。これは，「確実な実践」の課程から脱落することへの恐れや，無能と判断されることへの恐れ，あるいは，訓練生自身による否定的な自己印象（例：「これはそれほど難しくないはずだ」）などから生じる可能性があります。トレーナーは，難易度の認識には個人差が大きいことについてノーマライズし，訓練生が自分自身のトレーニングのプロセスを尊重できるよう促す必要があります。

基準5：実際のクライアントとの訓練生のパフォーマンスの継続的評価

心理療法のスキルを確実に実践する目的は，訓練生が実際のクライアントを援助する際の効果を高めることです。「確実な実践」トレーニングのリスクの1つは，その効果が一般化しないことです。訓練生が習得した特定のスキルの能力が，実際のクライアントとの活動に反映されない可能性があるのです。したがって，トレーナーは，「確実な実践」が訓練生の実際のクライアントとの取り組みに与える影響を評価することが重要です。理想的には，複数のデータを測定することにより行います。

1. クライアントのデータ（口頭による自己申告と，日常的な成果のモニタリングデータ）
2. スーパーバイザーの報告
3. 訓練生の自己報告

「確実な実践」を行っても実際のクライアントに対する訓練生の有効性が向上しない場合，トレーナーはその難易度を慎重に評価すべきです。もしスーパーバイザーやトレーナーが，それが

スキル習得の問題であると感じた場合は，訓練生の学習ニーズやスタイルに合うように，「確実な実践」の取り組み方を調整することを検討するとよいでしょう。

　セラピストは伝統的に，「プロセス・アカウンタビリティ（process accountability）」というレンズで評価されてきました（Markman & Tetlock, 2000; Goodyear, 2015も参照）。これは，クライアントへの影響を考慮せず，特定の行動（たとえば，治療モデルに忠実かどうかなど）を示すことに焦点を当てたものです。私たちは，臨床の有効性は，クライアントの成果に焦点を絞ったレンズを通して評価する方が良いと提案します。そして，学習目標を，専門家が効果的だと判断した行動を行うこと（すなわち，コンピテンシーモデル）から，各訓練生の発達の最近接領域とパフォーマンスのフィードバックに合わせて，高度に個別化された行動目標に変更することを提案します。この評価モデルは，「アウトカム・アカウンタビリティ（outcome accountability）」（Goodyear, 2015）と呼ばれており，セラピストの能力よりもクライアントの変化に焦点を当てていて，セラピストが期待されるタスクをどのようにこなしているかとは無関係です。

訓練生へのガイダンス

　本書の中心テーマは，スキルの練習が自動的に役立つわけではないということです。訓練生が恩恵を受けるためには，「確実な実践」が適切に行われなければなりません（Ericsson & Pool, 2016）。本章と各エクササイズでは，効果的な「確実な実践」のためのガイダンスを提供します。また，訓練生に特化した追加のアドバイスも提供したいと思います。このアドバイスは，私たちが世界各地のボランティアによる「確実な実践」の試験会場で学んだことから導き出されたものです。自分自身の訓練プロセスを発見する方法，積極的な努力，遊び心，「確実な実践」の最中の休憩の取り方，トレーナーへの自己開示をコントロールする権利，トレーニング結果のモニタリング，トレーナーに対する複雑な反応のモニタリング，そして，あなた自身の個人セラピーについて取り上げています。

個別のスキーマ療法のトレーニング：あなたの発達の最近接領域を見つける

　「確実な実践」が最も効果を発揮するのは，トレーニングが各訓練生の個人的な技能の閾値をターゲットにしたものである場合です。これは，発達学習理論に関連してヴィゴツキーが最初に作った用語である「発達の最近接領域」とも呼ばれ（Zaretskii, 2009），訓練生の現在の能力の少し先にあるものの，教師やコーチの援助があれば到達可能な領域のことです（Wass & Golding, 2014）。**「確実な実践」が簡単すぎても難しすぎても，訓練生は恩恵を受けることができません。**トレーニングの生産性を最大化するために，エリート選手たちは「挑戦的だが，圧倒されることはない」という原則に従っています。能力をはるかに超えた課題は効果がなく，有害でさえあることがわかっています。同様に，すでに自信を持ってできていることをただ繰り返しても，成果がないのも事実です。このため，「確実な実践」では，訓練生の現在のスキルを継続的に評価し，同時に難易度を調整しながら，一貫して「十分によい」課題に挑戦する必要があります。ですから，もしあなたがエクササイズ11（「不適応的コーピングモードに対する治療的再養育法」）を練

習している際にそれが難しすぎると感じた場合は、エクササイズ6（「不適応的コーピングモードへのモードチェンジに気づく」）のような、より取り組みやすいスキルに戻ることを検討しましょう。

積極的な努力

訓練生は、本書の「確実な実践」を行う間、積極的かつ持続的な努力を維持することが重要です。「確実な実践」は、訓練生が自分の現在の能力を超えようとするときに大いに役立ちます。これは、訓練生が自分自身の練習を主体的に行い、自分を傷つけることがない範囲でできる限り難易度の高いロールプレイができるよう、トレーニングのパートナーをガイドすることによって達成されます。これはそれぞれの訓練生によって異なります。不快に感じたり、怖く感じたりすることもありますが、これはそこで最も大きな進歩を得ることができる発達の最近接領域なのです。単に書かれた台本を読んだり繰り返したりするだけでは、ほとんど、あるいはまったく効果がありません。訓練生には、トレーニングでの努力が、実際のクライアントとのセッションでのより多くの自信と快適さにつながることを忘れないでほしいと思います。

過程にとどまる：努力対フロー

「確実な実践」は、訓練生が自分自身を十分に追い込み、古い遂行パターンから脱却して初めて効果を発揮し、その結果、新しいスキルの成長が可能になります（Ericsson & Pool, 2016）。「確実な実践」は、常に現在の自分の能力の限界に焦点を当てるものであるため、必然的に張り詰めた努力を強いられることになります。実際、プロフェッショナルは、現在の自分の能力ギリギリの課題に十分に取り組まない限り、持続的なパフォーマンスの向上は望めません（Ericsson, 2003, 2006）。私たちの多くは、陸上競技やフィットネストレーニングの経験から、気楽なゾーンから押し出され順応していくこのプロセスに慣れ親しんでいるでしょう。私たちの精神的、感情的能力にも同じプロセスが当てはまります。

多くの訓練生は、スキーマ療法の「確実な実践」が、実際のクライアントとの心理療法よりも難しいと感じられることを発見して驚くかもしれません。これは、実際のクライアントと取り組む際は、セラピストは仕事が楽に感じられる「フロー状態（state of flow）」（Csikszentmihalyi, 1997）に入ることができるからです。対照的に、効果的なスキルの構築は本質的に努力と負荷がかかる傾向があり、特に難しい課題を行う場合、セラピストのエネルギーはすぐに枯渇してしまいます。そのような場合、セラピストは、自信と熟練感を高めるためにも、いったん自分がより慣れ親しんでいて熟練していると感じられる応答形式に戻って、短期間それを提供することを試みてもいいでしょう。

あなた自身のトレーニング・プロセスを発見する

「確実な実践」の有効性は、訓練生が練習を行う際に発揮する努力と主体性に直接関係します。トレーナーは指導を行うことができますが、訓練生は、時間をかけて自分特有のトレーニング・

プロセスについて学ぶことが重要です。そうすることで，訓練生は自分自身のトレーニングの達人となり，キャリアを通じてプロフェッショナルとして成長していくための準備をすることができるのです。以下は，「確実な実践」に取り組む中で，訓練生が発見した個人的なトレーニング・プロセスの例です。

- ある訓練生は，自分は難しい練習を粘り強く続けることが得意な一方，新しいスキルに慣れるには他の訓練生よりもたくさんの練習が必要なことに気づきました。この訓練生は，自分の上達のペースに対する忍耐力をつけることに重点を置きました。
- ある訓練生は，ほんの数回繰り返すだけで，すぐに新しいスキルを習得できることに気づきました。しかし彼はまた，感情的に喚起されるクライアントの発言に対する自分の反応の評価が，「よいチャレンジ」から「難しすぎる」まで，非常に速く，予測不可能に変動することがあることにも気がつきました。そのため，彼は「確実な実践への反応フォーム」に記載されている反応に注意を払う必要があるでしょう。
- ある訓練生は，自分自身を「完璧主義者」と称し，吐き気や解離といった「難しすぎる」部類に入る不安反応があっても，練習を「無理に押し通そうとする」強い衝動を感じていました。そのため，この訓練生はエクササイズの恩恵を得られず，やる気を失う可能性がありました。この訓練生は，もっとゆっくり取り組むこと，自らの不安反応に対するセルフ・コンパッションを養うこと，トレーニングのパートナーにロールプレイの難易度を下げてもらうこと，を意識しました。

訓練生は，自分自身と自分の学習プロセスについて最もよく知るために，エクササイズを用いて自分自身の経験を深く振り返ることが奨励されます。

遊び心と休憩

心理療法は，しばしばつらい感情を伴う重大な仕事です。しかし心理療法を実践することは，遊び心に溢れる楽しいことでもあります（Scott Miller, 私信, 2017）。訓練生は，「確実な実践」の主な目的の1つは，さまざまなアプローチやスタイルのセラピーを試すことであるのを忘れてはなりません。もし「確実な実践」が機械的で，退屈で，ルーチンワークのように感じられるなら，それはおそらく訓練生のスキルアップにはつながらないでしょう。この場合，訓練生は取り組みを活気づける必要があります。そのためには，遊び心を取り入れるのがいい方法です。たとえば，訓練生は次のようなことを試してみることができます。

- 声のトーン，話すペース，身振り手振り，その他の言語表現を使い分けてみる。こうすることで訓練生のコミュニケーションの幅を広げることができます。
- （布を使って）目が見えなかったり，耳が聞こえなかったりする状態を想定して練習する。そうすることで他の感覚の感受性を高めることができます。
- 立ったまま，あるいは外を歩き回りながら練習する。これは，訓練生がセラピーの経過に対する新たな展望を得るのに役立ちます。

スーパーバイザーはまた，訓練生が特に難しい感情を扱っていてストレスを感じている場合，質問と質問の間に5分から10分の休憩を取りたいかどうか，訓練生に尋ねることもできます。

追加の「確実な実践」の機会

本書は，訓練生とスーパーバイザーが積極的に実際に関わりながら行う「確実な実践」に焦点を当てています。重要なことは，「確実な実践」はこのような集中的なトレーニングのセッションの枠を超えて，ホームワークとしても使用できるということです。たとえば，訓練生はクライアントの刺激を黙読，あるいは声に出して読み，それに対する反応を，スーパーバイザーとのセッションの合間に自主的に練習してもいいでしょう。このような場合，セラピストの反応を頭の中で黙々と練習するのではなく，声に出して言うことが重要です。あるいはスーパーバイザーなしで，二人の訓練生がペアで練習することもできます。スーパーバイザーが不在の場合，フィードバック源は限定されますが，クライアント役の訓練生は，スーパーバイザーが同席しているときと同様にその役割を果たすことができます。こうした付加的な「確実な実践」の機会は，スーパーバイザーとの集中的なトレーニングセッションの合間に行われることを想定しています。個別に，あるいはスーパーバイザーなしで行われる「確実な実践」の質を最適化するために，私たちは「確実な実践のダイアリーフォーム」を開発しました。書式は付録Bを参照するか，http://www.iwasaki-ap.co.jp/book/b654579.html（「臨床家と実践家のリソース」バナーを参照）からダウンロードしてください。この用紙は，訓練生が「確実な実践」の活動の経験を記録するためのテンプレートであり，理想的には，学習の定着に役立つものです。この用紙は，スーパーバイザーとの評価プロセスの一環として使用することができますが，必ずしもその目的を意図したものではありません。訓練生が，自主的な練習の経験を次のスーパーバイザーとのミーティングで扱うことは大変歓迎されることです。

訓練結果のモニタリング

トレーナーはコンピテンシー重視のモデルを使って訓練生を評価しますが，訓練生にはまた，自分自身のトレーニング・プロセスに主体性を持ち，自らの「確実な実践」の結果を探求することが奨励されます。おそらく，訓練生は数回のトレーニングセッションで「確実な実践」の成果を体験することでしょう。結果が出ないことは，訓練生のやる気を失わせ，「確実な実践」の努力や集中力を削ぐ結果になりかねません。結果が出ない場合，訓練生はそのことについてトレーナーと率直に話し合い，「確実な実践」のプロセスを調整してみるとよいでしょう。結果には，クライアントの成果，研修生自身のセラピストとしての能力の向上，個人的な成長，トレーニングの質の全体的な改善などが含まれます。

クライアントの成果

「確実な実践」の最も重要な結果は，訓練生のクライアントの成果が向上することです。こ

れは，定期的なアウトカム測定（Lambert, 2010; Prescott et al., 2017），質的データ（McLeod,
2017），クライアントとの率直な話し合いを通して評価されます。しかし，クライアントの成果
のばらつきの最大の原因はクライアント自身の変数にあることを考慮すると（Bohart & Wade,
2013），訓練生は，「確実な実践」によるクライアントの成果の改善は，時として迅速に達成する
ことが難しい場合があることに留意する必要があります。たとえば，重度の慢性症状を持つクラ
イアントは，訓練生がどれだけ効果的な練習をしたとしても，どのような治療にもすぐには反応
しないかもしれません。クライアントによっては，症状がすぐに減少することよりも，むしろ症
状に対する忍耐とセルフコンパッションの増大が進歩の兆しである場合もあります。したがって
訓練生は，クライアントの変化に対する期待を，そのクライアントの症状，病歴，病態に照らし
合わせて，現実的なものにしておくことが望ましいでしょう。訓練生は，自分が訓練で進歩した
ことを感じたいがために，クライアントにセラピーで無理に改善させようとしないことが重要で
す（Rousmaniere, 2016）。

セラピストとしての訓練生の仕事

　「確実な実践」の重要な結果のひとつは，クライアントとの仕事における訓練生の変化です。
たとえば，試験会場の訓練生たちは，感情を喚起させるクライアントとより落ち着いて向き合え
るようになった，セラピーの中での不快な話題に自信を持って取り組むことができるようになっ
た，そしてより幅広いクライアントに対応できるようになったと報告しています。

訓練生の個人的な成長

　「確実な実践」のもうひとつの重要な成果は，訓練生自身の成長です。たとえば，試験会場の
訓練生たちは，自分自身の感情により密接に触れるようになり，セルフ・コンパッションが高ま
り，より幅広いクライアントと取り組む意欲が高まったと報告しました。

訓練生のトレーニング・プロセス

　「確実な実践」のもう一つの価値ある成果は，訓練生のトレーニング・プロセスの改善です。
たとえば，試験会場の訓練生は，自分のトレーニングスタイル，好み，長所，そして課題をより
意識するようになったと報告しています。時間の経過とともに，訓練生は自分のトレーニング・
プロセスにより主体性を感じるようになるでしょう。また，心理療法のセラピストとしてのトレ
ーニングは，複雑なプロセスであり，何年にも渡って行われることが推奨されます。経験豊富
な熟練セラピストは，大学院を卒業してもなお成長し続けていると報告しています（Orlinsky &
Ronnestad, 2005）。さらに言えば，訓練は直線的なプロセスではないのです。

訓練生とトレーナーの同盟：トレーナーに対する複雑な反応のモニタリング

　ハードな「確実な実践」に取り組む訓練生は，しばしばトレーナーに対して複雑な感情を抱い

ているといいます。たとえば，ある訓練生は，「これが役に立つことは分かっていますが，楽しみではありません」と言っていました。別の訓練生は，トレーナーに対して感謝と苛立ちの両方を同時に感じていることを報告しています。訓練生には，陸上競技や音楽など，他の分野で行った集中的なトレーニングを思い出すようお勧めします。コーチが訓練生をその能力の限界まで追い込むと，訓練生はコーチに対して複雑な反応を示すことがよくあります。

　これは，必ずしもトレーナーが間違ったことをしていることを意味しません。実際，集中的なトレーニングは，トレーナーに対する感謝の気持ちと共に，苛立ちや不満，失望，怒りといった反応を引き起こすことが避けられません。実際，もし訓練生が複雑な反応を経験しないのであれば，「確実な実践」が十分にやりがいのあるものであるかどうかを検討する価値があります。しかし，先に述べたプライバシーの権利がここでも同様に適用されます。専門的なメンタルヘルスのトレーニングは階層的な関係が生じ評価的なものであるため，トレーナーは訓練生が自分に対して経験するかもしれない複雑な反応を共有することを求めるべきでなく，期待してもいけません。トレーナーは，訓練生の共有に対してオープンであるべきですが，そうするかどうかの選択権は常に訓練生側にあるのです。

訓練生自身のセラピー

　「確実な実践」に取り組む際，多くの訓練生は，自分自身がセラピーを受けることが有益かもしれないような自らの内的世界の側面を発見します。たとえば，ある訓練生は，クライアントの怒りが自分自身の虐待の苦痛な記憶をかき立てることを発見しました。またある訓練生は，共感スキルの練習中に自分が解離していることに気づきました。また別の訓練生は，数回繰り返しただけではスキルを習得できなかった際に，圧倒的な羞恥心と自己批判を経験しました。

　これらの発見は，最初は不安なものでしたが，最終的には有益でした。というのも，この発見が訓練生に自分自身のセラピーを求める動機づけとなったからです。多くのセラピストが自分自身のセラピーを受けています。実際，Norcross and Guy（2005）は，17の研究のレビューの中で，8,000人以上のセラピストのうち，約75％が自分自身のセラピーを受けていることを明らかにしています。また，OrlinskyとRonnestad（2005）は，自分自身のセラピーを受けたセラピストの90％以上が，それが役に立ったと報告していると述べています。

訓練生への質問
1．あなたは，自分自身の学習プロセスにおいて，スキルを向上させる努力と，忍耐やセルフ・コンパッションとの間にバランスを取っていますか？
2．トレーニングから生じる羞恥心や自己判断に気づいていますか？
3．個人的なバウンダリーに気を配り，トレーナーに対する複雑な感情も尊重していますか？

付録A
難易度の評価と調整

　「確実な実践」では，難しすぎず，簡単すぎない，適切な難易度でエクササイズを行うことが最も効果的です。適切な難易度で実践していることを確認するため，訓練生は，各レベル（初級，中級，上級）のクライアントの実践を終了するごとに，難易度の評価と調整を行う必要があります。これを行うには，オンラインの「臨床家と実践家のリソース」バナー（http://www.iwasaki-ap.co.jp/book/b654579.html）にもある「確実な実践への反応フォーム」（図A.1）を使用します。**このプロセスは省略しないでください！**

難易度の評価の仕方

　セラピストは，「確実な実践への反応フォーム」（図A.1）に記入します。

- エクササイズの難易度の評価が「8」を超えた場合，または「難しすぎた」の欄に何らかの反応があった場合は，インストラクションに従ってエクササイズの難易度を下げてください。
- エクササイズの難易度の評価が「4」未満の場合，または「よいチャレンジだった」の欄に何らかの反応がなかった場合は，より難易度の高いクライアントの発言に進むか，インストラクションに従ってエクササイズの難易度を上げてください。
- エクササイズの難易度の評価が「4」から「8」の間の場合，そして「よいチャレンジだった」の欄に少なくとも1つの反応がある場合は，より難易度の高いクライアントの発言には進まずに，同じレベルを繰り返してください。

クライアントの発言の難易度を下げる

　もしセラピストがエクササイズの難易度を「8」を超えて評価したり，「難しすぎた」の欄に何らかの反応を示したりした場合は，次に難易度の低いクライアントの発言を使用してください（たとえば，上級のクライアントの発言を使用した場合は，中級の発言に変更します）。ただし，すでに初級のクライアントの発言を使っていたのであれば，クライアントの発言の難易度をさらに下げるために，以下の手法を使います。

- クライアント役の訓練生は，同じ初級のクライアントの発言を使うことができますが，今度はよりソフトで落ち着いた声で，笑顔で発言します。そうすることで，感情的なトーン

質問1：このエクササイズのスキル基準を満たすのは，どれぐらい大変でしたか？

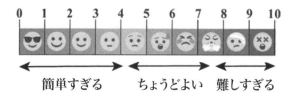

質問2：「よいチャレンジだった」あるいは「難しすぎた」のカテゴリーにおいて，何か反応がありましたか？
（はい／いいえ）

「よいチャレンジだった」			「難しすぎた」		
感情と思考	身体反応	衝動	感情と思考	身体反応	衝動
マネジメントが可能な恥，自己評価，イライラ，怒り，悲しみなど	身体の緊張，ため息，浅い呼吸，心拍数の増加，体温の上昇，口の乾き	目を逸らす，引きこもる，焦点を変える	強烈な，または圧倒的な恥，自己評価，イライラ，怒り，悲しみなど	偏頭痛，めまい，思考力低下，下痢，解離，しびれ，頭が真っ白になる，吐き気など	凍りつき，あきらめ

「簡単すぎた」
↓
次の難易度に進む

「よいチャレンジだった」
↓
同じ難易度を繰り返す

「難しすぎた」
↓
一つ前の難易度に戻る

図 A.1 確実な実践への反応フォーム

注　R. N. Goldman, A. Vaz, and T. Rousmaniere 著『感情焦点化療法における意図的な実践』（p.180）2021, American Psychological Association（https://doi.org/10.1037/0000227-000）より。著作権は米国心理学会に帰属する。

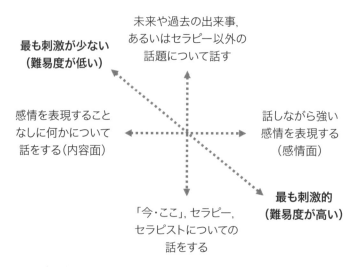

図 A.2 ロールプレイでクライアントの発言の難易度を下げたり上げたりするための方法

注　Jason Whipple, PhD. による図

がやわらぎます。

- クライアント役の訓練生は，感情を表さない話題や，未来や過去の話（「今・ここ」の話を避ける），セラピー以外の話題など，それほど刺激的ではない話題や，セラピストがより心地よく感じる話題を即興で話すことができます（図A.2を参照）。
- セラピストは質問の間に短い休憩（5〜10分）を取ることができます。
- トレーナーは，スキーマ療法や心理療法の理論や研究について話すことで，フィードバックの幅を広げることができます。そうすることで，訓練生の焦点は，感情から離れた知的な話題に移り，感情の強度が軽減されるはずです。

クライアントの発言の難易度を上げる

セラピストがエクササイズの難易度を「4」未満と評価したり，「よいチャレンジだった」の欄に何らかの反応を示さなかったりした場合は，次に難易度の高いクライアントの発言を使用してください。ただし，すでに上級のクライアントの発言を使っていたのであれば，クライアントは以下のガイドラインを参考に，エクササイズをさらに難しくしてください。

- クライアントは，より苦痛な声（例：非常に怒っている，非常に悲しんでいる，強烈な皮肉を言っている）や不快な表情で，上級のクライアントの発言をもう一度使うことができます。そうすることで，感情的なトーンが高まるはずです。
- クライアントは，強い感情を表現したり，「今・ここ」やセラピーやセラピストについての話をしたりするなど，より刺激的でセラピストを不快にさせるような話題で，即興的にクライアントの発言をすることができます（図A.2を参照）。

注　「確実な実践」のセッションの目的は，クライアントの発言とセラピストの応答をすべてやり尽くすことではなく，適切な難易度のエクササイズにできるだけ多くの時間を費やすことにあります。これは，訓練生が同じ発言や応答を何度も繰り返すことを意味しますが，難易度が「よいチャレンジだった」のレベルにとどまっているのであれば，それは問題ありません。

付録B
確実な実践の記録フォーム

　確実な実践の質を最適化するために，私たちは「確実な実践の記録フォーム」を開発しました。これは，オンラインの「臨床家と実践家のためのリソース」バナー（http://www.iwasaki-ap. co.jp/book/b654579.html）からもダウンロードできます。この用紙は，訓練生が「確実な実践」の活動の体験を記録するためのひな型であり，学習の定着に役立つことを期待しています。この用紙は，スーパーバイザーとの評価プロセスの一貫として使用することを意図したものではありません。

確実な実践の記録フォーム

　このフォームを使用して，「確実な実践」の学びを整理しまとめましょう。個人的なバウンダリーを守るため，開示しても差支えのない情報のみ記入しましょう。

姓名：＿＿＿＿＿＿＿＿＿＿＿＿＿＿＿＿　　年月日：＿＿＿＿＿＿＿＿＿＿＿＿＿＿＿＿＿＿
エクササイズの詳細（番号，クライアントのレベルや発言など）：＿＿＿＿＿＿＿＿＿＿＿

質問1．この「確実な実践」のセッションで役に立ったこと，あるいはうまくいったことは何ですか？　またそれはどのように役に立ち，うまくいったのでしょうか？

質問2．この「確実な実践」のセッションで役に立たなかったこと，あるいはうまくいかなかったことは何ですか？　またそれはどのように役に立たず，うまくいかなかったのでしょうか？

質問3．あなたは，自分自身や自分の現在のスキルについて何を学びましたか？　そして，あなたが改善し続けたいスキルは何ですか？　自由に詳細を記入してください。ただし，開示しても差支えのないものに限定しましょう。

付録C
スキーマ療法についての解説[原注1]

　本書のエクササイズを最大限に活用するには，訓練生のスキル構築を，スキーマ療法の理論および知識と統合する必要があります。スキーマ療法は包括的なアプローチであり，複数の概念に基づくケース概念化に基づいて，セラピストの介入が行われます。したがって，効果的なスキーマ療法を提供するには，これらの複数の概念とその相互の関連性についての知識が不可欠です。この付録Cでは，スキーマ療法の主要な概念について解説します。訓練生には，これらを学び，臨床実践におけるそれらの重要性，より具体的には本書で実践するスキルとの関係について考えることをお勧めします。

幼少期の満たされない中核欲求と早期不適応的スキーマとの関連

　以下に示すのは，幼少期の満たされない欲求のリストであり，それぞれが早期不適応的スキーマに対応しています。

幼少期の満たされない中核欲求

1. 安全なアタッチメント：愛，承認，保護，受容
2. 感情と欲求の自由な表出
3. 遊びと自発性
4. 自律性，有能性，アイデンティティの感覚
5. 現実的な制約，セルフコントロール

早期不適応的スキーマ

1. 断絶と拒絶
    - 情緒的剥奪スキーマ
    - 欠陥／恥スキーマ
    - 不信／虐待スキーマ
    - 社会的孤立／疎外スキーマ
    - 見捨てられ／不安定スキーマ

原注1）データは Farrell and Shaw（2018）による。

2. 他者への追従
   - 評価と承認の希求スキーマ
   - 服従スキーマ
   - 自己犠牲スキーマ

3. 過剰警戒と抑制
   - 否定／悲観スキーマ
   - 感情抑制スキーマ
   - 厳密な基準スキーマ
   - 罰スキーマ

4. 自律性と行動の損傷
   - 巻き込まれ／未発達の自己スキーマ
   - 失敗スキーマ
   - 損害と疾病への脆弱性スキーマ
   - 依存／無能スキーマ

5. 制約の欠如
   - 自制と自律の欠如スキーマ
   - 権利要求／尊大スキーマ

スキーマモードの解説

- **ヘルシーモード**：充実感とウェルビーイングに関連する適応的機能モード
  - 幸せなチャイルドモード／満たされたチャイルドモード
  - ヘルシーアダルトモード

- **要求的／懲罰的内的批判モード**：幼少期における養育者からのネガティブな側面が内在化されたもの。懲罰的で厳しいメッセージ（懲罰的批判）と達成不可能な期待や基準を設定するメッセージ（要求的批判）が含まれる。
  - 懲罰的批判モード
  - 要求的批判モード

- **不適応的コーピングモード**：トラウマや満たされない欲求に関連するスキーマが活性化されたときに発動する，その人にとって馴染みのサバイバル戦略。これには，逃走（回避），闘争（過剰補償），凍りつき（服従）などがある。
  - 回避・防衛モード

— 過剰補償モード
— 従順服従モード

- **内的チャイルドモード**：幼少期において満たされなかった欲求に関連して形成された，成人期のスキーマが引き金となって生じる反応
  — 脆弱なチャイルドモード
  — 衝動的・自律的チャイルドモード
  — 怒れるチャイルドモード

満たされなかった中核欲求に関連するスキーマモード

- 「安全なアタッチメント」の欠如
  — **脆弱なチャイルドモード**：強い孤独感，恐怖，不安，悲しみの体験

- 感情や欲求の承認の欠如，指導（ガイダンス）の欠如，セルフコントロールと現実的制約の欠如
  — **怒れるチャイルドモード**：不当な扱いや欲求が満たされないことへの怒り
  — **衝動的・非自律的チャイルドモード**：他者の欲求や制約に構わず，自分の欲望に応じて行動する

- 中核的欲求（特に，愛，承認，称賛，受容，指導）への拒絶と抑圧
  — **懲罰的批判モード**：厳しい懲罰と自己の拒絶
  — **要求的批判モード**：非現実的に高い期待へのプレッシャー

- 幼少期の満たされない欲求が「不適応的コーピングモード」を生み出すことがある
  — **回避・防衛モード**：相手とのつながりを断つ，孤立する，身体的回避，引きこもり，解離
  — **過剰補償モード**：早期不適応的スキーマとは正反対のことを，反撃とコントロールのためのコーピングスタイルとして行う（例：仕事において完璧主義で，過剰にコントロールしようとする）。
  — **従順服従モード**：あたかもそのスキーマが真実であるかのように振る舞い，スキーマに服従する。たとえば，「欠陥／恥スキーマ」の持ち主が，自分には何の価値もないとあきらめて受け入れる。

- 幼少期に満たされなかった欲求は，「ヘルシーアダルトモード」の未発達につながる可能性がある。
  — **（未発達の）ヘルシーアダルトモード**：健全で成熟した方法で自らの欲求を満たし，喜びを感じ，他者との健全な絆を維持し，成人として求められることを実行する。

付録D
「確実な実践」のエクササイズが組み込まれた
スキーマ療法のシラバスのサンプル

　この付録では，スキーマ療法の指導に特化した1学期，3単位のコース例を紹介します。このコースは，まだクライアントと接したことのない1年生を含む，あらゆるレベルの大学院生（修士課程および博士課程）に適しています。このコースは，特定のプログラムの文脈やニーズに適応可能なモデルになっています。たとえば，指導者はこのモデルの一部を借りて他のコースや実習，エクスターンシップやインターンシップでの講義形式のトレーニングイベント，ワークショップ，あるいは大学院生セラピストの継続した教育などに使用することができます。

コース名：スキーマ療法：理論と確実な実践

コースの概要

　このコースでは，スキーマ療法の理論，原則，中核となるスキルを学びます。講義と演習の両方の要素が含まれ，スキーマ療法の理論モデルとその変化のプロセス，セラピストのスタイルと治療的再養育法による介入，スキーマ療法のアプローチの有効性を支持する治療効果研究について概説します。そして，学生がスキーマ療法の主要なスキルを習得できるよう，「確実な実践」の活用を促進します。

コースの目標

　このコースを修了した学生は，以下のことができるようになります。

1. スキーマ療法の中核となる理論，概念，スキルについて説明する。
2. キャリアを通じた臨床能力の開発のために，「確実な実践」の原則を適用する。
3. 主要な12のスキーマ療法のスキルを発揮する。
4. クライアントの現在の問題をスキーマ療法の用語で説明する。
5. 各セッションに対応したクライアントのホームワークを作成する

日付	講義と討論	スキル演習	ホームワーク[#]
第1週	スキーマ療法入門：理論，歴史，研究；治療のプロセスと効果に関する研究	「確実な実践」の原則についての講義；確実な実践」に関する研究	**第1週までに読んでおくもの：** Beharyら (2023, 第1章); Youngら (2003, Chapter 1, pp.1-62) **第1週までの任意の読み物：** Edwards & Arntz (2012, 第1章, pp.3-26); Farrell & Shaw (2022) **第1週のホームワーク(次回の授業用)：** Youngら (2003, 第6章, pp.177-220); Roedigerら (2018, Chapter 5, pp. 83–107)
第2週	治療同盟の開発；絆と感情調整	エクササイズ1：理解と調律	Roedigerら (2018, 第7章, pp. 125–142); Farrell & Shaw (2018, Modules 12 & 20)
第3週	ヘルシーアダルトモード：クライアントの強みや能力にアクセスし，サポートすることに焦点を当てる	エクササイズ2：ヘルシーアダルトモードを支持し，強める	Youngら (2003, 第2, 3章, pp. 63–99)
第4週	早期不適応的スキーマと，現在の問題におけるその役割について紹介する	エクササイズ3：スキーマの心理教育：現在の問題をスキーマ療法の視点から理解することを始める	Youngら (2003, 第7章, pp. 207–270); Farrell & Shaw (2018, Module 6)
第5週	スキーマ療法モデルにおける心理的問題の病因に関する基本概念	エクササイズ4：満たされなかった欲求，スキーマ，現在の問題を関連づける	Youngら (2018, 第8章, pp. 271–305); Roedigerら (2018, 第4章, pp. 57–82)
第6週	現在の問題における，要求的／懲罰的内的批判モードを同定する	エクササイズ5：不適応的スキーマモードの心理教育	Farrellら (2014, pp. 95–98, 267–280); Farrell & Shaw (2018, モジュール8)
第7週	不適応的コーピングモードに対するモードへの気づき	エクササイズ6：不適応的コーピングモードへのモードチェンジに気づく	Farrellら (2014, pp. 99–102); Farrell & Shaw (2018, モジュール10)
第8週	要求的／懲罰的内なる批判者モードに対するモードへの気づき	エクササイズ7：要求的／懲罰的内的批判モードの存在を同定する	Farrellら (2014, pp. 103–110); Youngら (2003, 第1, 2章, pp. 4–76); Farrell & Shaw (2018, モジュール5)
第9週	最初のケース概念化の提出(問題分析の概要とモードマップ)，自己評価，自己内省	エクササイズ14：スキーマ療法の模擬セッション	Farrellら (2014, pp. 292–316); Farrell & Shaw (2018, モジュール14, 15)
第10週	怒れる／脆弱なチャイルドモードに対するモードへの気づき	エクササイズ8：怒れる／脆弱なチャイルドモードの存在を同定する	Farrellら (2014, pp. 10–15); Roedigerら (2018, pp. 119–122)
第11週	治療的再養育法，チャイルドモードに対する修正感情体験	エクササイズ9：怒れる／脆弱なチャイルドモードに対する治療的再養育法	Farrellら (2014, pp. 280–291); Farrell & Shaw (2018, Module 11); Behary (2021, 第7, 9章); Behary (2020, pp. 227–237)
第12週	要求的／懲罰的内的批判モードに挑戦するための治療的再養育法	エクササイズ10：要求的／懲罰的内的批判モードに対する治療的再養育法	Roedigerら (2018, pp. 112–119); Farrellら (2014, pp. 267–280); Behary & Dieckmann (2013, 第17章)
第13週	共感的直面化	エクササイズ11：不適応的コーピングモードに対する治療的再養育法，すなわち共感的直面化	Youngら (2003, 第5章, pp. 146–176); Farrell & Shaw (2018, モジュール11)
第14週	モードマネージメントと，行動パターンの変容	エクササイズ12：ホームワークを通じて，行動的パターン変容を実行する	ISSTによるケース概念化の例
第15週	第2のケース概念化の提出，学期末試験，自己評価，スキルコーチングフィードバック，自己内省	エクササイズ13：注釈付きのスキーマ療法実践セッション記録	なし

注　ISST = International Society of Schema Therapy.
#　宿題は，次のクラスのためです。含まれている引用は，「読むべきもの」の項に示されています。

授業の形式

一回の授業時間は3時間で，スキーマ療法の理論の学習とスキルの習得に均等に配分されます。

講義／討論の授業：毎週1回，スキーマ療法の理論と関連する研究に焦点を当てた1.5時間の講義／討論クラスがあります。

スキーマ療法のスキル演習：毎週1回，1.5時間のスキーマ療法のスキルの演習があります。スキル演習では，本書のエクササイズを用いてスキーマ療法のスキルを練習します。エクササイズでは，以下の目標のもと，セラピーのシミュレーション（ロールプレイ）を行います。

1. 訓練生が，スキーマ療法の技法を実際のクライアントに用いるためのスキルと自信を身につける
2. 間違いを恐れず，さまざまな治療的介入を試すための安全な空間を提供する
3. 訓練生が最終的に自分独自のセラピースタイルを発見できるよう，さまざまな形式のセラピーを探求し，「試す」機会を多く提供する

模擬セッション：学期に1回（第9週），訓練生はスキーマ療法のスキル演習で心理療法の模擬セッションを行う。高度に構造化され反復される「確実な実践」のエクササイズとは対照的に，心理療法の模擬セッションは構造化されていない即興的なセラピーセッションです。模擬セッションでは，訓練生に以下のことをしてもらいます。

1. スキーマ療法のスキルを臨機応変に用いる練習をする
2. 台本のない状況で臨床的な意思決定を試みる
3. 個人の治療スタイルを発見する
4. 実際のクライアントと取り組むための持久力を養う

ホームワーク

毎週ホームワークがあり，読書と指定された練習パートナーとの1時間のスキル練習，また時折筆記の課題が課されます。スキル練習のホームワークでは，その週のスキーマ療法のスキル演習で行ったエクササイズを繰り返します。パフォーマンスを評価する指導教員はその場にはいないため，代わりに訓練生は「確実な実践への反応フォーム」と「確実な実践の記録フォーム」に記入して自己評価を行います。

ケース概念化の課題

受講生は2つのケース概念化を完成させなければなりません。1つは中間に，もう1つは授業最終日に提出します。これらは，訓練生が実際のクライアントと行った治療ケースに基づくものでなければなりません。

脆弱性，プライバシーおよびバウンダリーについて

このコースは，臨床に関連した体験的な枠組みの中で，スキーマ療法のスキル，自己認識，対人スキルを開発することを目的としています。このコースは心理療法や，心理療法の代わりとなるものではありません。学生は，個人的に受け入れ可能で，自分自身の学びに役立つレベルの自己開示で交流する必要があります。内面的な感情や心理的プロセスに気づくことは，セラピストの成長にとって必要なことですが，その情報をすべてトレーナーに明かす必要はありません。重要なのは，学生が自分自身に見合ったレベルの安全とプライバシーを感じることです。学生は，クラスで提示することを選んだ素材のレベルによって評価されることはありません。

「心理学者の倫理原則および行動規範」（American Psychological Association, 2017）に従い，学生は**個人情報を開示する必要はありません**。このクラスは，対人関係能力とスキーマ療法のスキルの両方を伸ばすことを目的としているため，学生が自己開示を選択する際に十分な情報を得られるよう，以下の点が重要になります。

- いつ，どのくらい，何を開示するかは学生が選択します。個人情報を開示しないことを選択したからといって，罰せられることはありません。
- 学習環境は，他のグループの空間と同じように，グループの力動の影響を受けやすいものです。そのため，より包括的で生産的な学習環境を育成することを唯一の目的として，学生にクラス環境での観察や経験を共有するよう求める場合があります。

守秘義務

クライアントとセラピストの情報と多様性を尊重した安全な学習環境を作り，クラスでのオープンで繊細な会話を促進するため，受講生は指導環境内外で守秘義務の厳守に同意する必要があります。

評　価

自己評価：学期末（第15週）に，訓練生は自己評価を行います。これは，訓練生が自分の進歩の状況を把握し，さらに発展させるべき分野を特定するのに役立ちます。

採点基準

学生は以下における自分自身の成績のレベルと質に対して責任を負うことになります。

- ディスカッションのクラス
- スキル演習（エクササイズと模擬セッション）
- ホームワーク

- 中間および最終のケース概念化

必読書

Behary, W. T. (2020). The art of empathic confrontation and limit-setting. In G. Heath & H. Startup (Eds.), *Creative methods in schema therapy*: *Advances and innovation in clinical practice* (pp. 227–236). Routledge.

Behary, W. (2021). *Disarming the narcissist* (3rd ed.). New Harbinger Publications.

Behary, W. T., & Dieckmann, E. (2013). Schema therapy for pathological narcissism: The art of adaptive reparenting. In J. S. Ogrodniczuk (Ed.), *Understanding and treating pathological narcissism* (pp. 285–300). American Psychological Association.

Behary, W. T., Farrell, J. M., Vaz, A., & Rousmaniere, T. (2023). *Deliberate practice in schema therapy*. American Psychological Association. https://doi.org/10.1037/0000326-000

Farrell, J. M., Reiss, N., & Shaw, I. A. (2014). *The schema therapy clinician's guide*: *A complete resource for building and delivering individual, group and integrated schema mode treatment programs*. John Wiley & Sons. https://doi.org/10.1002/9781118510018

Farrell, J. M., & Shaw, I. A. (2018). *Experiencing schema therapy from the inside out*: *A selfpractice/self-reflection workbook for therapists*. Guilford Press.

Roediger, E., Stevens, B. A., & Brockman, R. (2018). *Contextual schema therapy*. New Harbinger Publications.

Young, J. E., Klosko, J. S. & Weishaar, M. E. (2003). *Schema therapy*: *A practitioner's guide*. Guilford Press.

推薦図書

Behary, W. (2012). Schema therapy for narcissism: A case study. In M. van Vreeswijk, J. Broersen, & M. Nadort (Eds.), *The Wiley-Blackwell handbook of schema therapy*: *Theory, research, and practice* (pp. 81–90). Wiley-Blackwell.

Behary, W., & Dieckmann, E. (2011). Schema therapy for narcissism: The art of empathic confrontation, limit-setting, and leverage. In W. K. Campbell & J. D. Miller (Eds.), *The handbook of narcissism and narcissistic personality disorder*: *Theoretical approaches, empirical findings, and treatments* (pp. 445–456). John Wiley & Sons.

Edwards, D., & Arntz, A. (2012). Schema therapy in historical perspective. In M. van Vreeswijk, J. Broersen, & M. Nadort (Eds.), *The Wiley-Blackwell handbook of schema therapy*: *Theory, research, and practice* (pp. 3–26). Wiley-Blackwell. https://doi.org/10.1002/9781119962830.ch1

Farrell, J., & Shaw, I. A. (2022). Schema therapy: Conceptualization and treatment of personality disorders. In S. K. Huprich (Ed.), *Personality disorders and pathology*: *Integrating clinical assessment and practice in the DSM-5 and ICD-11 era* (pp. 281–304). American Psychological Association. https://doi.org/10.1037/0000310-013

Rafaeli, E., Bernstein, D. P., & Young, J. (2010). *Schema therapy*: *Distinctive features*. Routledge. https://doi.org/10.4324/9780203841709

文　献

American Psychological Association. (2017). *Ethical principles of psychologists and code of conduct* (2002, Amended June 1, 2010, and January 1, 2017). https://www.apa.org/ethics/code/index.aspx

Anderson,T., Ogles, B. M., Patterson, C. L, Lambert, M.J., &Vermeersch, D.A. (2009).Therapist effects: Facilitative interpersonal skills as a predictor of therapist success. *Journal of Clinical Psychology*, 65(7), 755–768. https://doi.org/10.1002/jclp.20583

Arntz, A. (1994). Borderline personalitydisorder. In A.T. Beck, A. Freeman, & D. D. Davis (Eds.), *Cognitive therapy for personality disorders* (pp. 187–215). Guilford Press.

Bailey, R. J., & Ogles, B. M. (2019, August 1). Common factorsasatherapeutic approach: What is required? *Practice Innovations*, 4(4), 241–254. https://doi.org/10.1037/pri0000100

Bamelis, L. L, Evers, S. M., Spinhoven, P., & Arntz, A. (2014). Results of a multicenter randomized controlled trial of the clinical effectiveness of schema therapy for personality disorders. *The American Journal of Psychiatry*, 171(3), 305–322. https://doi.org/10.1176/appi.ajp.2013.12040518

Barlow, D. H. (2010). Negative effects from psychological treatments: A perspective. *American Psychologist*, 65(1), 13–20. https://doi.org/10.1037/a0015643

Behary, W. T. (2008). Disarming the narcissist: Surviving and thriving with the self-absorbed. New Harbinger Publications.

Behary, W. T. (2020). The art of empathic confrontation and limit-setting. In G. Heath & H. Startup (Eds.), *Creative methods in schema therapy*: *Advances and innovation in clinical practice*. Routledge.

Behary, W. T. (2021). *Disarming the narcissist*: *Surviving and thriving with the self-absorbed* (3rd ed.). New Harbinger Publications.

Behary, W.T., & Dieckmann, E. (2013). Schema therapy for pathological narcissism: The art of adaptive reparenting. In J. S. Ogrodniczuk (Ed.), *Understanding and treating pathological narcissism* (pp. 285–300). American Psychological Association.

Behary, W. T., Farrell, J. M., Vaz, A., & Rousmaniere, T. (2023). *Deliberate practice in schema therapy*. American Psychological Association. https://doi.org/10.1037/0000326-000

Bennett-Levy, J. (2019). Why therapists should walk the talk: The theoretical and empirical case for personal practice in therapist training and professional development. *Journal of Behavior Therapy and Experimental Psychiatry*, 62, 133–145. https://doi.org/10.1016/j.jbtep.2018.08.004

Bennett-Levy, J., & Finlay-Jones, A. (2018). The role of personal practice in therapist skill development: A model to guide therapists, educators, supervisors and researchers. *Cognitive Behaviour Therapy*, 47(3), 185–205. https://doi.org/10.1080/16506073.2018.1434678

Bohart, A. C, & Wade, A. G. (2013).The client in psychotherapy. In M. J. Lambert (Ed.), *Bergin and Garfield's handbook of psychotherapy and behavior change* (6th ed., pp. 219–257). John Wiley & Sons.

Bugatti, M., & Boswell, J. F. (2016). Clinical errors as a lack of context responsiveness. *Psychotherapy*: *Theory, Research, & Practice*, 53(3), 262–267. https://doi.org/10.1037/pst0000080

Cassidy, J., & Shaver, P. R. (Eds.). (1999). *Handbook ofattachment*: *Theory, research, and clinical applications* (pp. 21–43). Guilford Press.

Castonguay, L. G., Goldfried, M. R., Wiser, S., Raue, P. J., & Hayes, A. M. (1996). Predicting the effect of cognitive therapy for depression: A study of unique and common factors. *Journal of Consulting and Clinical Psychology*, 64(3), 497–504. https://doi.org/10.1037/0022-006X. 64.3.497

Coker, J. (1990). *How to practice jazz*. Jamey Aebersold.

Cook, R. (2005). *It's about that time*: *Miles Davis on and off record*. Atlantic Books.

Csikszentmihalyi, M. (1997). Findingflow: *The psychology of engagement with everyday life*. HarperCollins.

de Klerk, N., Abma, T.A., Bamelis, L. L, & Arntz, A. (2017). Schema therapy for personality disorders: A qualitative study of patients' and therapists' perspectives. *Behavioural and Cognitive Psychotherapy, 45*(1), 31–45. https://doi.org/10.1017/S1352465816000357

Edwards, D., & Arntz, A. (2012). Schema therapy in historical perspective. In M. van Vreeswijk, J. Broersen, & M. Nadort (Eds.), *The Wiley-Blackwell handbook of schema therapy*: *Theory, research, and practice* (pp. 3–26). Wiley-Blackwell. https://doi.org/10.1002/9781119962830.ch1

Ellis, M. V., Berger, L, Hanus, A. E., Ayala, E. E., Swords, B. A., & Siembor, M. (2014). Inadequate and harmful clinical supervision: Testing a revised framework and assessing occurrence. *The Counseling Psychologist, 42*(4), 434–472. https://doi.org/10.1177/0011000013508656

Ericsson, K. A. (2003). Development of elite performance and deliberate practice: An update from the perspective ofthe expert performance approach. In J. L. Starkes & K. A. Ericsson (Eds.), *Expert performance in sports*: *Advances in research on sport expertise* (pp. 49–83). Human Kinetics.

Ericsson, K.A. (2004). Deliberate practice and the acquisition and maintenance in medicine and related domains: Invited address. *Academic Medicine, 79*, S70-S81. https://doi.org/10.1097/00001888-200410001-00022

Ericsson, K. A. (2006). The influence of experience and deliberate practice on the devel opment of superior expert performance. In K.A. Ericsson, N. Charness, P. J. Feltovich, & R. R. Hoffman (Eds.), *The Cambridge handbook of expertise and expert performance* (pp. 683–703). Cambridge University Press. https://doi.org/10.1017/CBO9780511816796.038

Ericsson, K. A., Hoffman, R. R., Kozbelt, A., & Williams, A. M. (Eds.). (2018). *The Cambridge handbook of expertise and expert performance* (2nd ed.). Cambridge University Press. https://doi.org/10.1017/9781316480748

Ericsson, K. A., Krampe, R. T., & Tesch-Romer, C. (1993). The role of deliberate practice in the acquisition of expert performance. *Psychological Review, 100*(3), 363–406. https://doi.org/10.1037/0033-295X.100.3.363

Ericsson, K. A., & Pool, R. (2016). *Peak*: *Secretsfrom the new science of expertise*. Houghton Mifflin Harcourt.

Farrell, J. M., Reiss, N., & Shaw, I. A. (2014). *The schema therapy clinician's guide*: *A complete resource for building and delivering individual, group and integrated schema mode treatment programs*. John Wiley & Sons. https://doi.org/10.1002/9781118510018

Farrell, J. M., & Shaw, I. A. (1994). Emotional awareness training: A prerequisite to effective cognitive-behavioral treatment of borderline personality disorder. *Cognitive and Behavioral Practice, 7*(1), 71–91. https://doi.org/10.1016/S1077-7229(05)80087-2

Farrell, J. M., & Shaw, I. A. (Eds.). (2012). *Group schema therapyfor borderline personality disorder*: *A step-by-step treatment manual with patient workbook*. Wiley-Blackwell. https://doi.org/10.1002/9781119943167

Farrell, J. M., & Shaw, I. A. (2018). *Experiencing schema therapyfrom the inside out*: *A self practice/self-reflection workbook for therapists*. Guilford Press.

Farrell, J., & Shaw, I. A. (2022). Schema therapy: Conceptualization and treatment ofperson ality disorders. In S. K. Huprich (Ed.), *Personality disorders and pathology*: *Integrating clinical assessment and practice in the DSM-5 and ICD-11 era* (pp. 281–304). American Psychological Association. https://doi.org/10.1037/0000310-013

Farrell, J. M., Shaw, I. A., & Webber, M. A. (2009). A schema-focused approach to group psychotherapy for outpatients with borderline personality disorder: A randomized controlled trial. *Journal of Behavior Therapy and Experimental Psychiatry, 40*(2), 317–328. https://doi.org/10.1016/j.jbtep.2009.01.002

Fisher, R. P., & Craik, F. I. M. (1977). Interaction between encoding and retrieval operations in cued recall. *Journal of Experimental Psychology*: *Human Learning and Memory*, 3(6), 701–711. https://doi.org/10.1037/0278-7393.3.6.701

Giesen-Bloo, J., van Dyck, R., Spinhoven, P., van Tilburg, W., Dirksen, C, van Asselt, T., Kremers, I., Nadort, M., Arntz, A., Nadort, M., &Arntz, A. (2006). Outpatient psychotherapy for borderline personality disorder: Randomized trial of schema-focused therapy vs transference-focused psychotherapy. *Archives of General Psychiatry*, 63(6), 649–658. https://doi.org/10.1001/archpsyc.63.6.649

Gladwell, M. (2008). *Outliers*: *The story of success*. Little, Brown & Company.

Goldberg, S. B., Babins-Wagner, R., Rousmaniere, T., Berzins, S., Hoyt, W.T., Whipple, J. L, Miller, S. D., & Wampold, B. E. (2016). Creating a climate for therapist improvement: Acase study ofan agency focused on outcomes and deliberate practice. *Psychotherapy*: *Theory, Research, & Practice*, 53(3), 367–375. https://doi.org/10.1037/pst0000060

Goldberg, S., Rousmaniere, T. G., Miller, S. D., Whipple, J., Nielsen, S. L, Hoyt, W., & Wampold, B. E. (2016). Do psychotherapists improve with time and experience? A longitudinal analysis of outcomes in a clinical setting. *Journal of Counseling Psychology*, 63, 1–11. https://doi.org/10.1037/COU0000131

Goldman, R. N., Vaz, A., & Rousmaniere, T. (2021). *Deliberate practice in emotion-focused therapy*. American Psychological Association. https://doi.org/10.1037/0000227-000

Goodyear, R. K. (2015). Using accountability mechanisms more intentionally: A framework and its implications for training professional psychologists. *American Psychologist*, 70(8), 736–743. https://doi.org/10.1037/a0039828

Goodyear, R. K., & Nelson, M. L. (1997). The major formats of psychotherapy supervision. In C. E. Watkins, Jr. (Ed.), *Handbook ofpsychotherapy supervision*. Wiley.

Goodyear, R. K., & Rousmaniere, T. G. (2017). Helping therapists to each day become a little better than they were the day before: The expertise-development model of supervision and consultation. In T. G. Rousmaniere, R. Goodyear, S. D. Miller, & B. Wampold (Eds.), *The cycle of excellence*: *Using deliberate practice to improve supervision and training* (pp. 67–95). John Wiley & Sons. https://doi.org/10.1002/9781119165590.ch4

Goodyear, R. K., Wampold, B. E., Tracey, T. J., & Lichtenberg, J. W. (2017). Psychotherapy expertise should mean superior outcomes and demonstrable improvement over time. *The Counseling Psychologist*, 45(1), 54-65. https://doi.org/10.1177/0011000016652691

Haggerty, G., & Hilsenroth, M. J. (2011). The use ofvideo in psychotherapy supervision. *British Journal of Psychotherapy*, 27(2), 193–210. https://doi.org/10.1111/j.1752-0118.2011.01232.x

Hatcher, R. L. (2015). Interpersonal competencies: Responsiveness, technique, and training in psychotherapy. *American Psychologist*, 70(8), 747–757. https://doi.org/10.1037/a0039803

Henry, W. P., Strupp, H. H., Butler, S. F., Schacht, T. E., & Binder, J. L. (1993). Effects of training in time-limited dynamic psychotherapy: Changes in therapist behavior. *Journal of Consulting and Clinical Psychology*, 67(3), 434–440. https://doi.org/10.1037/0022-006X.61.3.434

Hill, C. E., Kivlighan, D. M., Ill, Rousmaniere, T., Kivlighan, D. M., Jr., Gerstenblith, J., & Hillman, J. (2020). Deliberate practice for the skill of immediacy: A multiple case study of doctoral student therapists and clients. *Psychotherapy*: *Theory, Research, & Practice*, 57(4), 587–597. https://doi.org/10.1037/pst0000247

Hill, C. E., & Knox, S. (2013). Training and supervision in psychotherapy: Evidence for effective practice. In M. J. Lambert (Ed.), *Handbook of psychotherapy and behavior change* (6th ed., pp. 775–811). John Wiley & Sons.

Kendall, P. C, & Beidas, R. S. (2007). Smoothing the trail for dissemination of evidence-based practices for youth: Flexibility within fidelity. *Professional Psychology, Research and Practice*, 38(1), 13–19. https://doi.org/10.1037/0735-7028.38.1.13

Kendall, P. C, & Frank, H. E. (2018). Implementing evidence-based treatment protocols: Flexibility within fidelity. *Clinical Psychology*: *Science and Practice*, *25*(4), e12271. https://doi.org/10.1111/cpsp.12271

Koziol, L. F., & Budding, D. E. (2012). Procedural learning. In N. M. Seel (Ed.), Encyclopedia of the sciences of learning (pp. 2694–2696). Springer. https://doi.org/10.1007/978-1-4419-1428-6_670

Lambert, M. J. (2010). Yes, it is time for clinicians to monitor treatment outcome. In B. L. Duncan, S. C. Miller, B. E. Wampold, & M. A. Hubble (Eds.), *Heart and soul of change*: *Delivering what works in therapy* (2nd ed., pp. 239–266). American Psychological Association, https://doi.org/10.1037/12075-008

Markman, K. D., & Tetlock, P. E. (2000). Accountability and close-call counterfactuals: The loser who nearly won and the winner who nearly lost. *Personality and Social Psychology Bulletin*, *26*(10), 1213–1224. https://doi.org/10.1177/0146167200262004

McGaghie, W. C, Issenberg, S. B., Barsuk, J. H., & Wayne, D. B. (2014). Acritical review of simulation-based mastery learning with translational outcomes. *Medical Education*, *48*(4), 375–385. https://doi.org/10.1111/medu.12391

McLeod, J. (2017). Qualitative methods for routine outcome measurement. In T. G. Rousmaniere, R. Goodyear, D. D. Miller, & B. E. Wampold (Eds.), The cycle of excellence: Using deliberate practice to improve supervision and training (pp. 99–122). John Wiley & Sons. https://doi.org/10.1002/9781119165590.ch5

Norcross, J. C, & Guy, J. D. (2005). The prevalence and parameters of personal therapy in the United States. In J. D. Geller, J. C. Norcross, & D. E. Orlinsky (Eds.), The psychotherapist's own psychotherapy: Patient and clinician perspectives (pp. 165–176). Oxford University Press.

Norcross, J. C, Lambert, M. J., & Wampold, B. E. (2019). *Psychotherapy relationships that work* (3rd ed.). Oxford University Press.

Orlinsky, D. E., & Ronnestad, M. H. (2005). *How psychotherapists develop*. American Psycho logical Association.

Owen, J., & Hilsenroth, M.J. (2014). Treatment adherence: The importance of therapist flexi bility in relation to therapy outcomes. *Journal of Counseling Psychology*, *67*(2), 280–288. https://doi.org/10.1037/a0035753

Prescott, D. S., Maeschalck, C. L., & Miller, S. D. (Eds.). (2017). *Feedback-informed treatment in clinical prac-tice*: *Reaching for excellence*. American Psychological Association, https://doi.org/10.1037/0000039-000

Rafaeli, E., Bernstein, D. P., & Young, J. (2010). *Schema therapy*: *Distinctivefeatures*. Routledge. https://doi.org/10.4324/9780203841709

Roediger, E., Stevens, B. A., & Brockman, R. (2018). *Contextual schema therapy*. New Harbinger Publications.

Rousmaniere, T. G. (2016). *Deliberate practice for psychotherapists*: *A guide to improving clinical effectiveness*. Routledge Press/Taylor & Francis. https://doi.org/10.4324/9781315472256

Rousmaniere, T. G. (2019). *Mastering the inner skills of psychotherapy*: *A deliberate practice handbook*. Gold Lantern Press.

Rousmaniere, T. G., Goodyear, R., Miller, S. D., & Wampold, B. E. (Eds.). (2017). *The cycle of excellence*: *Using deliberate practice to improve supervision and training*. John Wiley & Sons. https://doi.org/10.1002/9781119165590

Siegel, D. J. (1999). The developing mind. Guilford Press.

Smith, S. M. (1979). Remembering in and out of context. *Journal of Experimental Psychology*: *Human Learning and Memory*, *5*(5), 460–471. https://doi.org/10.1037/0278-7393.5.5.460

Squire, L. R. (2004). Memory systems of the brain: A brief history and current perspective. *Neurobiology of Learning and Memory*, *82*(3), 171–177. https://doi.org/10.1016/j.nlm.2004.06.005

Stiles, W. B., Honos-Webb, L., & Surko, M. (1998). Responsiveness in psychotherapy. *Clinical Psychology*:

Science and Practice, 5(4), 439–458. https://doi.org/10.1111/j.1468-2850.1998. tb00166.x

Stiles, W. B., & Horvath, A. O. (2017). Appropriate responsiveness as a contribution to therapist effects. In L. G. Castonguay & C. E. Hill (Eds.), *How and why are some therapists better than others? Understanding therapist effects* (pp. 71–84). American Psychological Association. https://doi.org/10.1037/0000034-005

Taylor, J. M., & Neimeyer, G. J. (2017). Lifelong professional improvement: The evolution of continuing education: Past, present, and future. In T. G. Rousmaniere, R. Goodyear, S. D. Miller, & B. Wampold (Eds.), *The cycle of excellence*: *Using deliberate practice to improve supervision and training* (pp. 219–248). John Wiley & Sons.

Tracey, T. J. G., Wampold, B. E., Goodyear, R. K., & Lichtenberg, J. W. (2015). Improving expertise in psychotherapy. *Psychotherapy Bulletin, 50*(1), 7–13.

Wass, R., & Golding, C. (2014). Sharpening a tool for teaching: The zone of proximal devel opment. *Teaching in Higher Education, 79*(6), 671–684. https://doi.org/10.1080/13562517.2014.901958

Younan, R., Farrell, J., & May, T. (2018). "Teaching me to parent myself": The feasibility of an in-patient group schema therapy programme for complex trauma. *Behavioural and Cognitive Psychotherapy, 46*(4), 463-478. https://doi.org/10.1017/S1352465817000698

Young, J. E. (1990). *Cognitive therapy for personality disorder*: *A schema focused approach*. Professional Resource Exchange.

Young, J. E., Klosko, J. S., & Weishaar, M. E. (2003). *Schema therapy*: *A practitioner's guide*. Guilford Press.

Zaretskii, V. (2009). The zone of proximal development: What Vygotsky did not have time to write. *Journal of Russian & East European Psychology, 47*(6) , 70–93. https://doi.org/10.2753/RPO1061-0405470604

翻訳者あとがき

　本書は2023年に American Psychological Association より出版された『Deliberate Practice in Schema Therapy』の全訳です。この本は本書の共著者であるアレクサンドル・ヴァズとトニー・ルーマニエールがシリーズで企画出版している『Essentials of Deliberate Practice Series』の一環として著されており，その主な部分を執筆しているのがスキーマ療法の実践および教育訓練の第一人者ウェンディ・ビヘイリーとジョアン・M・ファレルの2人です。私たち翻訳者は，2010年代後半に2度，渡米して集中的なスキーマ療法の訓練を受けており，その主なトレーナーがウェンディ，そしてその後，スキーマ療法のスーパーバイズを継続して受けていますが，そのスーパーバイザーがジョアンということで，馴染みのある，そして大好きで大尊敬しているお二人の著書ということで，どうしても私たちの手で翻訳したいと切望し，この度，岩崎学術出版社さんに本書の日本語版の出版を引き受けていただきました。

　『Essentials of Deliberate Practice Series』というシリーズが何を目的としているのか，その詳細は本書の冒頭をお読みいただきたいのですが，端的に言えば，心理療法の理論を実践に橋渡しするため，あるいは理論と実践のギャップを埋めるための理論と方法論ということになります。スキーマ療法に限らず，どの心理療法にも理論がありますが，臨床現場ではそれをクライアントとの協同作業として実践する必要があります。実践して，結果を出さなければなりませんし，クライアントにその心理療法を受けてよかったと満足してもらわなければなりません。そこに心理療法という実践の難しさと喜びがあるのだと思います。そして初心者が最も苦労することでもあるでしょう。

　本書はスキーマ療法の大ベテランの2人が，その橋渡しをするための方法を，これ以上ないぐらいの具体的な逐語レベルで，ロールプレイを通じて学べるように工夫された素晴らしいテキストです。本書はスキーマ療法ならではのエッセンスに満ちており，こんなに楽しく翻訳に取り組めたのは私自身初めての体験でした。その体験を多くの方々と共にできればと願っております。最後に本書の出版を引き受けてくださった岩崎学術出版社の長谷川純さんにお礼を申し上げます。

伊藤 絵美

本書は，スキーマ療法の「確実な実践（Deliberate Practice）」のためのトレーニング本です。お読みいただければすぐにお分かりいただけるかと思いますが，トレーニングの進め方について，その目的や構造から具体的な内容に至るまで，きわめて明快かつ丁寧に整理・提案されています。世にはさまざまな心理療法の学習本がありますが，本書のように，多様な事例の具体的な対話を，しかもレベル別に練習する，という手法は画期的なものだと思います。ワークショップや研修会に何度も参加しなければできないような実践的なトレーニングが，本書一冊で可能なのです。

　私たちがセラピストとして成長するのは，理論的に学んだことを自分なりに面接でクライアントに実践してみて，それを検証して次につなげることを継続してきたからです。あれこれ試し，いわゆる「勘」のようなものを身に着けていくのですが，本書の目的である「スキルの宣言的知識から始め，手続き的知識を開発する」ということはその重要な側面の一つなのでしょう。本書では，やり続けていく学びが，そこで何が起きているのか，今後なにを意識して取り組み続ければいいのか，著者のお2人の，平易で温かいのにきわめて理路整然とした解説により，非常に分かりやすくつまびらかになります。また，実践力の向上に欠かせない反復練習がうまく行えるよう，事例も山ほど盛り込まれています。

　トレーニングは，原則としてはトレーナーと2人のトレーニーの最少3名の構成となっていますが，本邦のようにまだまだスキーマ療法の実践家の少ない国や地域では，スキーマ療法に関心のある仲間同士で行ってもいいでしょう。仲間が今すぐには見つからない場合は，各エクササイズの練習を録画して見直したりしながら，自分で少しずつワークブックを進めてもいいかもしれません。いずれにせよ，さまざまな形や状況に応じて活用していただけるものと思います。スキーマ療法に関心を持ち，クライアントに届けたいと思っている一人でも多くの支援者の方々に，本書を手に取っていただけることを願っています。

　最後に，本書の出版をご快諾いただき，温かくサポートしてくださった岩崎学術出版社の長谷川純さんに深く御礼申し上げます。ありがとうございました。

吉村 由未

索　引

あ行

アウトカム・アカウンタビリティ　171
アセスメント　13, 14, 167
アタッチメント　9, 13, 107, 183, 185
EMDR　vii
怒れる／脆弱なチャイルドモード　4, 23, 97, 98,
　　103, 107, 108, 114, 188
怒れるチャイルドモード　11, 12, 97, 98, 104, 105,
　　115, 116, 142, 185
いじめ・攻撃モード　81, 82, 127, 133, 143
イメージの書き換え　14, 139
内なる養育者　35
エクササイズの難易度　4, 16, 177, 179

か行

概念化　3, 13, 14, 35, 169, 183, 189, 191
確実な実践　v～vii, 1, 3～9, 11, 12, 15～17, 19～23,
　　25, 28, 35, 38, 45, 48, 55, 59, 67, 69, 77, 79, 87, 89,
　　97, 99, 107, 110, 117, 120, 127, 130, 137, 140, 153,
　　154, 161, 163～179, 181, 182, 187～189
　　――エクササイズ　vi
感情焦点化療法　vii, 178
気質　10, 45～47, 52, 54
絆と感情調節　11, 12
共感　vi, 9, 11～13, 15, 25, 26, 56, 107, 127, 146,
　　151, 176
共感的直面化　4, 12, 23, 127, 128, 134, 151, 188
協同作業　25
訓練生　v～vii, ix, 1, 3～6, 8, 9, 16, 17, 19～22, 28,
　　29, 32, 38, 39, 42, 48, 49, 52, 59, 60, 63, 69, 70, 73,
　　79, 80, 83, 89, 90, 93, 99, 100, 103, 110, 111, 114,
　　120, 121, 124, 130, 131, 134, 140, 141, 144, 147,
　　153～156, 161, 163～177, 179, 181, 183, 189, 190
ゲシュタルト療法　vii
ケース概念化　14, 170, 183, 188
行動的パターン変容　4, 9, 23, 137, 138, 144, 151
声のトーン　15, 25, 77, 147, 164, 173
国際 "確実な実践" 協会　ix
国際スキーマ療法協会　ix, 5

さ行

最適な緊張　170
幸せなチャイルドモード　11, 184
失敗する機会　5
自分に合った学習スタイル　5
シミュレーションに基づく習熟学習　8
習熟度　7
修正感情体験　11, 14, 25, 107, 188
柔軟性　3, 8, 15, 166
上級スキル　4, 23
衝動的／非自律的チャイルドモード　11
初級スキル　4, 23
自律性　9, 11～13, 35, 36, 107, 183, 184
身体の姿勢　15, 25, 97, 107
スーパーバイザー　v, vi, ix, 3, 4, 19, 22, 147, 153,
　　164, 165, 167, 169, 170, 174, 181
スーパーバイジー　v, 167
スーパービジョン　v, vii, 5, 167, 170
スキーマ　4, 9, 10, 12～14, 23, 45～47, 52～58, 60
　　～65, 67, 68, 73～75, 77, 103, 104, 105, 128, 132,
　　137～139, 141, 143～145, 148, 149, 151, 155, 167,
　　183～185, 188～190
　　――の活性化　10, 13, 45, 58, 63～65, 67, 68, 73,
　　75, 77, 83, 85, 87, 97, 98, 103～105, 115, 116,
　　125, 126, 138, 139, 141, 143, 144, 146, 149, 184
スキーマ療法　vi, vii, 1, 3～6, 8～17, 19～21, 23,
　　25, 35, 45, 46, 52, 55, 67, 97, 107, 108, 137, 147,
　　148, 153, 154, 156, 163, 166, 167, 171, 172, 179,
　　183, 187～190
　　――における必須スキル　3
スキルの学習と習熟　6
スキルの選択　5
スキルの適用　5
スキルの練習時間　6
脆弱なチャイルドモード　11, 12, 97, 98, 103～105,
　　108, 114～116, 185
宣言的知識　8, 9
専門的な能力開発　5
早期不適応的スキーマ　9 ～11, 13, 45, 183, 185,

188

創造性　7, 8, 165

即興　vi, 4, 7, 8, 16, 21, 25, 28, 29, 32, 38, 39, 42, 45, 48, 49, 52, 59, 60, 63, 67, 69, 70, 73, 79, 80, 83, 89, 90, 93, 99, 100, 103, 107, 110, 111, 114, 120, 121, 124, 130, 131, 134, 140, 141, 144, 147, 153, 155, 156, 165, 179, 189

た行

体験的技法　9, 14

対人関係生物学　vii

対人神経生物学　9

体性感覚への介入　vii

中核的感情欲求　9, 46, 47, 52, 54

中級スキル　4, 23

調律　4, 12, 21, 23, 25, 26, 32, 148, 150, 188

治療関係　vi, 13, 14

治療効果研究　9, 187

治療的再養育法　4, 11〜14, 23, 25, 107, 108, 114, 117, 118, 124, 127, 128, 134, 150, 151, 171, 187, 188

治療同盟　25, 55, 188

治療の定式化　3

適切な応答性　153

手続き的知識　8, 9

トレーナー　vi, 1, 3, 5, 6, 16, 19〜23, 28, 38, 48, 59, 69, 79, 89, 99, 110, 120, 130, 140, 153〜156, 161, 163, 164, 167〜172, 174〜176, 179, 190

トレーニング　v〜vii, ix, 1, 3, 5〜9, 15, 17, 22, 23, 153, 155, 163〜176, 187

な行

内的な現実　25

難易度の評価と調整　19, 20, 166, 167, 170, 177

認知行動療法　vii, 10

認知的技法　9, 14

は行

発達心理学　9

反応性の高い治療　vi, 163, 166

パーソナリティ症　vii, 10, 12, 15

発達の最近接領域　169, 171, 172

フィードバック　vi, ix, 4〜6, 15, 19〜21, 28, 38, 48, 54, 59, 69, 79, 89, 99, 110, 120, 130, 140, 153

〜156, 163, 168, 169, 171, 174, 179, 188

不適応的コーピングモード　4, 10〜12, 23, 77, 78, 83, 127, 128, 134, 151, 171, 172, 184, 185, 188

不適応的スキーマモード　4, 23, 67, 68, 73, 149, 188

フロー状態　172

プロセス・アカウンタビリティ　171

ヘルシーアダルトモード　4, 10〜13, 23, 35, 36, 42 〜44, 137, 138, 142, 144, 145, 150, 184, 185, 188

ホームワーク　4, 12, 22, 23, 137, 138, 144, 151, 174, 187〜190

ま行

マインドフルネス　vii, 3

慢性的な症状像　vii

満たされなかった欲求　9, 55〜57, 63, 108, 148, 185

モード　10〜14, 35, 36, 41, 42, 67, 68, 73〜75, 77, 78, 80〜85, 87, 97, 98, 103, 107, 108, 114〜116, 118, 124, 127〜129, 131〜134, 136, 137, 138, 142, 143, 145, 146, 149, 151, 184, 185, 188

　──間の対話　14

　──の引き金　67, 77

　──の変化　11, 12

　──のロールプレイ　14

モード・アウェアネス　12〜14

モードチェンジ　4, 12, 23, 77, 78, 80〜83, 151, 172, 188

モード・ヒーリング　12, 14

モード・マネジメント　12, 14

モードワーク　14

や行

良い親　11, 12, 40, 107, 117, 134, 144

要求的／懲罰的内的批判モード　4, 10〜12, 23, 35, 40, 43, 87, 88, 93〜95, 117〜119, 124, 125, 126, 138, 141, 143, 144, 149〜151, 184, 185, 188

ら行

理解と調律　4, 12, 23, 25, 26, 32, 148, 150, 188

ロールプレイ　v, vi, 3, 5, 14〜16, 19, 21, 28, 29, 38, 39, 48, 49, 59, 60, 69, 70, 79, 80, 89, 90, 99, 100, 110, 111, 120, 121, 130, 131, 138, 140, 141, 153〜156, 163〜167, 169, 172, 173, 178, 189

著者について

ウェンディ・ビヘイリー（MSW, LCSW）は，ニュージャージー認知療法センターおよびニュージャージー・ニューヨーク・DC スキーマ療法研究所の創設者でありディレクターである。2010年から2014年まで国際スキーマ療法協会の会長を務めた。著書の『Disarming the Narcissist (New Harbinger Publications)』（日本語タイトル『あなたを困らせるナルシシストとのつき合い方』（誠信書房））は，現在15カ国語に翻訳されている。彼女は20年以上にわたって，ナルシシストのクライアント，そのパートナー，その他の人びと，人間関係の問題を抱くカップルの治療，専門家の養成，心理療法家の指導に携わってきた。スキーマ療法，ナルシシズム，人間関係をテーマに，専門家や一般聴衆を対象に国内外で講演を行っている。

ジョアン・M・ファレル（PhD）は，公認臨床心理士であり，インディアナ大学・パデュー大学インディアナポリス校（IUPUI）の境界性パーソナリティ障害治療研究センターの研究責任者である。彼女は IUPUI で心理学の非常勤教授を務め，インディアナ大学医学部精神科で25年間臨床心理学の教授を務めている。ファレル博士は，国際スキーマ療法協会（2012～2018年）の理事会にて研修と認定のコーディネーターを務めた。彼女は，アイダ・ショーと共に，体験的な介入を統合し，グループの治療要素を活用するグループスキーマ療法を開発した。二人は共に，境界性パーソナリティ障害やその他のパーソナリティ障害に対するスキーマ療法のモデルに関して2冊の本を著した。最新の著書は『Schema Therapy From the Inside Out: A Self-Practice/Self-Reflection Workbook for Therapists (Guilford Press)』（日本語タイトル『体験的スキーマ療法』（岩崎学術出版社））である。ファレル博士は国内外で，スキーマ療法の研修および「実践から内省への自己プログラム」のワークショップを開催している。

著者について 203

アレクサンドル・ヴァズ（PhD）は，カリフォルニア州ロサンゼルスにあるセンティオ大学の共同創立者であり，最高学務責任者である。彼は，世界中の臨床家に「確実な実践」のワークショップと高度な臨床トレーニングとスーパービジョンを提供している。「確実な実践」と心理療法トレーニングに関する複数の書籍の著者および共同編集者であり，『The Essentials of Deliberate Practice（American Psychological Association）』および『Advanced Therapeutics, Clinical and Interpersonal Skills（Elsevier）』を出版している。彼はまた，心理療法統合探求協会（Society for the Exploration of Psychotherapy Integration）および心理療法研究協会（Society for Psychotherapy Research）で複数の委員を務めている。ヴァズ博士は，著名な心理療法家や研究者へのインタビューシリーズ「Psychotherapy Expert Talks」の創始者であり，司会者でもある。

トニー・ルーマニエール（PsyD）は，カリフォルニア州ロサンゼルスにあるセンティオ大学の共同創立者であり，プログラムディレクターである。彼は世界中の臨床家にワークショップ，ウェビナー，上級臨床トレーニング，スーパービジョンを提供している。「確実な実践」と心理療法トレーニングに関する複数の書籍の著者および共同編集者であり，『The Essentials of Deliberate Practice（American Psychological Association）』および『Advanced Therapeutics, Clinical and Interpersonal Skills（Elsevier）』を出版している。2017年には，広く引用される記事「What Your Therapist Doesn't Know」を The Atlantic Monthly に発表した。ルーマニエール博士は，オープンデータ運動を支持し，自身の集計した臨床結果データを非識別化した形で自身のウェブサイト（https://drtonyr.com/）で公開している。米国心理学会のフェローである心理療法振興協会（APA29部会）から Early Career Award を授与された。

訳者略歴

伊藤絵美（いとう　えみ）

公認心理師，臨床心理士，精神保健福祉士，博士（社会学），

国際スキーマ療法協会（ISST）認定アドバンストスキーマセラピスト／スーパーバイザー＆トレーナー

1990年　慶応義塾大学文学部卒業　1996年　慶應義塾大学大学院社会学研究科博士課程修了

1993年〜　洗足精神科・心療内科クリニック勤務

2001年〜　民間企業にてメンタルヘルスの仕事に携わる

2004年〜　洗足ストレスコーピング・サポートオフィスを開設。

専　攻　臨床心理学，認知行動療法，スキーマ療法

著　書　『事例で学ぶ認知行動療法』（誠信書房），『スキーマ療法入門』（星和書店，共著），『認知行動療法と精神
　　　　分析が出会ったら』（岩崎学術出版社，共著），『つらいと言えない人がマインドフルネスとスキーマ療法
　　　　をやってみた。』他。

訳　書　『認知行動療法実践ガイド』（星和書店，共訳），『スキーマ療法』（金剛出版，監訳），『グループスキーマ
　　　　療法』（金剛出版，監訳）他。

吉村由未（よしむら　ゆみ）

公認心理師，臨床心理士，修士（心理学）

2004年　立教大学大学院文学研究科博士前期課程修了

2005年〜　洗足ストレスコーピング・サポートオフィス勤務

訳　書　『スキーマ療法』（金剛出版，分担翻訳），『スキーマ療法実践ガイド』（金剛出版，訳），『スキーマ療法最
　　　　前線』（誠信書房，監訳），『あなたを困らせるナルシシストとのつき合い方』（誠信書房，監訳）他

スキーマ療法の「確実な実践」エクササイズ
—ロールプレイによるスキルトレーニング—
ISBN978-4-7533-1253-5

訳者

伊藤　絵美

吉村　由未

2024年11月26日　第1刷発行

印刷・製本　（株）太平印刷社
─────────

発行所　（株）岩崎学術出版社　〒101-0062 東京都千代田区神田駿河台 3-6-1
発行者　杉田　啓三
電話 03（5577）6817　FAX 03（5577）6837
©2024　岩崎学術出版社
乱丁・落丁本はおとりかえいたします　検印省略